John Haywood
Wikinger

John Haywood

Wikinger

Der ultimative Karriereführer

Aus dem Englischen von Jörg Fündling

wbg Paperback

Abbildung auf S. 1: Berserker beißen in ihre Schilde, während sie sich in den typischen Blutrausch versetzen. Unempfindlich gegen Wundschmerzen und begierig nach einem Tod im Kampf, wie sie sind, stellen die Berserker die furchterregendsten Krieger unter den Nordmännern.
Abbildung auf S. 2: Nordische Krieger prallen zu Pferd aufeinander. Diesen Anblick werden Sie nicht oft erleben: Wikinger kämpfen lieber zu Fuß.

Die englische Originalausgabe ist 2013 bei Thames & Hudson unter dem Titel *Viking. The Norse Warrior's (Unofficial) Manual* erschienen.

Die Deutsche Nationalbibliothek verzeichnet diese Publikation in der Deutschen Nationalbibliographie; detaillierte bibliographische Daten sind im Internet über www.dnb.de abrufbar.

wbg Paperback ist ein Imprint der wbg.
3. unveränderte Auflage 2023, die 1. Auflage erschien
2014 im Primus Verlag

Die Herausgabe des Werkes wurde durch die Vereinsmitglieder
der wbg ermöglicht.
Einbandgestaltung: Andreas Heilmann, Hamburg
Einbandmotiv: ein Wikingerkrieger, bereit zum Beutezug;

Gestaltung und Satz: Anja Harms, Oberursel
Gedruckt auf säurefreiem und alterungsbeständigem Papier
Printed in Germany

Besuchen Sie uns im Internet: **www.wbg-wissenverbindet.de**

ISBN 978-3-534-27654-7

Elektronisch sind folgende Ausgaben erhältlich:
eBook (PDF): ISBN 978-3-534-74742-9
eBook (epub): ISBN 978-3-534-74743-6

Inhalt

7
I Warum Wikinger werden?

22
II Das Anmustern

51
III Große Anführer

68
IV Waffen und Taktik

91
V Seefahrt tut not

110
VI Bereitschaft zu Fernreisen vorausgesetzt

145
VII Das Leben auf Heerzügen

161
VIII Im Kampf

191
IX Kriegsbeute

205
X Der Schwertschlaf

218
Anhang

Karte der Wikingerwelt · Glossar · Zum Weiterlesen ·
Quellen der Zitate · Index · Dank · Bildnachweis

I Warum Wikinger werden?

> Bedenke, dass so mancher Mann nur kurze Zeit lebt,
> wogegen seine Taten ihn weit überleben.
>
> *Der Königsspiegel*

Wir schreiben das Julfest jenes Jahres, das die Christen als das Jahr 991 nach der Geburt ihres Gottes zählen. Vor zwei Wochen ist der erste Schnee dieses Winters gefallen, und die Nächte sind so tief und dunkel wie nur je. Hier in der Halle aber gibt es Wärme und Licht, Gesellschaft und reichlich Bier, feines Weizenbrot und Braten für jedermann. Die meisten sind schon betrunken, und am Tisch des Jarls auf seinem Hochsitz prahlen er und die Wikingerkrieger seiner *hirð* lauthals mit ihren Taten beim Raubzug des letzten Sommers in England. Wie sie Seite an Seite mit dem mächtigen Olaf Tryggvason kämpften, als er bei Maldon den stolzen Ealdorman Byrthnoth erschlug und die Engländer um ihr wertloses Leben laufen mussten. Wie der feige König der Engländer, Aethelred, ihnen Tausende von Silberpfunden zahlte, damit sie heimfuhren. Und wie sie sich nächsten Sommer mehr davon holen werden!

Sehen Sie sich die teuren Kleider der Krieger an und die schweren Spangen und Armreifen, die im Fackelschein glitzern, Geschenke des Jarls – aber gezahlt haben für alles die Engländer. Diese Männer haben Reichtum, genießen hohen Rang und Ansehen. Die Gesichter der Jungen glühen vor Bewunderung; die paar Stubenhocker unter ihren Vätern spüren, dass sie keine echten Männer sind, und wagen den

Kriegern nicht ins Auge zu sehen. Ganz anders allerdings die Mädchen: Sie alle suchen die Blicke der Wikinger auf sich zu ziehen. Ausnahmsweise sehen sogar die Sklavenmädchen nicht so aus, als spielten sie das nur vor.

Wie gut muss es sein, denken Sie sich, wenn man seinen eigenen Platz auf den Metbänken am Jarlstisch hat, Arme und Finger schwer behangen mit den Ringen, die er Ihnen geschenkt hat. Wie ist das, wenn man weiß, jeder fürchtet Sie entweder oder beneidet Sie? Wenn die Skalden Ihre Taten noch lange nach Ihrem Tod besingen werden, wo weniger große Männer längst vergessen sind?

Wenn Sie gern mit von der Partie wären, lesen Sie weiter! Hier finden Sie alle erforderlichen Hilfestellungen, um ein erfolgreicher Wikinger zu werden. Aber das ist nicht jedermanns Sache. Wenn Sie Ihrem Vater Recht geben, dass ein lebender Hund besser ist als ein to-

Die große Halle des Häuptlings. Jetzt sehen Sie sie nur von draußen, aber werden Sie Wikinger, dann können Sie drinnen gemeinsam mit dem Häuptling am Herrentisch tafeln.

Ein Anführer bewirtet seine Krieger am Häuptlingstisch, während andere ihnen aufwarten. Den erfolgreichen Wikinger erwartet ein privilegiertes Leben.

ter Löwe, dann bleiben Sie bei Ihrem Leisten – Sie haben nicht das Zeug dazu. Der Krieg ist in unserer Zeit der sicherste Weg zu Reichtum und Ruhm, aber erfolgreiche Wikinger werden nicht grundlos wie Helden behandelt. Der Preis des Ruhmes ist oft genug ein kurzes Leben, und für jeden Wikinger, der gold- und silberbeladen heimkehrt, stirbt ein anderer mit einem Speer im Bauch oder ertrinkt, wenn er Schiffbruch erleidet. Aber was für ein Leben! Welche Belohnungen und Siegespreise winken dem kühnen Krieger! Wie viele ferne Orte gibt es zu plündern, ehe die Winterfeuer ihn heimlocken! Und denken Sie auch daran, dass die Nornen schon bei Ihrer Geburt den Tag Ihres Todes verhängt haben und Sie, egal wie fern Sie sich von jedem Kampf halten, deswegen keinen Augenblick länger leben. Warten Sie nicht, bis Ihr Geschick Sie im Bett kauernd ereilt: „Am Ende wirst du sterben, nie aber stirbt der Ruhm für den Mann, der ihn erlangt."

Was ist überhaupt ein Wikinger?

Ein Wikinger ist ein Pirat, ein Räuber und ein Plünderer. Niemand weiß ganz genau, woher das Wort eigentlich kommt, aber wahrscheinlich bedeutet es „Männer der Buchten“, vielleicht weil die Wikinger darin oft lauern und darauf hoffen, ein argloses Handelsschiff überfallen zu können. Die Ausländer denken, jeder in Skandinavien sei ein Wikinger. Das ist zwar verständlich – Wikinger sind ja die einzigen Skandinavier, die die meisten von ihnen je zu Gesicht bekommen –, aber weit von der Wahrheit entfernt. Nur wer auf Raubzüge geht, darf sich mit Recht Wikinger nennen. Die meisten Leute bleiben friedlich

Das Leben als Wikinger

Den Sagas zu lauschen, ist der beste Weg, sich über Leben und Taten der großen Krieger unter den Wikingern kundig zu machen. Oft handeln sie von Ereignissen, die vor langer Zeit geschehen sind, also glauben Sie nicht gleich alles, aber sie sind eine Fundgrube für gute Ideen:

„Folgendermaßen pflegte Svein zu leben. Den Winter verbrachte er daheim auf Gairsay, wo er an die achtzig Mann auf eigene Kosten freihielt. Seine Trinkhalle war so groß, dass sich nichts auf Orkney mit ihr messen konnte. Im Frühling hatte er mehr als genug zu tun, denn es gab viel Saatkorn auszusäen, worum sich Svein persönlich mit Sorgfalt kümmerte. Wenn die Arbeit getan war, fuhr er auf Plünderung zu den Sudreys und nach Irland und nannte das seine ‚Frühjahrsreise‘, dann kehrte er gleich nach dem Mittsommer heim, wo er blieb, bis die Kornfelder abgemäht waren und das Getreide sicher eingebracht war. Danach fuhr er wieder auf Raub aus und kam nie zurück, ehe der erste Wintermonat zu Ende war. Dies nannte er seine ‚Herbstreise‘.“
Orkneyinga Saga 56

Tipp: Nur falls Sie so dämlich sind, dass Sie nicht wissen, wo Sie wohnen – Skandinavien besteht aus den drei nordeuropäischen Ländern Norwegen, Schweden und Dänemark.

auf ihren Bauernhöfen oder gehen ihrem Handwerk nach und hoffen, der Gewalt so aus dem Weg zu gehen, obwohl das in diesen unruhigen Zeiten leichter gesagt als getan ist.

Wozu Wikinger werden?

„Die Armut hat sie gezwungen, die ganze Welt zu durchstreifen, und von ihren Piratenüberfällen bringen sie in Fülle die Schätze der Länder heim. Auf diese Weise halten sie der Unfruchtbarkeit ihres eigenen Landes stand." Wenn man Fremde wie diesen Christenpriester so reden hört, könnten Sie denken, wir müssten auf Fahrt gehen, nur weil wir arm sind. Wenn unser Land so unfruchtbar ist, wie kommt es dann, dass wir so groß und stark sind? Hand aufs Herz, der Mann muss noch geboren werden, der nicht gern ein paar Schätze und ein Stück Land extra hätte. Allerdings gibt es noch viele weitere gute Gründe, ein Wikinger zu werden; welcher davon für Sie am schwersten wiegt, hangt von Ihrer Stellung in der Gesellschaft ab.

König

Also gut, ein König sind Sie vermutlich nicht. Aber jeder Wikinger sollte wissen, für wen er kämpft und wieso. Könige stehen an der Spitze der sozialen Leiter und heben sich von anderen Menschen durch ihr königliches Geblüt und ihre Abstammung von den Göttern ab. In den letzten gut zweihundert Jahren sind die Könige immer mächtiger geworden, aber fest im Sattel sitzen sie trotzdem noch nicht. Zwar werden Sie höchstwahrscheinlich deshalb König, weil Ihr Vater einer war, aber theoretisch kann es jeder werden, der Königsblut in den Adern hat. Deshalb sind Thronstreitigkeiten und Bürgerkriege so häufig. Könige müssen gute Krieger sein, nur so haben sie eine Chance, sich

Sie würden auch bekümmert dreinschauen, wenn Sie in der Haut dieses Königs steckten. Wahrscheinlich denkt er gerade darüber nach, wie er die Treue seiner Hausknechte sicherstellen kann. Einen Beutezug nach England anzuführen, könnte die Lösung sein.

auf dem Thron zu halten. Außerdem müssen sie reich sein, um ein treues Gefolge aus Kriegern als Hausknechte (Huscarls) anzuziehen – und bei der Stange zu halten. Das ist die *hirð* (oder Hird), die Leibgarde des Königs und zugleich der Kern seines Heeres.

Könige haben nicht das Recht, allgemeine Steuern zu erheben, und die Einkünfte aus Königsland und Handelszöllen reichen nie aus, um ihre Krieger bei Laune zu halten – die Männer haben einen unstillbaren Hunger nach Schmuck und guten Waffen. Auf Wikingerzüge in Übersee auszuziehen, ist für einen König ein hervorragendes Mittel, an Einkommen aus Beute und Tributzahlungen zu kommen, und steigert gleichzeitig sein Ansehen als Anführer, indem er Ruhm im Kampf gewinnt. Ein Erfolg zieht den nächsten nach sich: Ein Sieg in der Schlacht lockt mehr waffentragende Gefolgsleute an, was wiederum zu neuen Triumphen und mehr Macht führt (und dazu, dass die Untertanen immer weniger an Aufstände denken!). Doch ein Leben im ständigen Kriegszustand ist gefährlich und die wenigsten Könige sterben im Bett. Ein wahres Wort besagt, dass ein König „zum Ruhm, nicht zum langen Leben" da ist.

Seekönig

Zuallererst sind skandinavische Könige Herrscher über Männer, nicht über Land. Deshalb können Männer von königlichem Geblüt als Könige anerkannt sein, auch wenn sie gar kein Königreich haben. Alles, was es braucht, ist ein Gefolge aus Kriegern, das er anzieht – und bei sich hält! Dank dem Charisma des Königsblutes ist das gar nicht schwer. Wikingerzüge anzuführen, ist eine gute Entscheidung für diese landlosen „Seekönige" – und wenn sie reich und berühmt genug werden, können sie womöglich ein Königreich mit Gewalt an sich bringen.

Oder es gelingt ihnen vielleicht – wie den Anführern des großen Dänenheeres, das 865 England überfiel und von einer Allianz aus Seekönigen befehligt wurde –, in Übersee ein eigenes Reich zu erobern.

> Als Olaf Haraldsson zum ersten Mal ein Schiff und Männer bekam, gab die Mannschaft ihm den Titel ‚König'; denn es war Brauch, dass jene Heerführer, die von königlicher Abstammung waren, beim Ausziehen auf Wiking sogleich den Königstitel empfingen, obwohl sie weder Land noch Königreich besaßen.
> Snorri Sturluson, *Saga von Olaf dem Heiligen 4*

Jarl

Wenn Sie sehr großes Glück haben, sind Sie der Sohn eines Jarls. Die Jarle, die Machthaber einer Region, sind die Spitze des Adels, die höchstgestellten Männer im Land außer dem König. Die mächtigsten Jarle wie Håkon von Hlaðir (Lade) und Sigurd von Orkney kommen an Macht, Reichtum und Größe ihres Kriegergefolges ihren Königen nahe, aber natürlich fehlt es ihnen an jener Autorität, die allein das Königsblut verleiht. Früher konnten die Jarle praktisch tun, was sie wollten, aber jetzt, da die Könige stärker geworden sind, wird es schwerer und schwerer für sie. Deshalb ist die Führung von Wikingerzügen für einen Jarl ein gutes Mittel, seinen Reichtum zu mehren und die Treue seines Gefolges zu sichern, während er um den Erhalt seines Status kämpft.

Ein Jarl (im Sattel) und ein Herse. Die traditionelle Unabhängigkeit beider wird durch die wachsende Macht der Könige unterminiert, aber Wikingerzüge können ein Weg sein, sich dem zu entziehen.

Herse

Das ist eine hervorragende Startposition. Reichtum genug, Sie richtig auszustatten, aber lange nicht genug für Ihren Ehrgeiz – Sie sind das Holz, aus dem man Wikinger schnitzt! Die Hersen (*hersir*, Plural *hersar*), auch „begüterte Männer" genannt, bilden die untere Ebene des Adels. Sie sind die örtlichen Häuptlinge, besitzen ausgedehntes Familienland, zahlreiche Pächter und Hörige, stehen dem Thing (der Versammlung) ihres Bezirks vor und führen in Kriegszeiten das örtliche Aufgebot. Hersen sind reich genug, sich selbst gut für den Kampf ausrüsten zu können, und bilden das Rückgrat jedes Wikingerheeres. Ihnen gehört eventuell ein Langschiff oder zumindest ein Anteil daran. Wenn ein Herse aus seinen Pächtern und den ansässigen Freibauern eine Schiffsbesatzung zusammenstellt, kann er auf eigene Rechnung kleine Raubzüge unternehmen oder sich mit anderen Hersen zusammenschließen – oder aber er stößt mit Schiff und Mannschaft zu einem der großen Heere unter dem Oberbefehl eines Jarls oder Königs. Bei den meisten Kriegern in der *hirð* von Königen und Jarlen handelt es sich um Hersen.

Die Zunahme der Königsmacht hat auf die Hersen große Wirkung gehabt. Viele haben großen Vorteil daraus gezogen, in die Dienste eines Königs zu treten, aber ihre örtliche Autorität ist untergraben worden, was ihren Handlungsspielraum beschränkt. Und sie sind nicht reich genug, um sich allein ihrer Haut wehren zu können, wenn es Streit mit einem König gibt. Die meisten Hersen schlucken das einfach und sehen Wikingerzüge als gutes Saisongeschäft an, um sich etwas dazuzuverdienen, nicht als Mittel zur Verwirklichung politischen Ehrgeizes, der darüber hinausreicht, daheim eine gute Figur zu machen. Früher allerdings suchten viele Männer, denen die Könige eine Nummer zu groß wurden, nach einer guten Gelegenheit, wo sie in Übersee Land nehmen und sich ansiedeln konnten. Sicher haben Sie von der Besiedlung Islands im letzten Jahrhundert gehört – die Führung dabei hatten vorwiegend Hersen, die darauf hofften, dort etwas mehr Macht für sich behalten zu können.

Heutzutage lassen sich die Könige das Plündern auf eigene Faust nicht so gern gefallen und die Hersen ziehen nun eher in königlichen Diensten in den Krieg. Mag der Ertrag auch höher sein, so mancher alte Krieger denkt wehmütig an die guten alten Räuberzeiten zurück, als ein Mann noch sein eigener Herr war.

Wie Sie sicher wissen, hat in Skandinavien nur der älteste Sohn das Recht, das Land seines Vaters zu erben. Vielleicht denken Sie, es ist ziemlich blöd, der jüngere Sohn eines Hersen zu sein, aber zumindest hat Ihr Vater Ihnen eine anständige Ausbildung zum Krieger verschafft und Sie für den Kampf ausgestattet. Das gibt Ihnen die Chance Ihres Lebens, ein Krieger ohne zu viel Verantwortung in der Heimat zu sein, und in den Reihen der Wikinger werden Sie haufenweise andere Nachgeborene treffen, die entweder auf Landerwerb in Übersee hoffen oder genug Beute einheimsen wollen, um sich davon Landbesitz zuzulegen. Und falls Sie sich einer *hirð* anschließen, könnten Sie natürlich ein Stück Land als Lohn für gute Dienste bekommen.

Bauern und Freie

Sie könnten es schlimmer getroffen haben. Zu den freien Männern, der größten Schicht in Skandinavien, zählen auch Handwerker und Händler, aber die meisten arbeiten auf dem Land als Tagelöhner, Pächter oder Freibauern. Manche reichen Freibauern haben eigene Pächter. Alle Freien haben das Recht, auf dem örtlichen Thing zu sprechen, und sind zum Dienst im örtlichen Aufgebot für Verteidigungszwecke verpflichtet. Die meisten können sich zumindest einen Speer und einen Schild leisten – die allereinfachste Ausstattung für einen Krieger – und viele sind deutlich besser ausgerüstet. Wenn Sie einer von der ärmeren Sorte oder vielleicht ein Tagelöhner sind, besitzen Sie vielleicht überhaupt keine Waffen außer der Axt, die Sie zum Holzhacken verwenden – nicht ganz so toll, wenn Sie einem Engländer im Kettenhemd gegenüberstehen, wie ich vielleicht besser dazusagen sollte. Falls der Dorfhäuptling Ihnen keine Waffen leihen kann, wird man von Ihnen eventuell niemals Kriegsdienst im Aufgebot verlangen, sondern dass Sie stattdessen Vorräte stellen.

In dieser Schicht gibt es viele landhungrige Männer, die sich gern freiwillig auf das Langschiff ihres Häuptlings melden, in der Hoffnung, entweder Land in Übersee zu gewinnen oder aber genug Beute, um daheim Land zu kaufen. Aber die Häuptlinge nehmen nicht jeden – sie wählen am liebsten die erfahrensten Männer mit der besten Ausrüstung. Wenn Sie also zu arm sind, um sich eigene Waffen zu leisten, werden Sie nicht viel Gelegenheit haben, sie zu gebrauchen, also wählt man Sie nicht aus und Sie bleiben weiter arm.

Andererseits: Wenn Sie Handwerker und risikofreudig sind, ist es eine Riesenchance fürs Geschäft, einem Wikingerheer nachzulaufen – es gibt ständig Schiffe und Waffen auszubessern. Für Händler gilt das gleiche – Handel ist selten ein Vollzeitjob und die Grenze zwischen Händler und Wikinger neigt sowieso zur Verschwommenheit. Händler müssen zum Schutz vor Piraten bewaffnet sein, also können sie, wenn es sich so ergibt, zum Spaß ein bisschen auf eigene Rechnung mitplündern, so wie sich Wikinger umgekehrt oft in Händler verwandeln, um Beute und Gefangene zu Silber zu machen.

Sklave

Pech gehabt. Das ist kein guter Anfang. Sklave (*thraell*) sind Sie dann, wenn Ihre Mutter eine Sklavin war. Oder vielleicht waren Sie nicht schnell genug weg, als die Wikinger in Ihrer Gegend einfielen, und man hat Sie eingefangen und verkauft. Sklaven sind Besitzstücke und haben keine Rechte. Ein Herr kann seine Sklaven töten, wenn er das möchte, sie den Göttern opfern oder zur sexuellen Befriedigung verwenden. Trotzdem erwartet man von Sklaven, wenn nötig, Dienst im örtlichen Aufgebot an Kämpfern, und in Fällen von Blutfehden mit Nachbarn ist es völlig normal, dass Herren ihre Sklaven bewaffnen und mitkämpfen lassen. Nicht alle Sklaven behandelt man schlecht, viele kommen schließlich als Lohn für Treue und gute Dienste frei. Sobald sie den Status des Freien erreicht haben, bietet sich manchen Exsklaven vielleicht die Chance, Wikinger zu werden, aber den meisten wird es wahrscheinlich vollkommen reichen, frei zu sein.

Frauen

Für Sie ist eine Karriere als Wikinger eindeutig nichts. Kriegerinnen werden können Frauen nur in den Sagas um Helden und Götter. Zu Ihren Chancen im Tross eines Heeres lesen Sie bitte im Kapitel VII weiter.

Frauen können nicht selbst Kriegerinnen werden, aber welcher Wikinger freut sich nicht, wenn ihm nach einem anstrengenden Plündertag eine Frau im Lager einen Becher Met anbietet?

Wikingerzüge: die bisherigen Höhepunkte

ca. 789 Drei Wikingerschiffe aus Norwegen landen in Portland in Südengland. Die Eingeborenen halten sie für Händler und kommen ans Ufer, um sie zu begrüßen. Riesenfehler.

793 An dieses Datum erinnern sich alle: Plünderung des Klosters auf der Insel Lindisfarne in Northumbrien durch Wikinger. Das Kloster war vollkommen schutzlos. Die Mönche dachten, ihre Heiligen würden es schützen. Taten die aber nicht.

795 Wikinger plündern das schottische Kloster auf der Insel Iona und fahren von da zu einem Kloster in Irland weiter. Noch zwei Mönchshaufen, die ihre Heiligen im Stich ließen.

799 Der erste Wikingerüberfall aufs Frankenreich endet tragisch: Mehrere Schiffe scheitern an der Küste Aquitaniens und 105 Wikinger werden von den Einheimischen gefangen genommen und getötet.

Der letzte Anblick im Leben so manchen Mönches: Eine Gruppe schwert- und axtschwingender Wikinger erstürmt ein Kloster.

Eine Gruppe Rus (schwedische Wikinger) wird beim Angriff auf Mikligard von griechischer Kavallerie niedergeritten. Nicht immer können Wikinger ihren eigenen Kopf durchsetzen!

810 König Godfred der Däne verheert Friesland, einen Teil des Frankenreiches, und erhebt einen Tribut von hundert Pfund Silber. Mit der Verteilung können seine Krieger nicht zufrieden gewesen sein: Sobald sie zu Hause waren, ermordete einer von ihnen Godfred.

ca. 825 Die ersten Wikinger lassen sich auf den Färöern nieder. Die einzigen Einwohner – ein paar irische Mönche – machen sich vom Acker.

832 Wikinger überfallen Armagh, ein wichtiges religiöses Zentrum in Irland, dreimal in nur einem Monat.

834–837 Jedes Jahr wird der reiche fränkische Hafen Dorestad geplündert. Hat ganz hübsch was eingebracht.

839 Die ersten Rus (schwedische Wikinger) reisen den ganzen Weg bis Mikligard (oder wie die Griechen sagen: Konstantinopel).

841 Norwegische Wikinger bauen in Dublin in Irland einen befestigten Stützpunkt, der zu einem großen Sklavenmarkt wird.

843 Dänische Wikinger werden zu Dauergästen in Franzien, als sie eine Festung an der Mündung der Loire gründen.

845 Ein weiteres Dänenheer erreicht das Frankenland; dieses richtet sich an der Seine häuslich ein.

859–862 Hastein und Björn Eisenseite heeren im Mittelmeer: Stoff für Heldenlieder, aber sie verlieren mehr als die Hälfte ihrer Schiffe.

860 Der erste Versuch der Rus, Mikligard zu nehmen, scheitert.

Wenn Sie sich den Rus im Osten anschließen wollen, werden Sie Ihr Boot häufig über Land tragen müssen, um Stromschnellen zu umgehen oder von einem Flusssystem zum nächsten zu kommen.

ca. 860 Gardar der Schwede kommt im Westmeer vom Kurs ab und entdeckt die unbewohnte Insel Island; ihre Besiedlung beginnt rund zehn Jahre später.

ca. 862 In Holmgard in Gardariki gründet Rurik ein Königreich der Rus.

865–876 Ein großes Dänenheer erobert und besiedelt Landstriche in Ostengland; nach ihnen wird das Gebiet als Danelag bekannt.

878 König Alfred von Wessex besiegt die Dänen bei Ethandun (Edington), womit die Serie dänischer Eroberungen in England endet.

882 Ruriks Landsmann Helgi erobert Koenugard (Kiew) und macht es zum Hauptort der Rus.

ca. 885 Schlacht im Hafrsfjord: König Harald Schönhaar erzwingt die Einigung Norwegens.

885–886 Erfolglose Belagerung von Paris durch Wikinger.

891 Niederlage der Wikinger gegen die Franken in der Schlacht an der Dyle. Außerdem herrscht Hungersnot in Franzien; die Wikinger entscheiden sich, ihr Glück lieber in England zu probieren.

892–894 Alfred von Wessex macht den Wikingern in England dermaßen das Leben schwer, dass sie aufgeben und heimziehen.

902 Die Iren vertreiben die Wikinger; viele dieser Flüchtlinge lassen sich im Nordwesten Englands nieder.

911 Hrolf, Anführer der Seinewikinger, wird vom Frankenkönig zum Grafen von Rouen erhoben.

912 Alfreds Sohn Edward der Ältere beginnt mit der Eroberung des Danelag.

912–913 Ein Streifzug der Rus im Chasarischen Meer endet böse.

917 Falls die Iren gedacht hatten, sie hätten die Wikinger zum letzten Mal gesehen, war das ein tragischer Irrtum: Die Wikinger kommen mit Macht wieder und erobern ihre alten Stützpunkte zurück.

919 Wikinger unter Rognvald erobern die Bretagne.

937 Athelstan, König der Engländer, besiegt ein Bündnis aus Wikingern und Schotten in der Schlacht von Brunanburh.

939 Rauswurf der Wikinger aus der Bretagne, wo es aber sowieso nicht mehr viel zu plündern gab.

954 Noch ein Rückschlag: Erik Blutaxt wird aus Jorvik vertrieben und fällt in einem Hinterhalt bei Stainmore, womit der Wikingereinfluss in England endet – bis auf Weiteres.

978 Die Serie starker englischer Könige reißt mit dem Herrschaftsantritt Aethelreds des Unfertigen ab (das konnte ja nicht so weitergehen).

980 Die Dänen plündern Southampton und verschleppen den Großteil seiner Bevölkerung.

988 Aus Wikingern bildet der Griechenkaiser von Mikligard die Warägergarde.

991 Nach Olaf Tryggvasons Sieg über die Engländer bei Maldon ist König Aethelred völlig fertig und in höchster Bereitschaft – jeden Preis zu zahlen!

Tipp: In dieser Zeittafel sind Sie sicher auf eine Menge neue Ortsnamen gestoßen – und wenn Sie weiterlesen, werden das noch mehr. Werfen Sie einen Blick auf die Karte auf S. 218/219 dieses Karriereführers, um sich einzunorden. Für Begriffe, die Ihnen nicht vertraut sind, gibt es außerdem ein Glossar.

II Das Anmustern

Der Huscarl eines Königs zu heißen,
ist nicht zu verachten.
Der Königsspiegel

Sie wollen also Wikinger werden? Gehen wir davon aus, dass Sie ein gesunder frei geborener Bursche sind und keine Angst vor einem Kampf oder hohem Seegang haben. Wenn Sie der Sohn eines mächtigen Mannes sind, haben Sie sicher keinen Mangel an Möglichkeiten, auf Beutezug zu gehen: Sie sind für den Krieg erzogen, und dass Sie sich als Krieger bewähren, erwartet man von Ihnen. Pech gehabt, falls ein beschauliches Leben das ist, was Ihnen eigentlich liegt, denn Sie haben keine Chance, Ihren Status aufrechtzuerhalten, wenn Sie nicht Männer in die Schlacht führen können.

Falls Sie nicht vornehmer Herkunft sind – keine Bange. Alle Freien müssen unter ihrem Häuptling in der örtlichen Miliz dienen, also haben Sie sicher auch im allerschlimmsten Fall gelernt, einen Speer zu gebrauchen und Ihren Platz im Schildwall einzunehmen. Im Aufgebot ein bisschen Kampfgeist zu beweisen, ist die beste Chance für die Jungs mit leeren Taschen, Wikinger zu werden, denn die besten der Milizen sind es, die von ihrem Chef ausgewählt werden, ihn auf seinen eigenen Beutezügen zu begleiten. Die Gelegenheiten, Vollzeitkrieger zu werden, sind jedoch beschränkt und stehen hauptsächlich Mitgliedern der reicheren Schichten offen. Aber nicht verzagen – Tüchtigkeit zählt ebenso wie Klasse.

Wie ist eine Wikingerarmee aufgebaut?

Alle Wikingerheere beruhen auf der *hirð* – der persönlichen Kriegergefolgschaft mächtiger Häuptlinge und Könige. Eine *hirð* zu unterhalten ist kostspielig. Die Krieger der *hirð* – die *drengs* („Jungs") oder Huscarls – sind sehr anspruchsvoll: Sie wollen Unterkunft, Essen, Kleider, Waffen und häufige Geschenke in Gold und Silber haben, damit sie loyal bleiben. Selbst ein König leistet sich üblicherweise keine *hirð*, die größer als ein paar hundert Krieger ist. Während die Größe der *hirð*, die ein Mann tragen kann, letzten Endes von seinem Reichtum abhängt, zählen auch sein Ansehen und seine Herkunft. Einem Feigling oder einem Dahergelaufenen würden Sie doch nicht folgen, oder? Natürlich haben Krieger lieber einen Erfolgreichen als Anführer, und jeder, der das besondere Charisma königlichen Geblüts mitbringt, zieht leicht eine Gefolgschaft an.

Selbst wenn eine *hirð* nicht mehr Männer zählt, als nötig sind, um ein Langschiff zu bemannen, ist sie doch groß genug, um als eigenes Heer zu gelten. Auf Island, das zugegebenermaßen nicht besonders viele Einwohner hat, gelten sogar neun oder zehn Bewaffnete schon als Heer. Normalerweise bilden die Vollzeitkrieger der *hirð* aber nur die Kerntruppen der Armee eines Häuptlings. Verteidigt der Häuptling sein Gebiet gegen einen Eindringling, hat er das Recht, zusätzlich die örtliche Miliz aufzubieten. Für Wikingerzüge in Übersee verstärkt der Häuptling seine *hirð*, indem er die besten Männer der Miliz auswählt. Das ist Ihr Stichwort. Auf Wikingerzügen zu dienen, ist keine gesetzliche Pflicht wie der Milizdienst, aber das heißt nicht, dass Sie sich weigern könnten, mitzugehen. Ein freier Mann braucht den Schutz und Beistand seines Häuptlings, deshalb ist er seinerseits gehalten, den Zielen seines Häuptlings Vorschub zu leisten, wenn er dazu aufgefordert wird. Normalerweise herrscht jedoch kein Mangel an Freiwilligen, die gern auf Beutezug wollen – Sie sind sicher nicht der einzige Bursche, der hofft, das könnte sein großer Durchbruch sein.

Größere Wikingerheere setzen sich aus diesen kleineren Privatarmeen zusammen und zählen manchmal bis zu 5000 oder 6000 Mann.

Die Wikinger kommen! Eine große dänische Flotte landet an der englischen Küste. Masten und Segel sind niedergelegt und eingeholt, damit die Schiffe nicht so leicht zu sichten sind.

Tipp: Stellen Sie sicher, dass man auf Sie aufmerksam wird. Alle Freien haben das Recht zu sprechen, wenn Sie also gute Ideen haben, heraus damit. Ein guter Anführer hört sich an, was seine Männer zu sagen haben. Und ein schlauer Wikinger wird belohnt.

Im ersten Jahrhundert der Wikingerzüge verbündeten sich die Häuptlinge einfach zum Kriegführen. Jeder Anführer behielt das Kommando über seine eigene *hirð*, also erwarteten alle, an den Entscheidungen über Taktik und Strategie beteiligt zu sein. Am schwersten wogen aber immer die Ansichten derjenigen Anführer, die eine lange Erfolgsliste aufzuweisen oder Königsblut in den Adern hatten. Außerdem mussten alle Anführer Rücksicht auf die Meinung ihrer Krieger nehmen, weil die einem anderen Häuptling folgen konnten, wenn sie mit ihrem eigenen unzufrieden waren. Diese gemeinsame Führung wirkt vielleicht schwach, aber das große Dänenheer, das 865 in England einfiel, hatte mindestens sieben Anführer, und doch eroberte und besiedelte es fast das halbe Land. Diese Armeen konnten ebenso leicht zerfallen, wie sie entstanden. Sobald ein Feldzug vorbei war, gingen die Anführer und ihre jeweilige Gefolgschaft getrennte Wege und kehrten entweder mit ihrer Beute heim, besiedelten erobertes Gebiet oder stießen zu einer weiteren Armee, die woanders Krieg führte.

Heutzutage ordnet sich ein großes Wikingerheer eher einem einzelnen Anführer unter, normalerweise einem Jarl oder einem König. Solche mächtigen, reichen Männer können Gefolgschaften aus Hunderten von Kriegern unterhalten und den Häuptlingen, die ihnen unterstehen, befehlen, mit deren eigenen Gefolgschaften zum Königsheer zu stoßen. Sie würden vielleicht ganz von sich aus kommen, weil Sie auf Belohnungen hoffen, wenn der Feldzug Erfolg hat, aber tatsächlich haben Sie auch gar nicht groß die Wahl. Sich zu weigern, würde Sie dem Vorwurf des Treuebruchs aussetzen, mit allem, was das nach sich ziehen kann! Nach wie vor führen die Häuptlinge ihre Gefolgschaften in den Kampf, aber sie sind nicht mehr gleichberechtigte Partner auf dem Feldzug – sie dienen den Zwecken des Königs.

Wikingerheere haben keine Dienstvorschriften, weil sie keine brauchen. Die Bindungen durch persönliche Treue, gegenseitige Schwüre und vor allem die Ehre reicht aus, damit die meisten Männer im Schildwall standhalten. Ehre ist für einen Krieger lebenswichtig. Ein Mann ohne Ehre ist ein *niðing* („Neiding“, ein Nichts) und könnte ebenso gut nicht auf der Welt sein. Der schnellste Weg, seine Ehre zu verlieren, ist im Kampf wegzulaufen und seinen Herrn wie seine Mitkämpfer im Stich zu lassen. Die meisten Männer fürchten ein Leben als *niðing* viel mehr als den Tod.

Milizdienst

Wenn Sie ein gesunder freier Mann sind, besteht für Sie die Pflicht zum Waffentragen und zum Kampf im örtlichen Aufgebot. Im Notfall kann man sogar Sklaven bewaffnen. Häuptlinge und Jarle haben das Recht, die Männer ihres Bezirks auszuheben. Königen steht es zu, alle Freien in ihrem Königreich aufzubieten, wenn sie sie brauchen, aber tatsächlich sind sie viel wählerischer. Der Milizdienst dauert nur so lange wie die Krise. Die meisten Männer haben es eilig, nach Hause zu kommen und sich um ihren Hof zu kümmern. Für Sie kann das die erste richtige Kampferfahrung sein, aber das macht noch keinen Wikingerkrieger aus Ihnen.

Auf dem Thingder Miliz wählt der Häuptling die besten Männer aus, um seine *hirð* auf Wikingerzügen zu verstärken oder damit sie ihm folgen, wenn ihm befohlen worden ist, Männer für das Heer des Königs zu stellen. Das ist Ihre Chance, auf sich aufmerksam zu machen. Die erste Wahl sind normalerweise Männer aus der Hersenschicht. Zwar ist es heute üblicher als früher, dass Häuptlinge ihren Gefolgsleuten Waffen und Rüstungen leihen, aber wenn Sie zur ärmeren Sorte Freier gehören, die sich keine vernünftige Kriegsausrüstung leisten können, ist es unwahrscheinlich, dass man Sie aussucht. Stattdessen wird man Ihnen befehlen, Vorräte zu liefern. Beruft der König ein Thing der Miliz ein, um eine Armee aufzustellen, sind alle Freien verpflichtet, zusammen mit ihren Häuptlingen anwesend zu sein. In der Praxis können ärmere Freie das nicht bezahlen, also suchen die Häuptlinge nur die besten Gefolgsleute aus, damit sie sie zum Thing begleiten. Der König wählt sich die aus, die er will, und befiehlt den übrigen, zu den Feldzugskosten beizutragen.

Die Grundausbildung

Für das Training von Kriegern gibt es in Skandinavien keinen förmlichen Rahmen. Alle Freien haben das Recht, Waffen zu tragen, also ist die Ausbildung mit der Waffe überwiegend Sache der Familienmitglieder. Wahrscheinlich können Sie sich nicht mehr an das erste Mal erinnern, als Sie ein Spielzeugschwert geschenkt bekamen. Falls Ihr Vater seine Pflichten ernst genommen hat, war das höchstwahrscheinlich am gleichen Tag, an dem Sie Ihre ersten eigenen Schritte gemacht haben, ohne sich bei Ihrer Mutter festzuhalten. Wenn Sie das Glück haben, mit einem reichen Vater gesegnet zu sein, dann haben Sie Ihre ersten Eisenwaffen vermutlich ungefähr mit zehn Jahren bekommen. Sicher, sie waren kleiner und leichter als die Ihres Vaters, aber diesen Tag haben Sie bestimmt nicht vergessen: Das war das erste Mal, dass Sie sich ein bisschen als Mann gefühlt haben.

Die erste Waffe der meisten Jungen ist ein Holzschwert. Man kann eine Menge lernen, einfach indem man mit den Freunden Wikinger spielt. Zwar werden Sie sich nicht ernsthaft verletzen, aber ein fester Treffer mit einem Holzschwert tut weh genug, damit Sie etwas daraus lernen.

Umfang und Qualität der Ausbildung, die hinter Ihnen liegt, hängen hauptsächlich vom Reichtum und Ansehen Ihrer Familie ab. Falls Sie aus einer Familie armer Pachtbauern kommen, haben Sie wahrscheinlich nicht viel Gelegenheit zum Training, weil Ihre Arbeitskraft ständig auf dem Hof gebraucht wird. Ihrem Vater gehören ein alter Speer, ein Schild und ein Beil zum Holzhacken, aber von den beiden Erstgenannten hat er selten Gebrauch machen können. Vielleicht hat er mit dem Aufgebot im Schildwall gestanden oder sich sogar an einem Raubzug unter Führung seines Oberhaupts beteiligen können, aber ebenso gut kann sich seine Kriegserfahrung darauf beschränken, Nachschub geliefert zu haben, damit andere kämpfen konnten. Mehr Glück haben Sie gehabt, falls Ihr Vater ein Herse ist. Dann besitzt er eine komplette Ausrüstung und hat sicher das Aufgebot des Ortes in die Schlacht geführt – vielleicht sogar Wikingerzüge geleitet und seinem König oder Jarl während längerer Feldzüge gedient. Er hat Ihnen viel beibringen können, aber trotzdem haben Sie nicht das Training bekommen, das dem Sohn eines Jarls oder eines Königs offensteht. Diese privilegierten Jungen, die auf keinem Hof helfen mussten, können von klein auf ein Vollzeittraining mit den besten Waffen und Rüstungen absolvieren, unter ständiger Anleitung der erfahrenen Krieger aus dem Gefolge ihrer Väter. Aber verschwenden Sie keine Zeit mit Neid – nutzen Sie jede Gelegenheit zum Training.

Kommen Sie nicht aus den privilegierten Schichten, dann haben Sie die Chance, etwas übers Kämpfen zu lernen, sobald Sie alt genug sind, zur Heerschau für das örtliche Milizaufgebot anzutreten. Das ist die Zeit, in der der Häuptling und seine Gefolgsleute die Aufgebote in Schild- und Speerkampf und in einfacher Taktik wie dem Schildwall trainieren. In Küstengegenden haben Sie zusätzlich die Chance, das Segeln und Rudern von Langschiffen zu üben. Passen Sie gut auf, zeigen Sie sich einsatzbereit und aggressiv, dann werden Sie vielleicht auf einen Beutezug mitgenommen. In Notfällen kommt es durchaus vor, dass das erste Training für einige junge Leute dann stattfindet, wenn der Schildwall unmittelbar vor Beginn der Schlacht gebildet wird. Es versteht sich von selbst, dass das nicht ganz so ideal ist.

Tipp: Bei Sportarten mit Wettkampfcharakter wie Ringen, Speerwurf und Bogenschießen mitzumachen, ist ein anderer Weg, sein Talent als Krieger zu entwickeln und vorzuführen. Wenn Sie eine aggressive Neigung verraten, wird man Sie eher darin bestärken als Sie tadeln. Der berühmte isländische Wikinger Egill Skalla-Grimsson war erst sieben, als ihm ein nachsichtiger Nachbar eine Axt gab, mit der Egill dann einen älteren Jungen tötete, der ihn während eines Ballspiels verprügelt hatte. Egills Mutter sagte, sie meine, dass in ihm ein echter Wikinger stecke, und drängte ihren Mann, einen Häuptling in der Gegend, ihm ein Schiff und einige Männer zu geben, sobald er alt genug sei.

Die Ausbildung zum Bogenschützen muss von klein auf beginnen, damit ein Schütze die nötige Kraft im Oberkörper aufbauen kann. Schießen ist ein beliebter Sport und kann einem außerdem ein Abendessen besorgen.

Wie alt müssen Sie sein, um Krieger zu werden? Rechte und Pflichte eines Erwachsenen, den Milizdienst eingeschlossen, fallen Ihnen im Alter von 15 oder 16 Jahren zu, je nach Sitten und Gesetzen – aber wahrscheinlich müssen Sie ein paar Jahre länger warten, ehe Sie für einen Beutezug ausgesucht werden. Das übliche Mindestalter für das Ausheben von Kriegern ist 18, wenn ein junger Mann seine körperliche Bestform erreicht.

Die meisten Anführer rekrutieren lieber keine Krieger über fünfzig, und ehrlich gesagt, so lange leben auch nicht viele. Ganz junge und ganz alte Männer ziehen trotzdem oft ins Feld und schlagen Schlachten, besonders wenn sie von hohem Stand sind. Es ist für Männer von königlichem Geblüt nichts Ungewöhnliches, mit nicht viel mehr als zehn Jahren Heere in den Kampf zu führen.

Der Eintritt in eine „hirð"

Die meisten Wikinger sind keine Berufskrieger in Vollzeit. Sicher, sie brennen vielleicht darauf, mit ihren Häuptlingen im Sommer Piraterie zu betreiben oder ihnen auf einen längeren Feldzug jenseits des Meeres zu folgen, aber innerlich bleiben die meisten doch Bauern. Falls Sie Vollzeit-Berufskrieger werden wollen, stoßen Sie zur *hirð* eines Häuptlings oder Königs und werden Sie Huscarl. Dank der Beziehungen Ihrer Familie und Ihrer besseren Ausbildung sollte das mehr oder weniger automatisch klappen, wenn Sie aus der Häuptlingsschicht kommen. Andernfalls benötigen Sie nachgewiesene Kampferfahrung, ehe man Sie ernsthaft in Erwägung zieht. Königsmannen kommen im Allgemeinen aus Adelsfamilien. Das hat teilweise mit dem Ansehen zu tun; der Glanz, wenn er vom edelsten Blut des Königreiches umgeben ist, steigert das Prestige eines Königs. Was ebenso wichtig ist: Der Dienst bindet die Familien der Gefolgsleute enger an die Krone. Für einen König ist nicht viel zu holen, wenn er einen Bauernburschen aus einer unbedeutenden Familie in seine *hirð* aufnimmt, ganz egal, wie gut er kämpfen kann.

Wenn Sie tatsächlich Erfolg haben und in eine *hirð* eintreten,

Ein Wikingerkrieger auf Reisen, hoch zu Ross. Pferde sind zwar teuer, aber sobald Sie zu einer *hirð* gehören, dürfen Sie von allem das Beste erwarten.

werden Sie Teil einer *félag* oder Schwurbrüderschaft. Alle Krieger haben einander und ihrem Anführer Treueeide geleistet, und von Ihnen wird man dasselbe erwarten. Normalerweise schwört man einen Eid auf heilige Armreifen aus Silber, gerötet von Opferblut, das man zu diesem Zweck in einem Tempel vorrätig hält. Diese Eide gelten bis zum Tod, doch gibt es Umstände, unter denen man sie ohne Schande brechen kann. Im Gegenzug für Ihre Treue ist der Anführer dafür verantwortlich, Sie gut zu verköstigen und unterzubringen sowie Sie als Belohnung mit Waffen, Juwelen und Land zu beschenken. Wenn Sie den Eindruck haben, Ihr Anführer halte seinen Teil der Verabredung nicht ein, haben Sie das Recht, ihm die Treue aufzukündigen und sich einen anderen Führer zu suchen.

Als Huscarl leben Sie im Haushalt Ihres Chefs; Sie essen und schlafen in seiner Halle. Rechnen Sie nicht mit viel Privatsphäre. Nur der Häuptling und seine Frau haben ein eigenes Schlafzimmer, das vom Rest der Halle abgeteilt ist. Sie müssen sich zusammen mit allen anderen auf den Bänken, die in die Längsseiten der Halle eingebaut sind, ein Bett zurechtmachen. Versuchen Sie in Winternächten so dicht wie möglich bei der Feuerstelle zu bleiben.

Die Gesetze der „hirð"

Falls Sie das Glück haben, in eine *hirð* einzutreten, werden die anderen Krieger Ihre Kameraden sein, aber gleichzeitig auch Ihre Rivalen. Die Krieger der *hirð* sind ein konkurrenzlustiger Haufen; jeder brennt stets darauf, sein Ansehen und seinen guten Ruf in den Augen des Anführers zu verbessern. So soll es auch sein, denn das spornt die Krieger an, einander im Kampf möglichst an Heldentaten zu überbieten. Leider geht der Statusgewinn des einen Kriegers immer auf Kosten eines anderen. Weil die Sitze bei Festmählern nach Status vergeben werden – die angesehensten Krieger sitzen ihrem Häuptling oder König am nächsten –, springt jedem der Zuwachs oder Verlust an Status gleich ins Auge. Es kann für einen Krieger eine schmerzliche Erfahrung sein, einem anderen seinen Ehrenplatz abtreten zu müssen.

> Es war Sitte, dass die Krieger jeweils an dem Platz saßen, der ihnen je nach ihrem Anspruch auf Würde zugewiesen war – sei es nach höherem Alter oder nach größerer Vornehmheit ihrer Abstammung gemessen, sodass die Älteren und Edleren die besseren Plätze erhielten. Offensichtlich konnte daher kein Mann ohne Schande und Entehrung von seinem üblichen Sitz verdrängt werden.
>
> Sven Aggesen, *Lex castrensis (Das Gesetz der Gefolgsleute)*

Um Ordnung und Disziplin aufrechtzuerhalten, schwören die Mitglieder einer *hirð*, sich an bestimmte Gesetze zu halten, die ihr Benehmen diktieren. Die Verhaltensregeln schwanken von *hirð* zu *hirð*, aber gehen Sie etwa von Folgendem aus:

- Krieger können ihre Treue, ohne die Ehre ihres derzeitigen Herrn in irgendeiner Weise zu berühren, nur zu Neujahr auf einen anderen Herrn übergehen lassen.
- Einen Streit zwischen Kriegern entscheidet die Zeugenaussage unter Eid von zwei Mann gegen einen.
- Die Strafe für kleinere Vergehen ist eine Degradierung um einen Platz an der Festtafel.
- Falls ein Krieger einem anderen Krieger aus der Gefolgschaft einen

Tipp: Gehen Sie die Regeln der *hirð* lieber vor dem Beitritt durch – eventuell müssen Sie lange warten, ehe Sie ehrenvoll austreten können, falls sie Ihnen nicht zusagen.

Faustschlag versetzt oder ihn mit einer Waffe verwundet, wird er aus der *hirð* ausgeschlossen, zum Geächteten erklärt und mit dem Schandnamen *niðing* belegt.

- Die Krieger der *hirð* schwören dreimal hintereinander im Chor einen Eid, der sie verpflichtet, ein ausgestoßenes Exmitglied der *hirð* zu töten, falls sie ihm je wieder begegnen.
- Auch jeder Angehörige der *hirð*, der den Geächteten nicht angreift, sofern er gegenüber dessen Seite um mindestens einen Mann oder eine Waffe in der Überzahl ist, wird selbst geächtet und zum *niðing*.

Festmähler

Vom Kampf abgesehen sind Gelage die wichtigsten Momente im Leben eines Kriegers. Festmähler sind nicht bloß ein Vorwand zum exzessiven Essen und Trinken, sie bieten einem Häuptling und seinen Kriegern auch die Gelegenheit, öffentlich anzugeben. Für einen Anführer ist die Fähigkeit, gut zu speisen und andere gut zu bewirten, die augenfälligste Bekundung seiner Macht und seines Reichtums, also wird er alles tun, um Eindruck zu schinden. Erwarten Sie Unmengen an gekochtem und gebratenem Fleisch, blutwurstartigen pikanten Pudding, Weizenbrot und Bier oder Met. Sich betrinken ist Pflicht. Schließlich hält Met „das Elend der Männer zurück". Ihr Bier kommt in Trinkhörnern auf den Tisch, die Sie in einem Zug leeren müssen, denn absetzen können Sie sie nicht, ohne den Inhalt zu verschütten.

> Und wenn der Heerführer den Hof in die Halle ruft, jauchzt oft der Jarl über die zahllosen Männer. Geschenke hält man vor an des Goldbrechers Fest, dicht sitzt des Volks Versammlung gedrängt, höchster Ruhm liegt im Haus bereit. SNORRI STURLUSSON, *Háttatal* 88

Auf den Sieg! Wikinger ersäufen ihre Sorgen bei einem Festmahl.

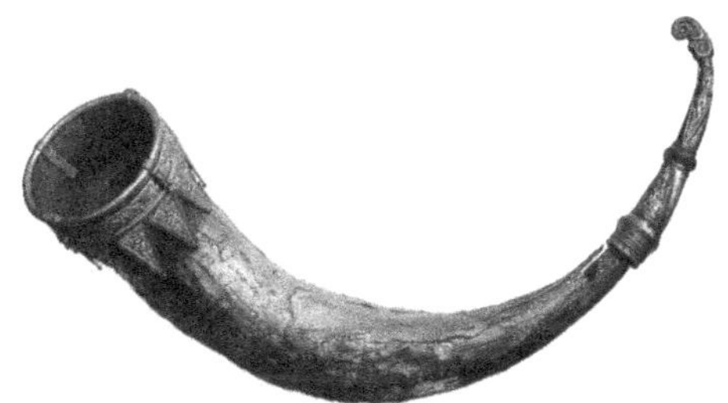

Ein prächtiges Trinkhorn. Leeren Sie ein paar davon in einem Zug, bleiben Sie trotzdem klar im Kopf, und alle respektieren Sie.

Tipp: Vorsicht – das Kampftrinken bei Gelagen soll testen, ob Sie ein ganzer Mann sind. Wer auch betrunken bei Verstand bleibt, wird geachtet, wer nicht, für einen Narren gehalten.

Was für Sie als Krieger bei einem Gelage am meisten zählen sollte, sind nicht Essen und Trinken, sondern wo Sie sitzen dürfen. Als Huscarl ist Ihr Platz am Herrentisch. Das ist der gegenüber der Tür, mit den wichtigen Leuten. Der Häuptling sitzt in der Mitte des Herrentischs, und je näher Sie bei ihm sitzen dürfen, desto wichtiger sind Sie ihm, wie Sie und alle Welt wissen. Als Gast am Herrentisch bekommen Sie das beste Stück Fleisch, das beste Bier und eine eigene Dienerin, die Ihnen serviert. Die nicht so wichtigen Leute sitzen am anderen Tisch und die mit dem niedrigsten Ansehen ganz dicht an der Tür, wo es ihnen die ganze Nacht kalt auf den Rücken zieht. Türhüter bewachen den Eingang, um ungebetene Gäste draußen zu halten.

Skaldenstrophen

Die wichtigste Unterhaltung beim Gelage besteht darin, den Skalden beim Vortrag ihrer neuesten Dichtungen zuzuhören. Aufgabe des Skalden ist es, Preisgedichte zu Ehren von Königen und Häuptlingen zu komponieren, die ihre Heldentaten in der Schlacht erzählen, sodass ihr Ruhm wächst. Die meisten anwesenden Krieger haben an den Schlachten teilgenommen, die der Skalde besingt, und wissen, dass er übertreibt und nach Möglichkeit allen schmeicheln will, aber spannend ist das Zuhören doch. Die Dichtkunst ist wie der geschickte

Tipp: Schließen Sie Freundschaft mit einem Skalden. Für den ehrgeizigen Wikingerkrieger ist das ein wichtiger Verbündeter. Krieger, die sich gut geschlagen haben, werden wahrscheinlich in den Preisgedichten genannt, womit ihr Ruhm sich verbreitet und ihr Ansehen wächst.

Umgang mit Waffen eine Gabe Odins, und Skalden sind zugleich Krieger. Sie wissen, wie das ist, in einem Schildwall zu stehen, also wirken ihre Verse überzeugend. Eine ihrer Aufgaben im Kampf ist es, auf der Stelle Verse zu schmieden, einen laufenden Schlachtkommentar zu bieten, mit ihrer eigenen Seelenruhe und Geistesgegenwart anzugeben und ihren Kampfgefährten Mut einzuflößen, damit sie große Waffentaten vollbringen.

Eine der Tugenden, welche die Skalden an einem Häuptling oder einem König aufs Höchste preisen, ist die Freigebigkeit. Skalden verlassen sich für ihren Lebensunterhalt auf die Unterstützung durch Häuptlinge und Könige, also ist das keine große Überraschung, aber sobald sich ein Anführer einen Namen als spendabler Mann gemacht hat, kann er dahinter mit Taten nicht mehr so leicht zurückbleiben, also nützt das auch seinen Kriegern.

Skaldenstrophen sind Stabreime (mit Alliterationen); die Wörter haben einen stark betonten Rhythmus, der den Hörer mitreißt. Dieser Rhythmus macht ein Gedicht einprägsam, und richtig gute Gedichte sind rasch in aller Munde. Könige und Häuptlinge lieben das, denn es garantiert, dass große Taten noch lange in Erinnerung bleiben.

Da die Skaldendichtung fast ausschließlich um die Wonne kreist, den Feind niederzumetzeln, könnte ihre Sprache sich leicht wiederholen. Um das zu vermeiden, sparen die Skalden nicht mit sogenannten Kennings – raffinierten Metaphern für häufige Wörter, besonders solche, die mit Seefahrt und Kampf zu tun haben. Daran gewöhnen Sie sich schon.

Wissenswerte Kennings sind etwa:

- Schildschädiger: Axt
- Waffensturm: Schlacht
- Schwertzank: Schlacht
- Leichenbier: Blut
- Schlachtschweiß: Blut
- Schwertschlaf: Tod

Preisgedicht eines Skalden auf Jarl Thorfinn von Orkney

Gen England brachte
sein Banner der Jarl,
färbte rot seine Schar oft
den Falkenschnabel;
Feuer fraß die Hallen
und das Volk rannte, Flammen
rasten, türmte Rauch sich
ragend zum Himmel.

Durch Festungen schritt furchtlos
der Ruhmreiche zum Feldgetümmel,
manches Horn heulte, doch
hoch flog sein Banner.
Nichts erweichte die Wütigen
des Wolfsfürsten; Kriegsmorgen
tagte, Stahl gleißte,
der Graupelz fraß an den Toten.

Gut geprahlt

Sie werden schnell feststellen, dass sich die Krieger bei Gelagen oft in einigen Runden Wettprahlen ergehen; das ist eine wichtige Methode für sie, um ihr unentbehrliches Ansehen in Erinnerung zu rufen oder noch zu steigern. Stellen Sie sicher, dass Sie tatsächlich etwas geleistet haben, ehe Sie es selbst mal probieren. Wenn Sie gerade frisch vom Land kommen und anfangen, mit Ihrer Tapferkeit anzugeben, werden die Leute bloß denken, dass Sie ein Idiot sind. Das Dumme an Gelagen ist nur, dass, sobald Sie einen Schlauch voll Bier oder Met im Bauch haben, Ihr Mund ein Eigenleben entwickelt. Wenn Sie anderntags mit einem Brummschädel aufwachen, können Sie noch so sehr hoffen, dass alle zu betrunken waren, um sich zu erinnern, wie Sie geprahlt haben, Sie würden sich den feindlichen Schildwall demnächst ganz allein vornehmen. So etwas bleibt immer im Gedächtnis, und wenn Sie Ihre Bierbehauptungen nicht wahrmachen, sind Sie entehrt; andererseits, *wenn* Sie versuchen, sie wahrzumachen, bringt Sie das wahrscheinlich um. Niemand wird Mitgefühl für Ihr Dilemma haben. Wenn Sie kein Bier vertragen können, halten Sie am besten den Mund.

> Rufen wir uns die Worte zurück, die überm Met wir so oft gesprochen, als wir Helden der Halle von unserem Sitz aus Gelübde sprachen, grimmig zu kämpfen; wer mutig ist, das erweist sich nun.
> *The Battle of Maldon*

Tipp: Ganz egal, wie lächerlich Ihnen die Prahlereien eines anderen Kriegers vorkommen – nennen Sie Ihn nie einen Lügner, falls Sie nicht kämpfen wollen. Wenn man die Ehre eines Mannes antastet, führt das fast immer zur Herausforderung zu einem Holmgang.

Die Szene oben im Stein zeigt den Holmgang, ein Duell, das nach genauen Regeln ausgetragen wird, um Ehrenangelegenheiten unter Männern zu klären. Der Verlierer zahlt dem Sieger Lösegeld – falls er noch lebt.

Holmgang

Falls Sie sich nicht zur Wehr setzen, wenn Sie beleidigt werden, verlieren Sie Ihre Ehre ebenso sicher, wie wenn Sie vor einer Schlacht weggelaufen wären. Sie könnten den Schuldigen auf der Stelle umbringen, aber das kann Schwierigkeiten geben. Rein rechtlich gesprochen ist das ein Tötungsdelikt. Sie müssten Wergeld (Sühnegeld) zahlen. Oder aber Sie entfesseln vielleicht eine Blutrache mit der Familie Ihres Opfers, die generationenlang dauern und zum Tod von Menschen führen kann, die noch gar nicht geboren sind. Der rechtmäßige Weg, Ihre Ehre gegen eine Beleidigung zu verteidigen, ist es, den Beleidiger zum *hólmganga* („Inselgang") aufzufordern, einem Duell, das nach altem Brauch auf einer Insel stattfindet und nach bestimmten Regeln vor Zeugen ausgefochten wird. Wenn Sie den Beleidiger unter diesen Umständen töten, müssen Sie kein Blutgeld wegen Totschlags zahlen, aber obwohl es dabei oft Tote gibt, ist der Holmgang kein Zweikampf auf Leben und Tod im eigentlichen Sinn.

Tipp: Wenn Sie arbeitslos sind, durchstreifen Sie einfach das Land und beleidigen Sie Männer, sodass die sich verpflichtet fühlen, Sie zum Holmgang zu fordern, um ihr Gesicht zu wahren. Suchen Sie sich im Idealfall jemanden aus, der nicht so wirkt, als ob er als Kämpfer etwas taugt, zum Beispiel einen Alten und Gebrechlichen oder jemanden, der einfach ein bisschen spillerig aussieht. Wenn sie dann aufgeben, wie sie es unvermeidlich müssen, können Sie ihr Lösegeld kassieren. Einige Berserker ohne Anstellung verdienen auf diese Weise ganz gut.

Die Regeln des Holmgangs sind von Ort zu Ort verschieden, aber immer gibt es eine abgesteckte Kampfzone. In Island benutzt man ein Tuch von fünf mal fünf Ellen (eine Elle sind 49 Zentimeter), das an den Ecken mit Pflöcken festgesteckt ist. Rund um das Tuch gräbt man eine drei Fuß breite Furche, deren äußeren Rand eine Schnur begrenzt. Wenn ein Kämpfer einen Fuß über die Schnur setzt, gilt das als Aufgabe; tritt er mit beiden Füßen über, gilt er als geflohen. Wer nicht antritt, wird automatisch als *niðing* angesehen, ebenso jemand, der aus dem Kampf flieht. Jeder Kämpfer darf ein Schwert und drei Schilde haben. Die Kontrahenten einigen sich vorher, wann der Kampf als beendet gilt, beispielsweise wenn es die erste Wunde gibt oder wenn eine Seite aufgibt oder flieht. Der Verlierer muss, falls er noch am Leben ist, dem Sieger ein Lösegeld von drei Mark (anderthalb Pfund) Silber zahlen. In Teilen Schwedens dürfen Sie sogar den ganzen Besitz Ihres Herausforderers haben, wenn Sie ihn töten.

Schmähungen

Ein gewaltfreier Weg, eine Fehde auszutragen, besteht im Dichten kurzer Schmähstrophen. Solche Verse prägen sich leicht ein und gehen rasch von Mund zu Mund, tun aber – im Gegensatz zur Skaldendichtung – dem Ruf ihrer Hauptperson ganz und gar nicht gut. Gute Strophen können den Mann, den sie herabsetzen sollten, lange überleben und seinem Ansehen damit bleibenden Schaden zufügen. Weil das bekannt ist, hört sich nicht jeder eine Schmähung ruhig an. Egill Skalla-Grimsson machte ein bitteres Gedicht, in dem er König Erik Blutaxt einen Dieb nannte, weil er Egills Besitz beschlagnahmt hatte. Der König war gar nicht begeistert und schwor Egill zu töten, falls er ihn je wieder zu Gesicht bekäme. Als Egill einige Jahre später nach einem Schiffbruch tatsächlich in Eriks Hände fiel, nutzte er seine Dichtkunst, um seinen Hals zu retten, indem er ein vollmundiges Lobgedicht auf Erik verfasste. Nicht jeder ist so nachsichtig. Schmähkritiker kommen manchmal durchaus um.

Ein fest eingerichteter Weg, wie zwei Rivalen ihrem Ärger übereinander Luft machen können, besteht im *flyting* bei einem Gelage. Ein *flyting* ist ein ritualisierter Austausch von Beleidigungen. Sie können sehr provokant sein und bis hin zum Vorwurf der sexuellen Perversion oder sogar der Feigheit reichen – aber geschliffen formuliert müssen sie sein, am besten in Versen. Zum Abschluss des Wettstreits wird das Publikum aufgefordert, den Sieger des Schlagabtauschs zu bestimmen. Der Gewinner trinkt einen großen Siegesbecher Met und fordert anschließend den Verlierer auf, mitzuhalten.

Flyting ist nur etwas für Schlagfertige. Wenn Sie kein Schnelldenker sind, versuchen Sie es erst gar nicht – Sie machen sich sonst nur zum Narren, und von einem Narren hält niemand viel. Besser überhaupt nichts sagen als eine Dummheit.

Zum Berserker werden

Berserker sind fanatische Kämpfer, denen Allvater Odin, der Gott des Krieges, besondere Kräfte verliehen hat: Berserker zu werden kann man sich deshalb nicht aussuchen. Die Berserker schließen sich in Geheimbünden zusammen, deren Riten nur den Mitgliedern bekannt sind. Vor einer Schlacht können sie sich in eine tranceartige Raserei hineinsteigern, bei der sie wie wilde Tiere heulen und in ihre Schilde beißen. In diesem Zustand haben Berserker bestialische Kraft und Wildheit und sind gegen Wundschmerzen völlig immun. Deshalb

Berserker beißen in ihre Schilde, während sie sich in ihren Blutrausch hineinsteigern. Ihre Unempfindlichkeit gegen Wundschmerz und ihre ausdrückliche Begierde, im Kampf zu sterben, macht Berserker zu den schrecklichsten aller nordischen Krieger.

kämpfen sie üblicherweise ohne lästige Rüstungen und tragen lediglich Bären- oder Wolfsfelle. Ihre psychologische Wirkung auf den Feind ist ungeheuer.

> Odin konnte seine Feinde im Kampf blind oder taub oder vor Schreck gelähmt machen und ihre Waffen so stumpf, dass sie nicht schärfer schnitten als eine Weidengerte; seine Mannen andererseits stürmten ohne Rüstung los, waren so tollwütig wie Hunde oder Wölfe, bissen in ihre Schilde, waren so stark wie Bären oder wilde Stiere und töteten Menschen auf einen Streich, aber weder Feuer noch Eisen konnte ihnen etwas anhaben. Diese hießen Berserker.
> Snorri Sturluson, *Ynglinga Saga* 6

Die meisten vernünftigen Krieger finden es demoralisierend, Widersachern gegenüberzutreten, die eine derart besinnungslose Wildheit an den Tag legen und für ihre eigene Sicherheit keinen Gedanken übrig haben. Es ist den Berserkern tatsächlich egal, ob sie getötet werden: Der Tod im Kampf ist das Beste, was ihnen passieren kann, denn er sichert ihnen einen Platz auf den Metbänken bei Odin in Walhalla.

Zwar versetzen Berserker den Feind in Angst und Schrecken, aber gefährlich sind sie für jeden. Beim kleinsten Anlass können sie einen unkontrollierbaren Wutausbruch bekommen und mehrere Menschen töten oder verwunden, ehe sie sich wieder beruhigen. Ihres Rufs wegen finden Berserker leicht Arbeit als Leibwächter, aber in den meisten *hirð*s findet sich eine Handvoll. Dass viele als Ausgestoßene enden, überrascht nicht.

Werden Sie Waräger!

Wikinger, die eine straffer organisierte Militärlaufbahn wollen als die zu Hause verfügbaren Optionen, können nach Mikligard (Konstantinopel, auch „Miklagard“) reisen, in die Hauptstadt des Griechenreiches. Dort hat Kaiser Basileios eine Elite-Leibgarde aus Wikingerkriegern aufgestellt. Sie wird „Warägergarde“ genannt, nach dem Namen, den die Griechen und die Rus für Skandinavier verwenden. Der Dienst in dieser Garde wird sehr gut bezahlt und die Gardisten führen ein privilegiertes Luxusleben in der reichsten Stadt der Welt.

Wikinger sind als Söldner im Griechenreich schon immer gern gesehen gewesen, aber man hat sie früher stets zum Dienst in normalen Infanterieverbänden eingeteilt. Die Warägergarde ist die erste speziell für Wikinger gedachte Einheit. Kaiser Basileios entschloss sich zur Bildung der Garde, nachdem sich seine griechische Leibwache als unzuverlässig erwiesen hatte. Da die Waräger keine Griechen sind, dachte der Kaiser sich anscheinend, sie würden sich nicht so leicht in die mörderischen Hofintrigen hineinziehen lassen, für die Mikligard so berüchtigt ist. Die ersten 6000 Warägergardisten schickte ihm sein Verbündeter König Vladimir von Gardariki (Russland). Vladimir sah

Axtschwingende Waräger halten Wache während der Hinrichtung eines gescheiterten Usurpators. Die innere Sicherheit in Mikligard zu gewährleisten, ist eine Hauptaufgabe für Waräger.

in der Garde eine Chance, einen Haufen unzufriedene Söldner aus Schweden und Norwegen loszuwerden, die er angeworben hatte, damit sie ihm zu seinem Thron verhalfen, jetzt aber nicht mehr bezahlen konnte, wie er feststellte. Fast im selben Moment, als die Waräger in Mikligard eintrafen, wurden sie in die Schlacht geschickt, an einen Ort namens Chrysopolis, wo sie eine Armee aus Verrätern besiegten, die Basileios zu stürzen versuchten. Seitdem ist die Warägergarde dem Kaiser kaum einen Schritt von der Seite gewichen. Basileios ist genau die Art Anführer, nach der sich ein Wikinger umsehen sollte. Er ist ein großer Krieger und zu seinen Warägern sehr freigebig. Als Angehöriger der Garde können Sie reichlich Einsätze und Gelegenheit zum Beutemachen erwarten: Im Augenblick sollen die Waräger sich auf einen Feldzug gegen die Sarazenen von Serkland vorbereiten.

Mitgliedsbeiträge

Den Beitritt zu den Warägern muss man als Investition sehen. Der Weg nach Mikligard ist lang: Rechnen Sie mit einem Jahr, denn wahrscheinlich werden Sie unterwegs einen Winter in Gardariki verbringen müssen. Ungefährlich ist die Reise nicht, also sollten Sie sicherheitshalber in einer Gruppe mit anderen angehenden Gardisten reisen. Auf dem Weg können Sie sich Geld verdienen, indem Sie als Leibwächter für reisende Kaufleute arbeiten oder eine Zeitlang als Söldner in Gardariki dienen. Aber bis nach Mikligard zu kommen, ist noch das Billigste. Bewerber müssen eine Art Mitgliedsgebühr von mehreren Pfund Gold zahlen, um in die Garde eintreten zu dürfen. Das bedeutet, dass die

Der Lohn für einen Waräger

Wenn Sie wissen wollen, was für Sie herausspringen kann, lesen Sie etwas über Bolli Bollason. Dieser berühmte Wikinger kehrte nach seiner Dienstzeit bei der Warägergarde nach Island heim.

„Mit elf Mann ritt er vom Schiff, und auch seine Begleiter trugen alle Scharlachgewänder und ritten auf goldbeschlagenen Sätteln. Jeder von ihnen war schon für sich eine prachtvolle Erscheinung, aber Bolli stach noch von ihnen ab. Er trug ein golddurchwirktes Gewand, das ihm der König von Mikligard geschenkt hatte, darüber einen roten Mantel aus Scharlach. Gegürtet war er mit dem Schwert Fótbít (‚Fußbeißer'); es hatte nun eine mit Gold eingelegte Parierstange, und der Griff war mit Golddraht umwickelt. Auf dem Kopf hatte er einen goldbeschlagenen Helm und an der Seite einen roten Schild, der als Abzeichen einen goldenen Ritter zeigte, in der anderen Hand führte er eine Lanze, wie es im Ausland üblich ist, und wo immer sie Herberge nahmen, hatten die Frauen nichts Besseres zu tun, als die ganze Pracht Bollis und seiner Begleiter anzustarren."

Die Saga von den Leuten aus dem Laxárdal 77

Zugehörigkeit zur Garde praktisch nur den Wohlhabenden offensteht. Die Warägergarde ist ein Eliteregiment und der Kaiser will ausschließlich die Allerbesten rekrutieren. Der äußere Eindruck ist wichtig: Schließlich möchte der Kaiser von großen, imposanten Männern umgeben sein, die prächtig und einschüchternd zugleich aussehen. Alle Bewerber müssen ihr Können als Krieger beweisen, indem sie in einem normalen Regiment (mit normalem Sold) dienen, ehe sie zur Garde wechseln dürfen.

Warägersold

Je nach Dienstzeit und Rang können Sie als Waräger mit dem Gegenwert von $1\frac{1}{3}$ Pfund Gold im Jahr rechnen, eine Summe, die später auf jährlich $2\frac{1}{2}$ Pfund Gold steigt. Das ist viel mehr, als jeder andere Söldner in griechischem Dienst bekommt. Besser noch, die Waräger erhalten einen weit größeren Anteil an der Kriegsbeute als andere Söldner: Der Kaiser bekommt ein Drittel, alle Waräger zusammen ein weiteres Drittel und das letzte bleibt für den Rest der Armee. Außerdem macht der Kaiser zu besonderen Anlässen großzügige Geschenke in Form von Gold oder Seide, also können Sie die Kosten Ihrer Eintrittsgebühr schnell wieder hereinholen.

Zahltag. Ein riesiger Hort aus griechischen und sarazenischen Silbermünzen. Ein paar Jahre bei den Warägern, dann könnten Sie so etwas säckeweise mit nach Hause nehmen.

Vorgesetzte und Disziplin

Die Warägergarde wird von einem griechischen Offizier kommandiert, der als der Akolouthos bekannt ist. Sein Rang ist so hoch, dass er bei Prozessionen unmittelbar hinter dem Kaiser gehen darf (so etwas zählt im Griechenreich richtig viel). Die 6000 Gardisten unterteilen sich in zwölf Kompanien zu je 500 Mann. Auch die Kompaniebefehlshaber sind Griechen. Stellen Sie sich auf regelmäßige Appelle ein, bei denen man Ihre Waffen inspiziert.

Unter den Söldnern sind die Waräger insofern etwas Einmaliges, als allein ihnen das Recht zukommt, in Disziplinarangelegenheiten über ihre eigenen Mitglieder zu urteilen. Auf gewalttätige Übergriffe unter Gardisten steht der Tod, es sei denn, es lägen mildernde Umstände vor. Für geringere Vergehen ist eine übliche Strafe die Verbannung zum Dienst in einer fernen Garnison.

Die Pflichten der Warägergarde

Die wichtigste Pflicht aller Gardisten ist der Schutz des Kaisers. Wo er in Mikligard auch hingeht, stets wird der Kaiser von Warägereinheiten begleitet. Sie haben die Aufgabe, die Ordnung in Mikligard aufrechtzuerhalten und alle wichtigen öffentlichen Gebäude zu bewachen, und außerdem sind sie immer in Wachstuben am Eingang jedes Kaiserpalastes stationiert. Bei allen Zeremonien und allem bürokratischen Aufwand sind die Griechen ein Haufen Unruhestifter: Häufig gibt es Aufruhr in der Stadt, und Schlägereien zwischen Banden, die zu rivalisierenden Rennställen bei den Wagenrennen halten, sind an der Tagesordnung. Zusätzlich versieht die Garde bestimmte spezielle Sicherheitsaufgaben für den Kaiser; dazu gehören das Verhaften mutmaßlicher Verräter und je nach Anweisung ihre Folterung, Hinrichtung oder Blendung. Ferner bewacht sie das finstere Numera-Gefängnis, wo Verräter festgesetzt werden, bis über ihr Schicksal entschieden ist.

Wenn der Kaiser in den Krieg zieht, bleiben immer ein paar Warägereinheiten zurück, um Mikligard zu halten. Diejenigen, die dem Kaiser folgen, kämpfen als Schocktruppen. Üblicherweise hält man sie aus den Kampfhandlungen heraus, damit sie den Kaiser bewachen, und wirft sie erst ins Gefecht, wenn die Schlacht in ein kritisches Stadium tritt. Im Lager schlagen die Waräger ihre Zelte um das kaiserliche Zelt herum auf; rund um die Uhr halten hundert Waräger Wache. Wenn der Kaiser sich in einer Provinzstadt einquartiert, werden die Schlüssel zu den Stadttoren über Nacht den Warägern anvertraut. Nicht verlieren!

Andere Warägereinheiten verlassen Mikligard gegebenenfalls, um kleinere Aufstände niederzuschlagen oder eine besonders wichtige Festung zu bemannen. Viele Waräger haben zusätzlich Erfahrung in der Seefahrt, also dienen sie oft bei der Flotte und patrouillieren die Meere in schnellen Galeeren, um die Piraterie zu bekämpfen. Das ist ein Auftrag, den man sich nur wünschen kann, denn der Kommandant

Was Waräger tun und lassen sollten

Unbedingt ...

- ein paar Goldstücke extra verdienen, indem Sie bei öffentlichen Spielen gegen wilde Tiere kämpfen
- versuchen, ein Tattoo wie die Türken zu bekommen – sehr viele Waräger haben eines
- zu einem der Teams beim Wagenrennen halten

Bloß nicht ...

- beim Gottesdienst gähnen (egal wie lang und öde es ist)
- heidnische Riten in aller Öffentlichkeit vollziehen – hier schlägt das Herz der Christenheit!
- sich mit der Landessprache abquälen – es gibt Übersetzer, die auf Abruf tätig werden
- all Ihr Geld auf einmal verprassen; Sie müssten eigentlich genug verdienen, um es sich richtig gut gehen zu lassen und trotzdem als reicher Mann nach Hause zu kommen!

Ein griechischer Kaiser, mit Heiligenschein und dicht gefolgt von Warägern, auf der Reise. Die Waräger begleiten die griechischen Kaiser (in Wirklichkeit haben sie keinen Heiligenschein) auf Schritt und Tritt.

hat Anspruch auf einen Anteil am Wert jedes Piratenschiffs, das er aufbringt. Viele Waräger sind praktizierende Berserker, wodurch sie der Garde mit zu ihrem Ruf verhelfen, im Kampf rasende Bestien zu sein.

Warägerausrüstung

Die Waräger kämpfen auf dieselbe Art wie Wikinger und mit den gleichen Waffen: der Axt mit breitem Kopf, dem Schwert und dem Speer, also brauchen Sie keine neuen Techniken zu erlernen. Man hat sogar

Wikingerschmiede angeworben, die als Waffenschmiede dienen. Alle Waräger erhalten einen Eisenhelm, einen runden oder tropfenförmigen Schild und ein Panzerhemd, entweder einen Ketten- oder einen Schuppenpanzer. Wenn Ihnen der Sinn jedoch nach schickeren Kleidern steht, ist das vielleicht immer noch der richtige Job für Sie: Die Uniform für den tagtäglichen Wachdienst ist aus himmelblauer Seide (Sie haben richtig gehört: Seide als Alltagskleider!), kombiniert mit einer vergoldeten Axt; daher der Spitzname „die axtschwingenden Barbaren des Kaisers“ (ein „Barbar“ ist jeder, der kein Griechisch kann – das soll eine Beleidigung sein). Wegen ihrer Trinkfreudigkeit sind die Waräger auch als „des Kaisers weinsaufende Barbaren“ bekannt. Aber was kann man schon von Leuten erwarten, die keine Ahnung haben, wie man richtig trinkt? Die Griechen verhunzen ihren Wein jedesmal, indem sie ihn verwässern.

Das Leben in Mikligard

Es gibt zu viele Waräger, als dass sie alle in einer einzigen Kaserne unterkommen könnten. Versuchen Sie ein Quartier im Kaiserpalast zu kriegen – dort wohnen Sie in geräumigen Zimmern rund um einen gepflegten Innenhof. Das sind die besten: Nicht mehr als etwa zwölf Mann müssen sich ein Zimmer teilen. Weitere Waräger liegen in gut ausgestatteten Zivilunterkünften in Quartier, die nahe beim Kriegshafen St. Marmas liegen. Mikligard fehlt es nicht an Unterhaltungsmöglichkeiten für die dienstfreien Stunden – und den Warägern nicht am nötigen Geld dafür. Die Bordelle sind mit attraktiven Mädchen reich bestückt, und es gibt spannende Wagenrennen und weitere Schauspiele auf der städtischen Rennbahn. Die Stadt verfügt über Unmengen an Kneipen, und es gibt zwar kein Bier, aber der Wein ist spottbillig und es kostet kaum etwas, sturzbesoffen zu werden. Die weibischen Grie-chen ziehen über so ein Benehmen natürlich ihr Näschen kraus. Kein Wunder, dass sie Söldner für sich kämpfen lassen müssen.

III Große Anführer

Nun sag mir, wo ich den größten Wikinger finde, den du kennst.

Die Saga von Pfeil-Odd

Den richtigen Anführer aussuchen und dessen Gefolgsmann werden ist die wichtigste Entscheidung, die ein Wikinger zu treffen hat. Was ein Krieger braucht, ist ein Anführer, der tüchtig Beute herschafft und einen dabei nicht umbringt. Die besten Kriegsherren müssen gut im Waffengebrauch sein, wissen, wie man Schlachten gewinnt, und tapfer ihren Mann stehen – im Kampf geben sie ein Beispiel, dem ihre Gefolgsleute nacheifern können. Aber rohe Gewalt ist nicht alles. Hinterlist in der Diplomatie und bei Verhandlungen kann sich ebenso sehr auszahlen wie Erfolg in der Schlacht.

Das alles ist nichts wert, wenn der Anführer nicht außerdem freigebig ist; fehlt ihm diese Eigenschaft, behält er sein Heer nicht lange. Lernen Sie, auf was Sie achten müssen, am Beispiel großer Wikingerführer von einst und von heute.

Olaf Tryggvason

Olafs Triumph bei Maldon im Sommer 990 hat ihm den Ruf als der Wikingerfeldherr Nr. 1 der Gegenwart eingebracht. Olaf, erst Anfang zwanzig, ist ehrgeizig. Die meisten nehmen an, er gehe auf Raubzüge, um seinen Reichtum und seine Gefolgschaft aus Kriegern zu mehren,

Aus dem Lächeln dieses Wikingers wird man nicht schlau. Vielleicht denkt er an den Reichtum, den er im Kampf an der Seite Olaf Tryggvasons in England erworben hat – oder vielleicht sind es auch Siege, die noch in der Zukunft liegen.

damit er später nach dem Thron von Norwegen greifen kann. Das kann böse enden, aber sollte er Erfolg haben, werden die Krieger, die ihm den Weg dorthin gebahnt haben, reich belohnt werden. Olaf ist bekannt dafür, dass er seinen Reichtum mit beiden Händen ausgibt, und seine Krieger lieben ihn deswegen.

Erste Erfahrungen mit Raubzügen als Wikinger hat Olaf auf die harte Art gesammelt – als Opfer – und hart ist er dadurch auch selbst geworden. Er war der Sohn eines Kleinkönigs in Norwegen. Nachdem sein Vater erschlagen worden war, ging seine Mutter Astrid samt dem kleinen Olaf und seinem Ziehvater Thorolf ins Exil. Während der Fahrt über die Ostsee auf dem Weg nach Gardariki wurde ihr Schiff von Wikingern aus Estland gekapert. Bei der Beuteverteilung wurden Olaf und Thorolf einem Wikinger namens Klerkon zugesprochen. Klerkon glaubte nicht, dass aus Thorolf noch viel Arbeit herauszuholen war, und tötete ihn, um sich die Essenskosten zu sparen; Olaf verkaufte er im Tausch gegen einen guten Mantel in die Sklaverei. Man behandelte Olaf gut, und als er ungefähr acht Jahre war, fand ihn sein Cousin Sigurd, kaufte ihn frei und nahm ihn mit nach Holmgard. Erst neun war Olaf, als er seinen ersten Mann erschlug. Das war Klerkon. Olaf sah ihn auf dem Marktplatz von Holmgard und spaltete ihm sofort den Schädel mit der kleinen Axt, die er bei sich hatte; so rächte er Thorolfs Tod. Auch jetzt noch ist er ein Mann, mit dem man sich besser nicht anlegt.

Seitdem ist es für Olaf immer nur aufwärts gegangen. Er blieb in Gardariki, bis er 18 war, und machte als Krieger in der königlichen Garde des damaligen Kronprinzen Wladimir (des heutigen Königs der Rus) auf sich aufmerksam. Weil er den Eindruck hatte, langsam nicht mehr erwünscht zu sein, brach Olaf zu einer Wikingerfahrt in der Ostsee auf. Nach der Plünderung der dänischen Insel Bornholm überwinterte er in Wendland. Im folgenden Frühling heerte er bei den Wenden, plünderte, sengte und brannte, dann machte er seine Flotte seefertig und überfiel die Küsten Schwedens und der Insel Gotland; die örtlichen Aufgebote schlug er in die Flucht. Auf See kaperte er ein schwedisches Handelsschiff, tötete die gesamte Besatzung und nahm die Ladung weg. Olaf kehrte nach Wendland zurück, die Schiffe schwer mit Beute beladen. Später kämpfte er für den deutschen Kaiser Otto gegen Dänemarks König Harald Blauzahn.

Vor zwei Jahren entschied Olaf, dass es wieder Zeit zum Weiterziehen war. So rüstete er seine Flotte aus, segelte rund um Dänemark in die Nordsee und bahnte sich raubend seinen Weg nach Süden: erst in Sachsen, dann in Friesland und Flandern. Wölfe und Raben bekamen in diesem Sommer reichlich zu fressen. Letztes Jahr fiel Olaf dann in England ein, plünderte die Hafenstadt Ipswich und besiegte bei Maldon den Ealdorman Byrthnoth, der im Kampf fiel. Byrthnoth und seine Huscarls wehrten sich tapfer – würdige Gegner für Olaf! –, aber die Milizkrieger waren Feiglinge und liefen davon. Statt noch eine Niederlage zu riskieren, erkaufte sich der schlappe englische König Aethelred von Olaf den Frieden für 10 000 Pfund Silber. Olaf, der jetzt reich und erfolgreich genug ist, nur handverlesene Krieger anzunehmen, überwintert zurzeit in Irland und plant für den nächsten Sommer Überfälle auf England, Wales und die Bretagne.

> Olaf war stärker und gewandter als die meisten anderen Männer … Während seine Männer die *Schlange* ruderten, konnte er außerhalb des Schiffes von einem Ruder zum anderen laufen. Drei Messer konnte er so jonglieren, dass eines immer in der Luft war, und fing sie, wenn sie fielen, jedesmal am Griff auf. Er konnte auf dem Dollbord rund um ein Schiff laufen. Zuhauen und zustoßen konnte er mit beiden Händen gleich gut und zwei Speere gleichzeitig werfen.
> Snorri Sturluson, *Die Saga von König Olaf Tryggvason* 85

Ragnar Lodbrok („haarige Hose")

Die meisten Krieger würden, wenn man sie fragt, wohl Ragnar an die Spitze ihrer Liste der größten Wikingerführer aller Zeiten stellen. Das Dumme ist nur, so leicht kann man gar nicht festlegen, wer er denn nun genau war. Ragnar war der Sohn des Dänenkönigs Sigurd Hring. Oder vielleicht war er auch der Sohn Sigurds, des Enkels von Godfred, einem weiteren König der Dänen, der zur Zeit Karls des Großen einige der frühesten Wikingerzüge gegen die Franken anführte. Auch heißt es, Ragnar habe behauptet, ein Nachfahre Odins zu sein. So ist das mit allem, wenn es um Ragnar geht. Dänen, Norweger und Isländer, sie alle haben ihre jeweils eigenen Geschichten über ihn. Fast ist es, als hätten die schmeichelnden Skalden die Taten von zwei oder drei verschiedenen Wikingern zusammengerührt, um eine Art Superwikinger zu schaffen.

Den Berichten zufolge wurde Ragnar schon in jungen Jahren König von Dänemark und musste gegen eine Reihe von Rivalen kämpfen, um seinen Thron zu behaupten. Wenn er nicht gerade gegen sie kämpfte, war er auf Raubzügen – buchstäblich überall, einmal rund um die Ostsee, in Schweden, Norwegen, den Sudreys, England, Irland, dem Mittelmeer und Franzien, ganz besonders Franzien. Ragnar nutz-

Ein altmodischer Helm mit Gesichtsschutz und Schirm aus Kettengeflecht. Kein Schmied hat seit langer Zeit dergleichen angefertigt, aber so ähnlich dürfte Ragnar ausgesehen haben, wenn er kampfbereit war.

te die Flüsse des Frankenreiches als Schnellstraßen und befuhr sie mit seinen Schiffen, um der fränkischen Reiterei immer einen Schritt voraus zu bleiben. 845 besiegte er die Armee Karls des Kahlen, des Frankenkönigs, und plünderte Paris, hängte über hundert fränkische Gefangene auf, um zu zeigen, dass er es ernst meinte, und stellte am heiligsten Feiertag der Christen, dem Ostersonntag, die Abtei Saint-Germain-des-Prés auf den Kopf. Danach zahlte Karl 7000 Pfund Silber, um ihn loszuwerden.

Ragnar heerte weiter bis ins hohe Alter, und zwar, wie er sagte, um seine vielen Söhne im Zaum zu halten, damit sie nicht auf den Gedanken kämen, sie seien härter als ihr alter Herr, und ihn verdrängten.

Zweimal, vielleicht auch dreimal heiratete Ragnar. Seine erste Frau war Luthgertha, die in Ragnars Heer kämpfte – nur ihre langen Haare verrieten, dass sie eine Frau war. Von ihrem Mut beeindruckt,

Haare verrieten, dass sie eine Frau war. Von ihrem Mut beeindruckt, suchte Ragnar ihr Haus auf und wollte um ihre Hand anhalten. Dort wurde er von einem Bären und einem riesigen Hund angefallen, die sie bewachten. Erst als er ihren Bären aufgespießt und ihren Hund erwürgt hatte, glaubte Luthgertha, dass er ihrer würdig war. Das scheint Ragnar irgendwie gewurmt zu haben, und bald servierte er Luthgertha zugunsten einer schwedischen Prinzessin namens Thora ab. Ragnar erhielt sie aus der Hand ihres dankbaren Vaters, nachdem er zwei Riesenschlangen getötet hatte, die sein Land verwüstet hatten. Die zottige Hose, die er während des Kampfes trug, um sich vor dem Schlangengift zu schützen, trug Ragnar seinen Spitznamen „Haarhose“ ein. Nach Thoras Tod heiratete Ragnar seine letzte Frau Aslaug; sie war die Tochter Sigurds des Drachentöters und seiner Geliebten, der Walküre Brynhild.

Ragnar schlug Aslaugs Warnung in den Wind, seine Schiffe seien in schlechtem Zustand, als er auf seinen letzten Raubzug ging, und so strandete er an der Küste Englands. Das muss um 863 gewesen sein. Gefangen genommen durch Ella, den König der Northumbrier, wurde Ragnar in eine Grube voller Giftschlangen geworfen, die ihn totbissen. Er warnte seine Feinde, „die Frischlinge würden grunzen, wenn sie von der Not des Keilers hörten“, und wollte damit sagen, dass seine Söhne ihn rächen würden. Ragnar starb, während er seine Helden-taten besang und freudig erwartete, von den Walküren in Walhall begrüßt zu werden. Noch immer singen die Skalden Ragnars Sterbelied.

Anscheinend hatte Ragnar genug Söhne, um ein Langschiff zu bemannen; wie viele und wie sie alle hießen, weiß niemand ganz genau. Ragnars Söhne Sigurd Schlangenauge, Ivar der Beinlose und Björn Eisenseite aber waren es, die ihn rächten – so sagen die Skalden –, Ella gefangen nahmen und ihn töteten, indem sie zu Ehren Odins einen Blutadler in seinen Rücken schnitten (siehe Kapitel VIII).

Vielleicht haben die Skalden Ragnars Leben ausgeschmückt, aber dennoch kann es uns eine Menge über die Eigenschaften sagen, die einen guten Wikingeranführer ausmachen: Seine Tapferkeit und Körperkraft rissen seine Gefolgsleute mit; er wusste, wie wichtig es ist, sich schnell zu bewegen; sein Angriff auf Saint-Germain an einem Festtag, als es überhaupt nicht vorbereitet war, zeigt seine List als Taktiker; die Hinrichtung von Gefangenen beweist eine kalkulierte Gnadenlosigkeit, die seine Position stärkte, als er mit einem großen König über dessen Tributzahlungen verhandelte. Am Ende starb Ragnar einen guten Wikingertod, stellte immerwährenden Ruhm für seine Taten sicher und machte seiner Familie Ehre.

Hastein

Hastein ist ein großartiges Vorbild für jeden Jungen aus armen Verhältnissen, der davon träumt, ein großer Wikingerkrieger zu werden. Hastein, Sohn eines normalen dänischen Bauern, war schlicht und einfach ein Pirat und Freibeuter und einer der tollsten Wikinger aller Zeiten. Anders als die meisten Wikingerführer seiner Zeit war er weder wegen Beute noch wegen Land dabei. Nie versuchte er ein Königreich für sich zu erobern, vielleicht weil es ihm an Königsblut fehlte – obwohl es so einem großen Krieger sicher gelungen wäre, wenn er nur gewollt hätte –, sondern blieb fast bis an sein Lebensende bei den Raubzügen, eine Karriere, die vierzig Jahre dauerte.

Begonnen hatte Hastein seine Karriere, als er Mitte der 850er-Jahre eine Reihe von Klöstern im Frankenland ausplünderte. Einen Namen machte er sich, als er sich mit Björn Eisenseite zusammentat, um von 859 bis 862 eine Flotte von 62 Schiffen zu einer zweijährigen Wikingerfahrt rund ums Mittelmeer zu führen. Eine der Geschichten, die man sich von Hastein erzählt, behauptet, dass er während dieser Reise die italienische Stadt Luna mit Rom verwechselte und – scharf darauf, die Finger an den Reichtum der sagenumwobenen Stadt zu bekommen – sich entschied, sie zu erobern. Die Mauern der Stadt sahen uneinnehmbar aus, also beschloss Hastein, sich durch List Zutritt zu verschaffen. Wikinger lieben Verschlagenheit an einem Anführer.

Hastein schickte Gesandte in die Stadt, die den Einwohnern erzählten, sie seien Verbannte, die bloß Vorräte und ein Dach über dem Kopf für ihren kranken Häuptling suchten. Als sie einen Tag später wiederkamen, sagten sie den Städtern, ihr Oberhaupt sei gestorben, und baten um Erlaubnis, die Stadt zu betreten und ihm ein christliches Begräbnis zu verschaffen. Die dummen Bewohner, völlig aufs Glatteis geführt, stimmten zu, und eine Wikingerprozession folgte dem Sarg ihres Häuptlings zum Grab – wo dann der Moment kam, in dem Hastein, quicklebendig und voll bewaffnet, aus dem Sarg sprang und den Bischof der Stadt erschlug. In der Verwirrung, die daraus entstand, plünderten die Wikinger die Stadt.

Als ihm gesagt wurde, dass er Rom doch nicht ausgeraubt hatte, war Hastein so enttäuscht, dass er die gesamte männliche Einwoh-nerschaft von Luna niedermetzeln ließ. Leider wurden Hastein und Björn auf dem Heimweg bei der Durchfahrt durch den Narvesund von den Mauren überfallen, und nur zwanzig Schiffe schafften es nach Hause.

Den Rest seiner Karriere verbrachte Hastein mit Raubzügen im Frankenreich und in England, bei denen er rohe Gewalt, Drohungen und Verhandlungskunst geschickt zu verbinden wusste. Im einen Jahr diente er als Söldner beim Herzog der Bretonen gegen die Franken und presste dann im nächsten Schutzgeld aus ihm heraus, indem er mit Überfällen während der Weinernte drohte. Die bloße Erwähnung eines Angriffs brachte viele Frankenstädte schon zu Schutzzahlungen. Von den Franken in die Ecke getrieben, während er im Loiretal plünderte, erklärte Hastein sich bereit, das Frankenreich zu verlassen, tatsächlich aber segelte er nur bis zur Seine weiter und fing dann wieder mit dem Plündern an. Einmal, als ihn Alfred von Wessex in England in eine Falle gelockt hatte, willigte er ein, sich als Christ taufen zu lassen, im Tausch gegen Danegeld und ein Versprechen, das Land zu verlassen. Rasch sagte er sich vom Christentum los, und aus England verschwand er auch nicht.

Nur einmal stieß Hastein auf jemanden, der so verschlagen war wie er. Das war der Abt von St. Vaast in Flandern. Da ihm Hastein mit einem Angriff auf seine Ländereien drohte, schloss der gut christliche Mönchsvater eine Abmachung: Er wollte Hastein freie Hand lassen, seine armen Bauern zu plündern, solange dieser die reiche Abtei in Ruhe ließ. Eins zu null für Hastein. Natürlich hatte Hastein nicht die

Ein vernünftiger Mann in einer vernünftigen Welt. Warum haben die Leute bloß Angst vor Wikingern?

Ein fränkischer Mönch empfiehlt Hastein für den Posten als Wikingerführer

„So sehr verstärkt dieser verfluchte und halsstarrige, überaus grausame und schroffe, zerstörerische, unruhestiftende, wilde, blindwütige, schandbare, verwüstende und unbeständige, unverfrorene, trügerische und gesetzlose, lebensbedrohliche, grobe, verdächtige, aufsässige Verräter und Übeltäter, dieser doppelgesichtige Heuchler und gottlose, anmaßende, verführerische Betrüger, dieser lüsterne, zügellose, herausfordernde Schuft, der bestirnten Himmelshöhe zum Trotz, seinen Zuwachs an zerstörerischem Bösen und seine Zunahme an Trug, und durch solche verfluchten Untaten ist er mehr Ungeheuer als der Rest (der Wikinger), dass er nicht mit Tinte, sondern mit Holzkohle beschrieben werden sollte. Er hat Völker besudelt, indem er hierhin und dorthin flog, er hat ihren Reichtum für sich und seine Anhänger genommen."

DUDO VON ST. QUENTIN, *Gedicht* X

Absicht, sein Wort zu halten, aber das dachte sich der Abt schon. Nachdem Hastein also die Bauern des Abtes wie abgesprochen ausgenommen hatte, unternahm er auf die Abtei, wie er meinte, einen Überraschungsangriff. Der Abt hatte aber Truppen in Kampfbereitschaft und Hastein blies eilig zum Rückzug. Eins zu eins.

Außerdem war Hastein ein Meister beim Ausfindigmachen eines guten Stützpunktes. In den 860er-Jahren besetzte er eine Insel in der Loiremündung und nutzte sie als sicheres Sprungbrett, um von dort aus einige der reichsten Gegenden im Frankenreich zu plündern, wobei er den Strom als praktische Fernstraße nutzte. Bei der Invasion in England 892 baute er eine Befestigung in Milton Regis gegenüber der

Insel Sheppey, an der Themsemündung im Norden von Kent. Hasteins Fort beherrschte die Hauptstraße von London nach Canterbury und bildete einen sicheren Fluchtweg aufs offene Meer, wenn etwas schiefging. Als der Boden in Kent ihm im folgenden Jahr etwas zu heiß wurde, setzte er mit seinen Schiffen einfach über die Themse und baute ein neues Fort in Benfleet in Essex. Befestigungen waren Hastein immer sehr wichtig – das einzige seiner vielen Forts, das ein Feind jemals einnahm, war das in Benfleet, und er selbst war mit seinem Hauptheer damals auf Raubzug abwesend.

894 wurde Hastein aus England hinausgedrängt und gab die Beutezüge auf. Um diese Zeit stand er in den Sechzigern und war ein alter Mann. Nicht dass Hastein jemals eine ernste Niederlage gegen die Engländer erlitten hätte. Alfred hatte die Verteidigung seines Königreichs vielmehr derart verbessert, dass er dem plündernden Wikinger seinen lebenswichtigen Vorteil nahm – die Beweglichkeit. Alfred hatte seine bedeutendsten Städte befestigt und mit Truppen belegt, eine Flotte aus Langschiffen gebaut, die größer und besser für Schlachten geeignet waren als die der Wikinger, und die Milizaufgebote so reorganisiert, dass er jahrein, jahraus über eine stehende Armee verfügen konnte.

Als Hastein 892 in England eintraf, stieß er auf Widerstand, wohin er auch kam, wodurch es ihm unmöglich war, in Ruhe zu plündern. Er war klug genug, zu wissen, wann das Spiel aus war, und ließ das Plündern sein. Zum letzten Mal hörte man von ihm, als er mit dem Frankenkönig Karl dem Einfältigen im Auftrag des Anführers der Seinewikinger, Hrolf Ganger, verhandelte.

Hätten die Franken oder die Engländer es geschafft, einen so mächtigen Wikinger wie Hastein zu töten, können Sie sich darauf verlassen, dass sie uns noch heute damit in den Ohren lägen. Darum ist es wahrscheinlich, dass er an Altersschwäche starb, eine ganz schöne Leistung für einen Wikingerführer. Vielleicht hätte Odin zwar lieber einen Tod im Kampf gesehen, aber beschweren kann er sich nicht über die Zahl der Erschlagenen, die ihm Hastein zu Lebzeiten in all den Schlachten, die er schlug, hat zukommen lassen.

Erik Blutaxt

Dank seinem blutrünstigen Beinamen ist Erik einer der berühmtesten Wikingerführer, aber ganz so groß, wie er oft geredet wird, war er doch nicht. Er hatte wie Egill Skalla-Grimsson das Glück, an gute Skalden zu kommen, die seine Taten unsterblich gemacht haben. Erik war zwar ein furchteinflößender Krieger, aber seine Karriere verdeutlicht die Grenzen roher Gewalt. Erik war ein Sohn Harald Schönhaars, des Königs, der Norwegen vereinigte. Auf seinen ersten Wikingerzug ging er, als er zwölf war, nicht zu jung für einen Königssohn. Nach dem Tod seines Vaters wurde er gemeinsam mit zwei seiner Brüder König von Norwegen. Wie er vorgehen wollte, zeigte er, als er beide umbrachte. Dann fing er an, bei seinen Untertanen weiterzumachen, die ihn hinauswarfen und an Eriks Stelle seinen sanfteren Bruder Håkon als König einsetzten.

Erik ging nach Orkney ins Exil und vertrieb sich die Zeit mit Überfällen auf die Küsten Britanniens und Irlands, bis ihn im Jahr 948 dänische Siedler in Jorvik einluden, ihr König zu werden. Jorvik konnte Erik ebenso wenig behaupten wie Norwegen. Er wurde vor die Tür gesetzt, ehe er auch nur die Chance hatte, den Thron mit seiner Kehrseite zu wärmen, und an seiner Stelle brachte König Olaf Sihtricsson von Dublin die Stadt an sich. Die Dänen von Jorvik aber mochten Olaf auch nicht und luden Erik 952 ein, zurückzukehren. Diesmal hielt er volle zwei Jahre durch, ehe er vertrieben und in einem Hinterhalt

Erik Blutaxt hinterließ mehr als nur eine Spur der Verwüstung. Während er König von Jorvik in England war, prägte er als einer der ersten Wikingerkönige eigene Münzen.

bei Stainmore getötet wurde. Eriks berühmtes Begräbnisgedicht beschreibt seinen stürmischen Empfang in Walhalla, den Lohn für ein konstant gewalttätiges Leben. Bedauerlicherweise richtete sich zu viel von dieser Gewalt gegen seine Untertanen und er verwirkte seinen Anspruch auf ihre Treue.

Halfdan

Zusammen mit seinen Brüdern Ivar und Ubba war Halfdan der ursprüngliche Anführer des großen dänischen Heeres, das 865 in England einfiel und die drei Königreiche Ostanglien, Mercia und Northumbrien eroberte. Es heißt, die Brüder seien Söhne von Ragnar Lodbrok gewesen.

Halfdan nutzte auf geniale Weise die Uneinigkeit innerhalb wie zwischen den englischen Königreichen. Nach seiner Landung in Ostanglien zwang er die Einheimischen, der Armee Pferde zu stellen, und begab sich auf direktem Weg nach Northumbrien, das sich gerade im Bürgerkrieg befand. Rasch nahm er die Hauptstadt Jorvik ein und tötete beide verfeindeten Könige Northumbriens im Kampf.

866 überfiel Halfdan Mercia, aber dieses eine Mal hatte er die politischen Verhältnisse falsch interpretiert. Wessex schickte den Merciern eine Armee zu Hilfe und die Dänen zogen sich nach Jorvik zurück. Zum Glück war das ein einmaliger Fall und niemand stand Ostanglien bei, als Halfdan 869 zurückkam und es eroberte. Der glücklose ostanglische König Edmund wurde anschließend als Zielscheibe für Bogenschützen einer neuen Verwendung zugeführt. Eine Invasion in Wessex wurde 870/871 zurückgeschlagen, Mercia aber kapitulierte, als seine Hauptstadt Repton 873–874 besetzt wurde. Dort starb Ivar an einer Krankheit.

Nun spaltete sich das Dänenheer: Viele Männer wollten die Ländereien besiedeln, die sie erobert hatten, andere wollten die Raubzüge fortsetzen. Halfdan führte seine Gefolgsleute zurück nach Jorvik, das er zur Hauptstadt seines Königreiches machte. Seine Getreuen schnitten gut ab und ließen sich auf einigen der fruchtbarsten Landstriche ganz Englands nieder. Doch selbst mit diesem Erfolg konnte Halfdan nicht lange zufrieden sein, und bald heerte er wieder in Schottland und Irland, wo er 877 im Kampf mit den Wikingern von Dublin fiel.

Übrigens fand auch Ubba den Tod in einer Schlacht, 878 in Wessex. Nach den vielen Siegen wurde Ubba zu überheblich und beging den tödlichen Fehler, seine Feinde zu unterschätzen. Als er eine westsächsische Armee ohne Proviant und Wasser in einer Feste bei Cynwit eingeschlossen hatte, machte Ubba es sich gemütlich und wartete auf ihre Kapitulation. Die Männer von Wessex aber beschlossen, sie wollten lieber im Kampf sterben als in Sklaverei leben, und griffen in der Dämmerung Ubbas Lager an. Durch den Überraschungsangriff wurden Ubba und 1200 seiner Männer getötet.

Olaf der Weiße

Olaf war der Sohn von Guthfrith, einem der Kleinkönige in einer Region Westnorwegens (oder vielleicht waren es auch die Sudreys, wer weiß das schon). Als die Dänen 851 den norwegischen Stützpunkt in Dublin einnahmen, waren es Olaf und sein Bruder Ivar, die sie 853 wieder an die Luft setzten. Olaf war ein richtiger Unternehmertyp und baute Dublin zum größten Sklavenhandelszentrum ganz Irlands, wenn nicht des ganzen Nordens aus; sogar aus Serkland kamen Händler, um dort einzukaufen.

Ein guter Politiker war Olaf auch, da er geschickt seinen Vorteil aus den endlosen Kriegen zwischen Irlands zänkischen Königen zog; erst verbündete er sich mal mit dem einen, mal mit dem anderen, dann plünderte er in großem Umfang. Doch er überreizte seine Karten, als er die Grabhügel der einstigen Könige von Irland am Lauf des Boyne aufgraben ließ, um Schätze zu suchen. Danach hielten die Iren schon deutlich besser zusammen, und Olaf begann lieber jenseits der Irischen See zu plündern. Das ist das Tolle an Dublin: Falls es zum Beutemachen in Irland gerade nicht die Zeit ist, ist es nach England, Schottland und Wales nur eine Tagesreise unter Segeln.

869 versuchten die Iren Dublin einzunehmen, aber Olaf besiegte sie und sorgte dafür, dass sie den Tag verwünschten, an dem sie es versucht hatten: Er plünderte das Erzbistum Armagh aus, wobei er über tausend Menschen tötete und verschleppte. Der schlaue Olaf wählte als Angriffstag das Fest von Irlands höchstem Heiligen Patrick. So viel zum Thema Heilige als Beschützer.

870/871 raubte Olaf nach viermonatiger Belagerung Dumbarton aus, die Hauptstadt der Briten von Strathclyde – eine Meisterleistung: Normalerweise sind Wikinger im Belagern nicht besonders gut, und Dumbarton steht auf einer besonders unzugänglichen Klippe. Der Lohn für Olaf war eine Vielzahl Gefangener für die Sklavenmärkte von Dublin.

Olafs weiteres Schicksal ist unbekannt. Manche sagen, er wurde bei einem Überfall auf die Schotten getötet, andere behaupten, er sei nach Norwegen heimgekehrt, um seinem Vater gegen einen Thronräuber beizustehen.

Hrolf Ganger (für Franken: Rollo)

Weil Hrolf so erfolgreich war, will ihn jeder für sich haben. Wenn man den Norwegern und Isländern glaubt, war Hrolf der Sohn des norwegischen Jarls Røgnvald von Møre, der Wikinger wurde, weil er von König Harald Schönhaar geächtet wurde. Alle anderen behaupten, er stamme aus Dänemark und sei der Sohn eines Edelmanns, der nach einem Streit mit dem König verbannt wurde. Jede dieser Geschichten könnte wahr sein, weil so viele Wikingerführer die verbannten Verlierer heimatlicher Machtkämpfe waren. Den Isländern zufolge wog Hrolf so viel, dass kein Pferd ihn tragen konnte, und so habe er seinen Spitznamen Hrolf der Ganger bekommen (das heißt „Fußgänger").

Seine gesamte Karriere verbrachte Hrolf im Frankenreich und schnitt sich am Ende ein eigenes Fürstentum heraus. Weil es von „Nordmännern" beherrscht wird, nennen die Franken diese Lande jetzt „Normandie". Etwa 876 erschien Hrolf auf der Seine, nahm 885/886 an der Belagerung von Paris teil und plünderte anschließend

Schiffe und Pferde sind für den Erfolg eines großen Wikingerzuges gleich entscheidend.

in Burgund. Als die Hauptheere der Wikinger 892 das Frankenreich verließen, um nach England zu ziehen, blieb Hrolf da. Das war eine kluge Entscheidung: König Alfred stand auf der Höhe seiner Macht und machte den Wikingern das Leben schwer.

Schritt für Schritt zog Hrolf seine Schlinge um das untere Seinetal enger. 911 versuchte er die reiche Stadt Chartres zu nehmen, doch die Franken besiegten ihn. Nach der Schlacht einigte sich Karl der Einfältige, König der Franken, mit Hrolf auf einen Friedensvertrag. Hrolf erhielt die Kontrolle über das Land, das er erobert hatte, und dazu den Adelstitel eines Grafen im Tausch für das Versprechen, er werde alle übrigen Wikinger daran hindern, die Seine hinaufzufahren; so wurde er König Karls Vasall und bekehrte sich zum Christentum.

Eine Geschichte erzählt, als Teil der Vertragsbedingungen habe Hrolf König Karls Fuß küssen müssen. Er erwiderte:

> „Nie werde ich mein Knie vor den Knien eines anderen beugen und auch nicht den Fuß eines Mannes küssen.“ Doch da er durch die Bitten der Franken dazu gezwungen war, befahl er einem gewissen Soldaten, des Königs Fuß zu küssen. Sofort packte der Mann den Fuß des Königs, führte ihn an seinen Mund und küsste ihn, während der König noch vor ihm stand. Der König fiel lang auf den Rücken. Das sorgte für großes Gelächter und mächtigen Aufruhr in der Menge.
> Dudo von St. Quentin 2,29

Den ersten Teil der Abmachung hielt Hrolf: Nie wieder ist seitdem eine Wikingerflotte seineaufwärts gesegelt (allerdings, als König Karl 922 starb, eroberte Hrolf noch ein Stückchen Frankenreich auf eigene Rechnung, schließlich hatte er ja dem neuen König nichts geschworen). Das mit dem Christentum nahm er nicht besonders ernst, und wie viele bekehrte Wikinger betete er neben Christus weiterhin zu den alten Göttern. Kurz vor seinem Tod ließ er als Opfer an sie hundert Christen enthaupten. Gegen 928 starb Hrolf, und sein Sohn Wilhelm Langschwert übernahm seine Lande. Noch immer regieren dort seine Nachkommen.

IV Waffen und Taktik

Lerne, wie genau man sich mit dem Schild deckt,
damit du dich gut schützen kannst,
wenn du einem Feind begegnest.
Der Königsspiegel

Kriegsausrüstung erster Güte ist teuer. Schwerter, Kettenhemden und Eisenhelme sind nur für die Reichen oder für Krieger mit einem großzügigen Herrn zu haben. Immerhin können sich die meisten Freien mindestens einen Speer und einen Schild leisten, und das ist schon alles, was Sie brauchen, um sich auf einem Schlachtfeld oder einem Wikingerzug nützlich zu machen. Die Grundkenntnisse im Schild- und Speerkampf lassen sich in weniger als einem Tag erlernen und werden bei der Heerschau des örtlichen Aufgebots regelmäßig aufgefrischt. Je besser Sie sind, desto wahrscheinlicher wählt man Sie aus, um bei einem Plünderzug mitzumachen, also halten Sie sich ran!

Der Speer

Jeder junge Krieger träumt davon, ein Schwert zu besitzen, aber anfangen werden Sie mit einem Speer, und so mancher Krieger wird nie eine andere Waffe sein Eigen nennen. Es gibt Wurfspeere und Stichspeere (oder Spieße). Beider Zweck ist es, den Feind auf Abstand zu halten, außer Reichweite für einen Schwert- oder Axthieb. Speere haben einen ca. 1,80–2,40 Meter langen Schaft aus Eschenholz – seinet-

Waffencheckliste

Unentbehrlich

- Speer
- Schild

Wünschenswert

(nach abnehmender Bezahlbarkeit geordnet)

- Streitaxt
- Schwert
- Kettenhemd
- Eisenhelm

Ein gut ausgerüsteter Krieger aus dem Danelag in England. Helm, Schild, Speer, Schwert, Axt und Sax – er hat einfach alles.

wegen nennen die Engländer manchmal Wikinger auch „Eschenmänner“ – mit einer blattförmigen Eisenspitze mit Tülle. Manche Speere, besonders fränkische Importware, haben Eisenflügel, die aus beiden Seiten der Tülle vorstehen. Sie hindern den Speer daran, sich zu tief in einem Opfer zu verhaken – dort wollen Sie ihn ja nicht stecken lassen müssen!

> Grettir fasste den Speer mit beiden Händen und stieß ihn Thorir in die Brust, als der gerade die Treppe herunterlaufen wollte. Der Speer ging direkt durch ihn hindurch. Die Spitze war lang und breit. Ögmund der Böse rannte direkt hinter Thorir her und prallte auf seinen Rücken ... und beide fielen tot zu Boden.
> *Die Saga von Grettir Ásmundarson* 19

Odins Liebling

Der Speer ist die Waffe der Wahl für Odin, den Kriegsgott. Odins Speer Gungnir („der Schwankende") wurde von den Zwergen geschaffen und trifft stets sein Ziel, ganz gleich, wie stark oder geschickt der ist, der ihn wirft. Während der Ragnarök wird Odin Gungnir gebrauchen, um den Monsterwolf Fenrir zu töten.

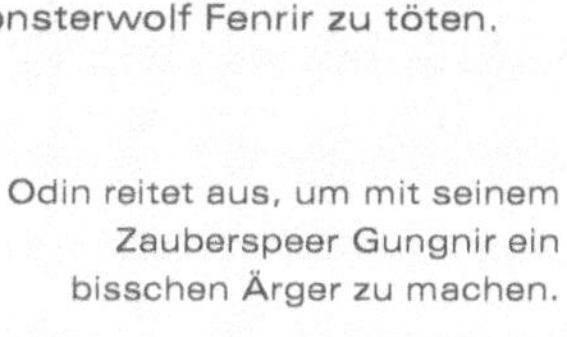

Odin reitet aus, um mit seinem Zauberspeer Gungnir ein bisschen Ärger zu machen.

Wurfspeere sind so ausgelegt, dass ihre Spitze sich verbiegt, wenn sie ein Ziel treffen oder sich in den Boden bohren. Das bedeutet, dass der Feind sie nicht zurückschleudern kann. Wer will schon von seinem eigenen Speer getötet werden? Ein weiterer Vorteil besteht darin, dass sich diese Art Speer nur sehr mühsam aus einem Schild ziehen lässt. Das Gewicht des Schafts zieht den Schild nach unten und macht ihn sehr schwer zu handhaben. Eine andere Technik, das Zurückschleudern von Speeren zu verhindern, ist es, die Nieten zu entfernen, die Spitze und Schaft zusammenhalten (am besten vor Kampfbeginn machen). Jeder Versuch, den Speer aus dem Boden zu ziehen, trennt den Schaft von der Spitze.

Eine schöne Sammlung Speerspitzen, darunter einige gute geflügelte Angonen aus dem Frankenland. Die Flügel eines Ango verhindern, dass sich der Speer zu tief in ein Opfer bohrt.

Das Schwert

Das Schwert ist die edelste unter den Waffen und auch die teuerste. Weil es so viel kostet, lässt der Besitz eines Schwertes das Ansehen eines Kriegers augenblicklich steigen. In den besten Schwertern kann über ein Jahr Arbeit eines Schmiedes stecken, also überrascht es nicht, dass sie nicht billig zu haben sind. Wenn Sie Neuling sind, können Sie sich wahrscheinlich kein eigenes Schwert leisten und müssen darauf hoffen, von Ihrem Häuptling eines als Lohn für gute Dienste geschenkt zu bekommen.

> Nun machte Regin ein Schwert. Er gebot Sigurd, das Schwert zu nehmen, und sagte, er wolle kein Schwertschmied sein, wenn dieses hier bräche. Sigurd hieb auf den Amboss und spaltete ihn bis zum Holzstock. Die Klinge brach und splitterte nicht.
> *Die Völsungensaga*

Die richtige Wahl

Schauen Sie zuerst auf die Klinge. Sie sollte zwischen 65 und 80 Zentimeter lang sein. Eine lange Klinge trifft härter, aber eine kurze passt besser zu einem unerfahrenen Schwertkämpfer, ist sie doch leichter und einfacher zu handhaben. Entlang der Klingenmitte sollte eine Hohlkehle laufen. Man nennt sie die Blutrinne. Sie hilft, das Gewicht der Klinge zu verringern und macht sie biegsamer. Prüfen Sie die Klinge sorgfältig auf Anzeichen von Lochfraß oder Rosteinschlüssen, denn sie sind ein Hinweis auf Unreinheiten im Eisen. Die Klingen älterer Schwerter

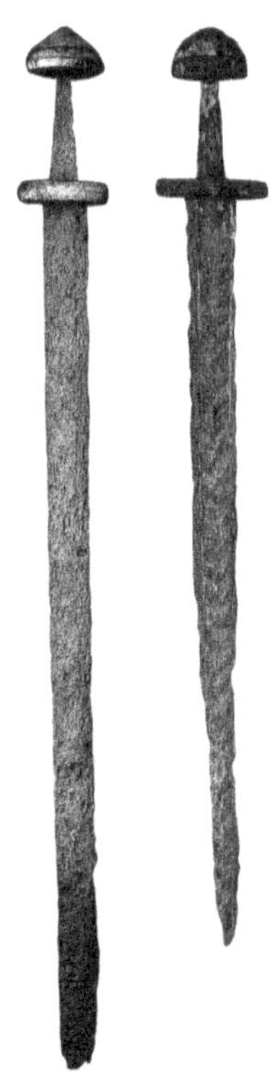

Es gibt keine genau richtige Länge für ein Schwert: Kürzer heißt schneller und weniger ermüdend, länger heißt langsamer und schwerere Treffer. Entscheiden Sie je nach Kraft und Können.

Das Kennzeichen eines guten Schwerts. Das komplizierte Fischgrätenmuster auf dieser Schwertklinge zeigt, dass es mühsam geschweißt und verschmiedet worden ist, um ihm Festigkeit und Elastizität zugleich zu geben.

weisen ein Fischgrätenmuster auf, wenn sie etwas taugen. Das kommt von der Art, wie sie geschmiedet sind – der Musterschmiedung.

Ein gutes Schwert zu fertigen war früher außerordentlich mühsam. Weil hochwertiges Eisen knapp war, stellten die Schmiede ihre Klingen in Damasttechnik her, benannt nach Damaskus, einer Stadt in Serkland. Diese Methode verschweißte Eisenstäbe von unterschiedlicher Qualität,indem man sie wiederholt erhitzte, streckte, verdrehte, faltete und behämmerte, um sie zu verschmelzen und die Verunrei-nigungen auszutreiben. Das Fischgrätmuster, das sie zur Folge hat, ist auf einer frischpolierten Damastklinge klar zu sehen. Beachten Sie: Je komplizierter das Muster ist, desto mehr Arbeit ist in das Schwert geflossen und desto besser ist es wahrscheinlich. Oft behandelten die Schmiede ihre Schwerter mit Essig, um das Muster deutlicher hervortreten zu lassen und so die Qualität anzuzeigen. Viele solcher guten Schwerter sind nach wie vor in Gebrauch und überaus gesucht.

Berühmte Schwerter und ihre Besitzer

Skofnung Vor Hunderten von Jahren für den Dänenkönig Hrolf Kraki geschaffen. Der Isländer Skeggi grub es vor dreißig Jahren aus dem Grabhügel des Königs in Roskilde aus und stellte fest, dass es immer noch in bestem Zustand war, geschützt durch seine wohlgefettete Scheide. Jetzt gehört es Skeggis Sohn Eid. In dem Schwert wohnen die Geister der zwölf Berserker-Leibwächter des Königs.

Steinbeißer Wie jeder weiß, ist dies das Schwert von Olaf Tryggvason; seinen Namen bekam es, weil es sogar Mühlsteine zerschneiden kann.

Gram Das Werk des sagenumwobenen Schmiedes Völund war ein Geschenk Odins persönlich an Sigmund, den Vater des großen Drachentöters Sigurd des Völsungen. Sigmund zerbrach das Schwert, als er damit Odins Schwert traf. Schließlich wurde das Schwert durch den Zwerg Regin für Sigurd neu geschmiedet, sodass er mit ihm den Drachen Fafnir töten konnte.

Die talentiertesten Künstler Skandinaviens wenden sich der Holzschnitzerei zu. Dieses hervorragende Stück zeigt den sagenumwobenen Schmied Regin bei der Arbeit am Zauberschwert Gram.

Das Heft eines Schwerts ist nicht bloß ein Griff. Sein Gewicht hilft die Klinge ausbalancieren, und hübsch aussehen lassen kann man es außerdem.

Inzwischen sorgen verbesserte Schmelzverfahren dafür, dass hochwertiges Eisen in großen Mengen erhältlich ist. Heute macht man Schwertklingen daher aus einem einzelnen Eisenstab und schweißt mit dem Hammer dünne Streifen aus hartem Stahl an die Ränder der Schwertklinge, um die Schneiden zu erzeugen. Zwar fehlt diesen Schwertern vielleicht die Ausstrahlung des alten Musterschmiedens, aber sie sind ebenso wirksam und viel preiswerter.

Der letzte Teil der Klingenherstellung ist das Tempern, wenn der Schmied das Metall härtet, indem er es erhitzt und dann rasch durch Eintauchen in eine Flüssigkeit wie etwa Urin oder Blut abkühlt. Schwerter gewinnen Macht, wenn sie Leben nehmen, und es heißt, die beste Art, eine Klinge zu härten, bestehe darin, sie bei lebendigem Leib in den Körper eines Sklaven zu stoßen. Falls Sie nicht gerade zugesehen haben, während das passierte, müssen Sie sich auf das Wort des Händlers verlassen: Ansehen kann man das dem Schwert nicht.

Das Heft ist nicht bloß ein Handgriff, es ist ein integraler Bestandteil des Schwertes. Die Parierstange schützt Ihre Hand vor Schlägen, während der Knauf sie nicht nur daran hindert, vom Griff abzurutschen – er ist auch ein Gegengewicht, das beim Ausbalancieren des Schwertes hilft. Der Schwerpunkt eines guten Schwertes sollte ganz dicht vor der Parierstange liegen. Wie genau ein Schwert im Detail ausbalanciert ist, das ist eine Frage des persönlichen Geschmacks, aber lebenswichtig ist, dass die Balance stimmt. Ein ausgewogenes Schwert liegt leichter und besser in der Hand; ein Schwert mit schlechter Balance ermüdet im Kampf schnell Ihren Arm. Der eigentliche Handgriff sollte mit geteerter Schnur umwickelt sein, damit in der Hitze des Gefechts nicht die verschwitzten Finger von ihm abgleiten.

Wenn ein Schwert nicht gebraucht wird, sollte man es in einer Scheide aufbewahren. Scheiden sind mit Schaffell gefüttert. Das Wollfett hält die Klinge sauber und rostfrei. Tragen Sie die Scheide an einem Wehrgehänge oder einem Gürtel, ganz wie Sie mögen. Falls die Scheide senkrecht hängt, kann sie im unpassendsten Moment während des Kampfes zwischen die Beine geraten. Sie beinahe waagrecht zu tragen verhindert diese peinliche Situation.

Viele Krieger haben einen Wetzstein dabei, um ihre Schwerter zur Not nachzuschärfen. Normalerweise ist das Schwertschärfen aber ein Job, den man besser einem Waffenschmied überlässt. Ein Amateur kann Schäden leicht noch schlimmer machen, indem er beispielsweise zu lange an einer Scharte herumschleift und sie dadurch vergrößert. Zerbrochene Schwerter kann ein Schmied oft wieder zusammenschweißen oder wenigstens zu erstklassigen Speerspitzen recyceln.

Eine Kiste voller Schmiedewerkzeug. Zwar sind Schmiede „nur" Handwerker, doch sie verdienen den Respekt jedes Kriegers. Was wären wir ohne sie?

Geben Sie Ihrem Schwert eine persönliche Note

„Siegesrunen musst du ritzen, wenn du den Sieg haben willst,
und ritze sie auf deinen Schwertgriff;
einige auf die Parierstange, einige auf die Beschläge,
und rufe zweimal Tyr an."
Das Sigrdrifa-Lied 1

- Lassen Sie Schutzrunen in die Klinge punzen.
- Setzen Sie einen heilkräftigen Edelstein in den Knauf. Wunden, die das Schwert schlägt, werden dann niemals heilen, es sei denn, man reibt sie mit dem Stein.
- Beschlagen Sie Griff und Scheide mit Verzierungen aus vergoldeter Bronze – oder aus Gold und Silber, falls Sie sich das leisten können.
- Wenn ein gutes Schwert einen eigenen Namen bekommt, hebt das sein Ansehen und Ihres mit.
- Vorsicht: Griffstücke aus Elfenbein oder Edelmetallen sehen zwar besser aus als geteerte Schnur, werden aber rutschig, wenn Ihre Hand im Kampf schweißnass wird.

Importschwerter

Die Wikinger haben gute Waffenschmiede nicht gepachtet. Engländer und Mauren schmieden sehr gute Schwerter, aber die allerbesten stammen von den Franken. Die fränkischen Spitzenwerkstätten legen die Namen ihrer Gründer in ihre Klingen ein, um die Qualität ihrer Handwerkskunst zu verkünden. Sobald Sie einen „Ulfberht" ziehen, weiß Freund wie Feind, dass er es mit einem Mann zu tun hat, der sich das Beste leisten kann.

Aber sehen Sie sich vor: Zwielichtige Händler wissen gut, wie gefragt Ulfberhts sind, und auf dem Markt sind eine Menge Fälschungen im Umlauf, die auf statusbewusste Wikinger zielen, die sich das Ori-

Ein Gütesiegel. Fränkische Ulfberhts sind die besten Schwerter überhaupt, aber hüten Sie sich vor Billigkopien. In echte Ulfberhts ist der Name in Damasteisen eingelegt; ist die Einlegearbeit aus Silber, ist das Schwert nachgemacht.

ginal nicht leisten können. Solche Imitate mögen ja eine Menge Leichtgläubige dazu bringen, Sie für einen echten Kriegsherrn zu halten, aber im Kampf zerbrechen sie vermutlich oder verbiegen sich, und das kostet Sie Ihr Leben. Wenn die Einlage in Silber ausgeführt ist, haben Sie eine Kopie vor sich; bei echten Ulfberhts besteht sie aus Damasteisen, das mühsam in die Klinge hineingeschmiedet worden ist.

Weil heute keine Ulfberhts mehr gemacht werden, sind sie allmählich schwer zu bekommen. Ingerii-Schwerter aus dem Rheinland sind weiterhin auch neu zu haben und sind sehr gut. Maurische Schwerter werden im warmen Klima Spaniens geschmiedet und können in einem kalten Nordwinter spröde werden und brechen.

Die Axt

Wenn Fremde an Wikinger denken, denken sie an Streitäxte. Die Axt ist das Schwert des kleinen Mannes: eine hochwirksame Hiebwaffe, die viel leichter und billiger als ein Schwert herzustellen ist, weil sie viel weniger Eisen verbraucht. Streitäxte sind anders geformt als die Äxte, die man zum Bäumefällen oder für Zimmermannsarbeit verwen-

Wenn ein Krieger die Breitaxt beidhändig führt, kann er zwei Meter weit rings um sich jeden Widerstand wegfegen.

det; sie haben breitere und stärker gekrümmte Klingen. Lassen Sie sich bloß nicht die falsche Sorte andrehen! Die Form der Streitaxt gestattet es, sie als Wurfwaffe wie auch zum Zuhauen zu verwenden, und außerdem als Haken, wenn Sie zum Beispiel den Schild Ihres Gegners wegziehen wollen.

> Olver hob seine Axt und schlug mit deren äußerstem Punkt hinter sich; dabei traf er den Hals des Mannes, der von hinten auf ihn zukam, sodass dessen Kehle und Unterkiefer durchtrennt waren, und er fiel tot hintenüber. Dann schwang Olver seine Axt nach vorn, traf den nächsten Mann in den Kopf und spaltete ihn bis zu den Schultern.
> *Die Saga von Magnus dem Blinden und Harald Gille* 11

Zwei Arten von Streitäxten sind verbreitet. Die leichte Handaxt führt man mit einer Hand im Kampf auf kurze Distanz. Sie hat den Vorteil, dass sie sich leicht hinter einem Schild oder unter einem Mantel verbergen lässt, um einen ahnungslosen Feind unangenehm zu überraschen. Die schwere Breitaxt führt man mit beiden Händen. Ihr Einsatz verschafft ein befriedigend brutales Gefühl, aber man braucht viel Platz, um sie effektiv zu schwingen, also ist sie im Schildwall nicht so nützlich. Wenn Sie den Platz für weit ausholende Streiche haben, kön-

Die Axt mag das Schwert des kleinen Mannes sein, aber auch reiche Krieger schätzen ihre Vorzüge, wie die teure Einlegearbeit in Silber auf dieser Handaxt zeigt.

nen Sie mit ihr einen Radius von gut zwei Metern freiräumen. Nur ein tapferer Mann stellt sich einer so geschwungenen Axt in den Weg, ganz egal, wie gut seine Rüstung ist, und auch einen Reiter kann sie leicht aus dem Sattel holen.

Ein Nachteil der Breitaxt besteht darin, dass Sie zusammen mit ihr keinen Schild zu Ihrem Schutz verwenden können. Üblicherweise werfen Krieger ihren Schild dann über die Schultern, damit wenigstens ihr Rücken einen gewissen Schutz genießt. Ein Nachteil, der allen Äxten gemeinsam ist, liegt in ihrer kurzen Schneide: Sie macht es unmöglich, einen Schild und gleichzeitig auch den Mann dahinter mit nur einem Schlag zu spalten, was mit einem Schwert geht. Der keilförmige

Eine schöne Breitaxtsammlung. Dank ihrer sich stark verjüngenden Form kann man eine Breitaxt sowohl zum Werfen als auch zum Zuhauen verwenden.

Querschnitt der Axt sorgt außerdem dafür, dass ein Axthieb nicht so tief einschneidet wie die dünnere Schwertklinge. Während ein starker Schwertkämpfer einen Mann nahezu buchstäblich von der Schädeldecke bis zur Hüfte in zwei Teile hauen kann, kommt er mit einer Axt wahrscheinlich nicht viel tiefer als bis zum Hals. Allerdings reicht das normalerweise, um einem Gegner tüchtige Kopfschmerzen zu machen. Eine letzte Schattenseite der Axt ist schließlich, dass ihr Schaft im Kampf durchgehauen werden kann. Versuchen Sie an einen mit Eisenbändern beschlagenen Schaft zu kommen, der das verhindert.

Der Sax

Heutzutage, da man leichter an Schwerter kommt als früher, ist der Sax ziemlich aus der Mode gekommen. Er ist ein langes, schweres Messer, das man zum Schlachten und für den Nahkampf verwendet – gut geeignet, um Leuten den Bauch aufzuschlitzen. Man trifft auf viele verschiedene Größen und Qualitätsstufen. Manche Saxe haben damaszierte Klingen, aber die meisten werden als billige Alternative für Krieger geschmiedet, die sich ein Schwert nicht leisten können.

> Wer ein kleines Messer hat, braucht einen langen Arm.
> *Die Saga von den Leuten aus dem Vápnafjord*

Ein hochwertiger englischer Sax. Sein Besitzer Beagnoth mochte ihn so sehr, dass er seinen Namen in Runen hat anbringen lassen.

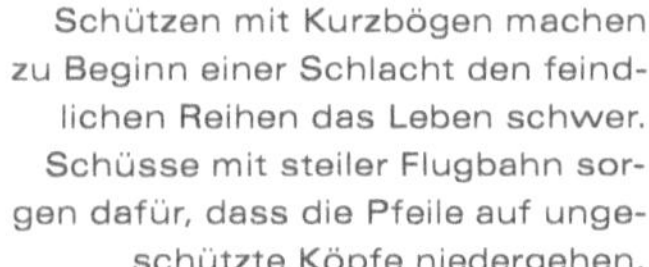

Schützen mit Kurzbögen machen zu Beginn einer Schlacht den feindlichen Reihen das Leben schwer. Schüsse mit steiler Flugbahn sorgen dafür, dass die Pfeile auf ungeschützte Köpfe niedergehen.

Der Bogen

Mögen die Skalden auch selten das Lob eines Schützen singen, der Bogen ist in geübten Händen eine tödliche Waffe. Besonders nützlich sind Bögen bei Belagerungen und Seeschlachten, wo man schwer zum Nahkampf übergehen kann, und im Anfangsstadium einer Feldschlacht, ehe die Schildwälle aufeinanderprallen. Außerdem kann ein Bogen ein Abendessen auftreiben (versuchen Sie doch mal, Vögel mit dem Schwert zu jagen ...). Sowohl Lang- als auch Kurzbögen sind in Gebrauch. Der Langbogen hat mehr Kraft und Reichweite, aber der kurze ist bei Scharmützeln handlicher.

> Ein kurzer Bogen schießt rasch.
> *Altes dänisches Sprichwort*

Beide Bogenarten fertigt man aus einem durchgehenden Stück Eibenholz. Das ideale Bogenholz wird aus dem Querschnitt des Baumes geschnitten, sodass zwei Drittel der Länge – die Arme – des fertigen Bogens aus Splintholz bestehen und das verbleibende Drittel aus Kernholz, das die Vorderseite des Bogens bildet. Dadurch entsteht ein Bogen mit der idealen Kombination aus Federkraft und Festigkeit.

Tipp: Kernholz ist deutlich dunkler als Splintholz, also können Sie leicht prüfen, ob ein Bogen richtig gebaut ist.

Regen ist der größte Feind des Schützen. Bogensehnen müssen in einem wasserdichten Beutel aufgehoben werden: Nasse Sehnen werden schlaff. Es ist praktisch, um die vierzig Pfeile in einem Köcher mitzuführen. Pfeilspitzen mit Widerhaken verursachen üble Verletzungen und sind schwerer aus der Wunde zu entfernen, aber schmalere, blattförmige Spitzen dringen besser durch Schilde und Kettenpanzer; nehmen Sie beides mit. Ein Bogen ist billig, aber so leicht man ihn sich zulegen kann, leicht zu handhaben ist er nicht. Als Anfänger stellen Sie vielleicht sogar fest, dass Sie einen Bogen nicht einmal spannen können. Im Idealfall sollte das Schießtraining schon in der Kindheit anfangen, damit sich die nötige Kraft im Oberkörper aufbauen kann – so machen es die Ski-Finnen.

Der Schild

Ein Schild ist die billigste und nützlichste Ausrüstung für das Schlachtfeld. Richtig eingesetzt macht er ein Kettenhemd überflüssig. Schilde sind Verschleißartikel – dazu gebaut, in Stücke gehackt zu werden, damit das nicht Ihnen passiert. Ein Krieger, der zu einem Feldzug aufbricht, braucht mindestens zwei oder drei. Der traditionelle Wikingerschild ist kreisrund, hat ungefähr drei Fuß Durchmesser und eine flache Oberfläche. In der Mitte sitzt ein eiserner Buckel (Umbo), der die Hand schützt.

Um Hiebe möglichst wirksam abzuwehren, hält man den Schild am besten weit vor den Körper und leicht nach vorn gekippt. Vergessen Sie nicht: Sie können Ihren Schild sowohl offensiv einsetzen als auch defensiv. Der Eisenbuckel dient als praktischer Schlagring, den Sie im Handgemenge Ihrem Gegner ins Gesicht schlagen können. Die Kante des Schildes nimmt man, um eine Lücke in einem Schildwall freizustemmen, indem man sie hinter den Schildrand eines Gegners hakt und zur Seite zieht, sodass sein Körper die Deckung verliert.

So stellen Sie sicher, dass Sie den idealen Schild haben:

- Lindenholz gilt als bestes Schildholz. Ein Streifen aus ungegerbtem Leder rund um den Rand macht diesen robuster. Teurere Schilde sind vollständig lederbezogen und manche können sogar einen Eisenrand haben. Lederbezogene Schilde machen sich mit Sicherheit bezahlt, denn sie halten im Kampf viel länger als ein einfacher Holzschild.
- Vom Bemalen wird ein Schild nicht fester, aber das Aussehen eines Kriegers bekommt dadurch einen Wow-Faktor extra – und das zählt, wenn es ums Einschüchtern des Gegners geht. Ein Schild, der aus der Masse heraussticht, macht einen Krieger außerdem selbst im dicksten Getümmel erkennbar und garantiert, dass ihm seine Hel-dentaten voll angerechnet werden. Wenn Sie ein richtig gutes Design aus dem Ärmel schütteln, schmiedet vielleicht ein Skalde zu Ihren Ehren ein Schildgedicht. Drachen sind eher veraltet: Nehmen Sie möglichst etwas, das eine Geschichte erzählt, etwa die berühmte Tat eines Helden der Vorzeit.
- Vergucken Sie sich nicht in einen der trendigen neuen Frankenschilde in Tropfenform: Die sind eigentlich für den Kampf im Sattel gedacht, und wenn man zu Fuß kämpft, sind sie weder so handlich, noch schützen sie so gut wie ein traditioneller Rundschild.

Nur ein reicher Mann kann so viel Kriegsausrüstung besitzen – einen schönen Eisenhelm, einen guten, breiten Schild sowie mehrere Schwerter, Speere und Äxte.

Das Schlimmste, was einem Schild passieren kann, ist, wenn ein Speer darin steckenbleibt. Davon wird der Schild schwer und ist kaum noch richtig zu halten. Falls Sie den Speer nicht herausgezogen bekommen, ist es besser, den Schild wegzuwerfen, nur haben Sie damit Ihre erste und vielleicht auch einzige Verteidigungslinie aufgegeben.

Sollten Sie Ihren Schild verlieren, sorgt es für ein wenig Schutz gegen Hiebe, wenn Sie einen Mantel um Ihren Arm wickeln.

Das Kettenhemd

Sehr teuer, sehr wirksam – ein Kettenhemd, auch Brünne genannt, bringt Ihnen ein Vermögen ein, denn dank ihm müssen Sie sich nichts aus den Rippen schneiden lassen. Kettengewebe macht man aus schmiedeeisernem Draht, und jedes einzelne Stück muss in sich verschweißt oder aber vernietet werden. Zwanzig- bis dreißigtausend Ringe braucht man für eine Brünne, also ist sie eine ganz schöne Investition.

Kettengewebe hält lange (manchmal generationenlang), und Kampfspuren kann ein geübter Waffenschmied ziemlich leicht wegflicken, also hängen in den Waffenkammern der Mächtigen Brünnen in Hülle und Fülle. Natürlich sind sie außerdem eine heiß begehrte Kriegsbeute und mit das erste, was man den Toten vom Leib zieht. Prüfen Sie Ihre Brünne stets eingehend. Stellen Sie sicher, dass etwaige Reparaturen fachmännisch durchgeführt worden sind, und achten Sie darauf, besonders wenn es ein altes Stück ist, ob die Ringe nicht durch Abnutzung so dünn sind, dass sie nutzlos werden.

Das Kettenhemd sollte mindestens so lang sein, dass es das Becken bedeckt, und seine Ärmel lang genug, um über den Oberarm zu fallen. Neue Brünnen sind in der Regel länger als die älteren und bedecken auch die Oberschenkel. Um optimalen Schutz zu erzielen, muss man das Kettenhemd über einer gesteppten Jacke tragen, die bei einem Hieb einen Teil des Aufpralls abfängt und Sie vor Knochenbrüchen und Schnittwunden schützt. Vergessen Sie aber nicht: Kettengewebe schützt gut vor Hiebwunden, ist jedoch anfällig gegen Pfeile und gutgezielte Speerstöße.

Dieses Kettenhemd hat einen harten Kampf durchgemacht und muss dringend zu einem guten Schmied. Nach der Reparatur wird es so fest sein wie eh und je – mehr, als man von einem ungeschützten Körper sagen könnte, wenn er so viel Prügel bezogen hätte.

Eine Brünne wiegt satte 26 Pfund oder mehr. Trotzdem passt sie sich gut dem Körper an und ist überraschend bequem zu tragen (außer bei Hitze), allerdings liegt das Gewicht hauptsächlich auf den Schultern. Wenn man einen Gürtel eng um das Kettenhemd schnallt, verlagert er einen Teil des Gewichts auf die Beine und reduziert die Schulterbelastung.

So pflegen Sie Ihr Kettenhemd

- Fachkundig ausgebessert ist beschädigtes Kettengewebe wieder so fest wie zuvor.
- Schmiedeeisen rostet nicht so leicht, aber trotzdem muss Kettengewebe wie alle anderen Eisenobjekte vor Feuchtigkeit geschützt werden. Packen Sie es bloß nicht nass weg, ohne bis zur nächsten Feldzugssaison danach zu sehen!
- Kettengewebe lässt sich leicht reinigen. Zur Rostentfernung einfach die Brünne in einem Fass voll Sand herumrollen. Oder fetten Sie sie ein und tragen Sie sie dann – das Aneinanderscheuern der Ringe löst etwaigen Rost.

Der Helm

Wie Kettenhemden sind auch Eisenhelme sehr teuer; die meisten Krieger ziehen mit bloßem Kopf in die Schlacht oder schützen sich nur mit einer gepolsterten Lederhaube. Die Helme, die man heute macht, haben üblicherweise eine schlichte Kegelform. Man kann sie aus einem durchgehenden Eisenblech schmieden, aber häufiger werden sie gefertigt, indem man kleinere Eisenplatten in einem Eisengerüst festnietet. An Helme in besserer Ausführung ist vorn zusätzlich ein eiserner Nasenschutz angenietet und hinten ein Nackenschutz in Form eines kleinen Lappens aus Kettengewebe befestigt.

Ein Helm muss gut ausgepolstert sein, um die Wucht eines Schlages zu absorbieren (ein ungepolsterter Helm ist bloß ein Schädelbrecher), und darf nicht zu fest sitzen. Ältere Helme haben gelegentlich Wangenschützer. Das Gesicht schützen sie schon, nur sind sie unbequem und behindern beim Hören. Im Kampf kann das ein Nachteil sein. Ein weiteres Merkmal mancher älterer Helme ist ein eiserner Augenschutz mit Löchern zum Durchsehen. Das lässt Sie grimmig er-

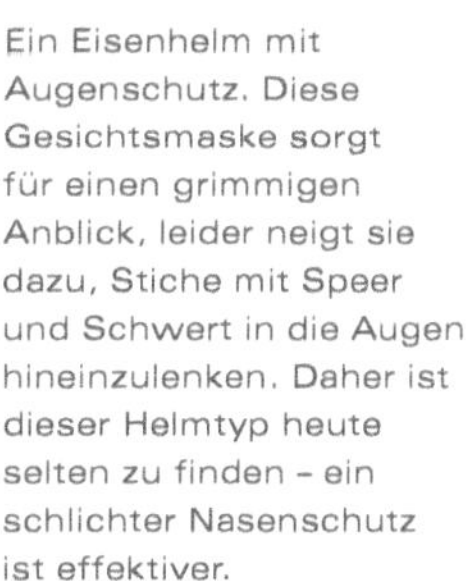

Ein Eisenhelm mit Augenschutz. Diese Gesichtsmaske sorgt für einen grimmigen Anblick, leider neigt sie dazu, Stiche mit Speer und Schwert in die Augen hineinzulenken. Daher ist dieser Helmtyp heute selten zu finden – ein schlichter Nasenschutz ist effektiver.

scheinen und soll das Gesicht schützen. In Wirklichkeit kann er Speer- und Schwertstiche ganz einfach in die Augenlöcher hineinlenken, und das ist das Letzte, was Sie wollen.

Helme wiegen an die vier Pfund und sind ziemlich bequem. Falls Sie das Glück haben, einen Helm zu besitzen, ist es eine gute Idee, ihn im Feindgebiet unterwegs ständig zu tragen und nicht erst aufzusetzen, wenn Sie mit einem Kampf rechnen.

Schwachstellen

Helm, Kettenhemd und Schild schützen Sie auf dem Schlachtfeld zwar gut, aber glauben Sie bloß nicht, Ihnen könnte damit nichts passieren. Ihr Gesicht, besonders die Augen, Ihre Hände und Unterarme und dazu die Beine und Füße sind allesamt verletzungsanfällig. Ihre Feinde wissen das auch. Beinwunden sind die gefährlichsten: Wenn Sie auf dem Boden landen, tötet ein Speer ins Gesicht (oder in den Hintern) Sie ganz schnell, egal, wie gut Ihre Rüstung ist – falls Sie nicht vorher totgetrampelt werden.

Ein schwer gepanzerter Krieger hat im Schildwall einen klaren Vorteil, aber im Geplänkel ist ein Mann, der ohne Rüstung kämpft, schneller und wendiger, also sind die Chancen da ausgeglichener.

Schlachtordnungen

Den Wikingern liegen komplizierte Manöver auf dem Schlachtfeld nicht so, aber den meisten unserer Gegner ja auch nicht. Wir verwenden nur *eine* Grundaufstellung – den Schildwall –, die ein Anfänger schon nach sehr wenig Übung beherrschen kann. Das lernen Sie im Handumdrehen.

Zwar legen Wikinger viel Wert auf Heldentaten des Einzelnen, aber ein guter Krieger weiß, dass er seine Gier nach persönlichem Ruhm und Ehre nicht zur Gefahr für den Erfolg des ganzen Heeres werden lassen darf. Eine Schlachtordnung zu halten, verlangt Selbstbeherrschung und Teamwork.

Krieger in Kettenhemden werden angegriffen, während sie einen Schildwall bilden. Die Krieger führen ihre Speere über Kopf, um beim Stich nach dem Feind nicht ihren Körper ungedeckt zu lassen.

Schildwall

Der Name sagt schon alles. Die Krieger stellen sich in einer durchgehenden Linie auf, eng genug nebeneinander, damit sich ihre Schilde leicht überlappen und einen durchlaufenden Wall bilden, aber doch nicht so eng, dass sie sich nicht bewegen oder ihre Waffen nicht führen können. Im Idealfall sollte der Wall etwa vier Reihen tief stehen. Im Kampf treten die Männer, die hinten stehen, vor, um Gefallene zu ersetzen und der Schlachtordnung mehr Wucht beim Hin- und Herschieben zu verleihen, das sich entwickelt, wenn zwei Schildwälle sich im Kampf ineinanderhaken. Der Anführer stellt sich in die Mitte der ersten Reihe, neben ihm sein Bannerträger. Den Schildwall kann man zum Angriff wie zur Verteidigung nutzen. Wenn Sie den feindlichen Schildwall angreifen, versuchen Sie so dicht beieinander zu bleiben wie möglich: Im besten Fall bringt dann schon Ihre schiere Wucht den gegnerischen Wall zum Auseinanderbrechen oder stiftet Unordnung.

Schweinekopf

Die Keilformation (*svinfylking*, „Schweinekeil") ist eine Erfindung Odins. Die Krieger sammeln sich in einer keilförmigen Aufstellung mit dem Ziel, ein Loch in den Schildwall des Feindes zu schlagen, indem man an einem Punkt eine erdrückende Überzahl schafft. Auf der linken Seite der Formation kämpfen die Krieger im Schutz ihrer Schilde, die auf der rechten haben offene Flanken (den Schild dann in die rechte Hand zu nehmen ist nicht üblich, weil man dafür das Schwert, den Speer oder die Axt mit der schwächeren Linken führen müsste). Sehen Sie also zu, dass Sie links stehen. Kurz vor dem Aufprall schleudern Sie alle verfügbaren Wurfspeere auf den Teil des Schildwalls, den Sie aufbrechen wollen. Dann drängen Sie mit gesenkten Speeren nach. Mitten im Kampf einen Schweinekopf zu bilden ist sehr schwer, und im richtigen Leben wird diese Formation selten verwendet. Die Methode, einem Schweinekeil zu begegnen, ist das Umformen des Schildwalls in einen Bogen oder ein umgekehrtes V, sodass die Spitze des Keils eingeschlossen wird, sobald sie den Feind berührt.

Schildburg

In dieser Formation verwendet eine kleine Gruppe Krieger ihre Schilde, um eine „Festung" zu schaffen, die sie gegen Angriffe von allen Sei-ten und gegen Pfeile und Wurfgeschosse von oben schützt. Wenn Sie am Rand der Formation stehen, verwenden Sie Ihren Schild ebenso wie im Schildwall, aber falls Sie mittendrin stehen, halten Sie ihn über den Kopf, damit ein Dach aus einander überlappenden Schilden entsteht. Auf dem Schlachtfeld ist die Schildburg nicht sehr hilfreich, weil sich die Formation in der Vorwärtsbewegung schwer aufrechterhalten lässt. Am nützlichsten ist sie beim Angriff auf die Mauern und Tore einer Festung oder einer Stadt.

V Seefahrt tut not

> Auf dem Meer musst du wachsam und furchtlos sein ... Halte dein Schiff in ansehnlichem Zustand, denn dann werden tüchtige Männer zu dir stoßen und es wird gut bemannt sein.
>
> *Der Königsspiegel*

Wenn Sie Wikinger werden wollen, müssen Sie außer einem Krieger auch ein Seefahrer sein. Skandinavien ist fast vollständig meerumschlossen, also wären Wikingerzüge ohne Schiffe und das nötige Können, sie zu segeln, unmöglich. Schiffbau und Navigation sind das Handwerk von Spezialisten, das man nur in Jahren der Erfahrung erlernt, aber jeder Wikinger muss rudern konnen, beim Segeln des Schiffes helfen, wenn nötig, und auf See ebenso gut kämpfen können wie an Land. Wenn Sie den Ehrgeiz haben, eines Tages Wikingerzüge anzuführen, sollten Sie sich ein gewisses Maß an Kenntnissen über Navigation, Wind und Wetter aneignen. Selbst wenn nicht, müssen Sie trotzdem imstande sein, sich und Ihre Ausrüstung auf See trocken zu halten und mit anzupacken, wenn das Schiff gefechtsklar gemacht wird.

Schiffe sind mehr als bloße Transportmittel, sie sind unser entscheidender Vorteil gegenüber unseren Gegnern. Dank ihrer Schiffe können kleine Scharen fast an jeder Stelle und ohne große Vorwarnung einen Raubzug an einer feindlichen Küste starten und auf schiffbaren Flüssen schnell weit ins Binnenland vordringen. Die Reise über See ist riskant, aber viel schneller als Landreisen: 165 Meilen (265 Kilometer)

Ein Langschiff unter Segeln bei gutem Wetter – alle sehen glücklich und entspannt aus. Aber so ist es nicht immer: Die See kann der gefährlichste Feind eines Wikingers sein.

gelten als durchschnittliche Tagesleistung unter Segeln – reiten Sie *die* Strecke mal an einem Tag! Wenn Plünderer an einer Landestelle auf Widerstand stoßen, können sie davonsegeln und woanders von Bord gehen, lange ehe die landgestützten Verteidiger eine Chance haben, sie einzuholen.

Schiffe

Besuchen Sie einen beliebigen skandinavischen Hafen oder Handelsplatz und Sie sehen Schiffe aller Arten und Größen an Stegen vertäut oder auf den Strand gezogen liegen, vom kleinen Fischerboot für zwei oder vier Ruderer und vom schlanken *byrding* (Küstenschiff) bis zum breitbäuchigen *knorr* (Fernhandelsschiff) und zum eleganten Langschiff.

> (Knut der Große) hatte ein so großes Drachenschiff, dass es sechzig Ruderbänke hatte, und die Bugzier war ganz und gar vergoldet ... die Segel (hatten) blaue, rote und grüne Streifen und das Schiff (war) oberhalb der Wasserlinie völlig bemalt.
> *Saga von Olaf dem Heiligen* 147

Langschiffe sind die Form, die man am häufigsten für den Krieg verwendet. Es gibt zwei Haupttypen, die *snekke* (Schlange) und den *drakkar* (Drache). Wenn Sie in einer Küstenregion aufgewachsen sind, kennen Sie Snekken von klein auf, denn das ist die Art Schiffe, die den Ortshäuptlingen gehört, die damit private Raubzüge unternehmen und die örtlichen Aufgebote bei der Verteidigung unterstützen. Die langen, schmalen Snekken schwanken zwischen 16,5 und 21 Meter Länge und haben eine Besatzung von 24 bis 36 Ruderern.

Snekken sind die idealen Schiffe für den Strandhögg (siehe Kapitel VIII) und andere Blitzaktionen in kleinem Maßstab. Ihr langgestreckter Rumpf lässt sie unter Segeln wie Rudern schnelle Fahrt machen, und voll beladen haben sie nur ungefähr 45 Zentimeter Tiefgang, also kann man sie bis ganz dicht unter Land steuern oder in Flussläufe, sogar ziemlich kleine, ohne dass sie auf Grund laufen. Die Snekken, die die Aufgebotsflotten verwenden, sind ganz einfach gebaut. Die Ortsbauern müssen die Materialien dazu als Teil ihrer Abgaben an den Häuptling oder den König aufbringen, und normalerweise verwenden sie das billigste Bauholz, das man ihnen durchgehen lässt, einschließlich wiederverwendeter Planken aus abgewrackten Schiffen.

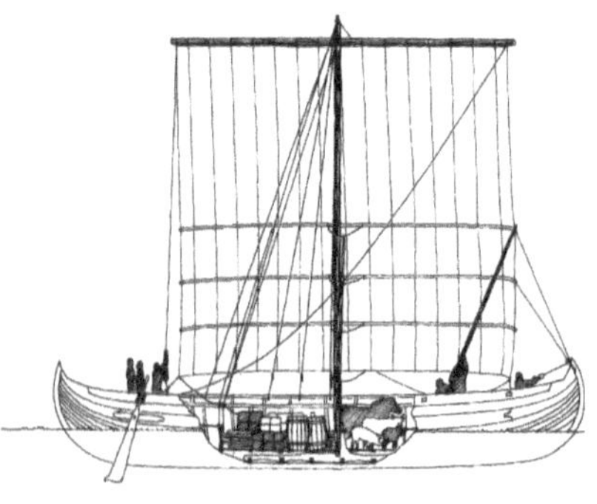

knorr

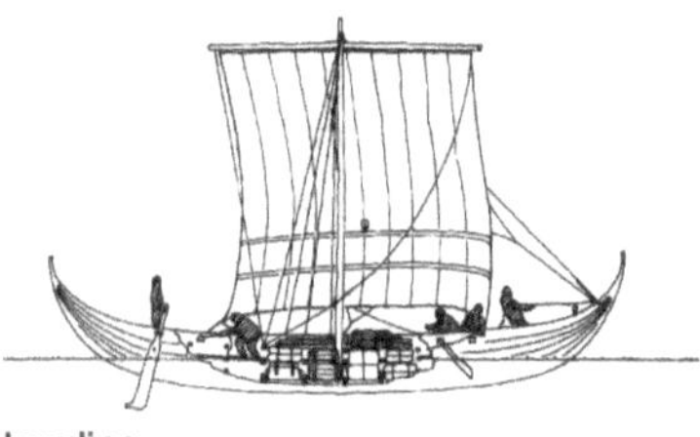

byrding

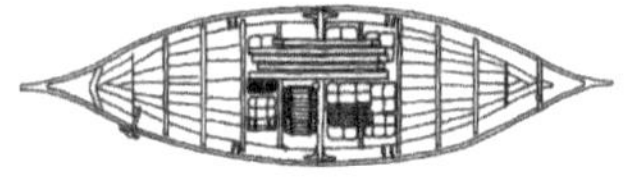

snekke

Die Knorr und der Byrding eines Händlers sind für den Wikinger Beute, aber die Snekke und der Drakkar stecken voller Krieger – also lieber als potenziell feindlich behandeln, bis Sie wissen, wer an Bord ist.

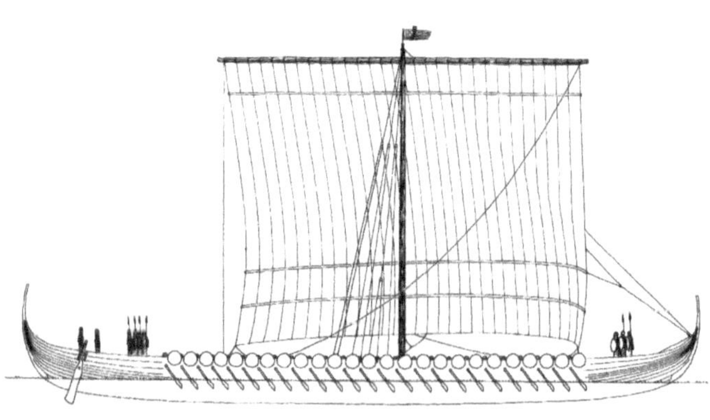

drakkar

Eine vergoldete Wetterfahne am Mast gibt einem Schiff den krönenden Abschluss und verrät Ihnen außerdem, aus welcher Richtung der Wind weht. Wenn Sie sich keine leisten können, nicht verzagen – eine Flagge tut's auch und kostet einen Bruchteil des Geldes.

Drakkars sind ebenso sehr Symbole der Macht und des Reichtums wie Kriegs- und Lastschiffe. Diese riesigen Langschiffe sind dermaßen teuer, dass nur Jarle und Könige sie sich leisten können. Keine Kosten werden gescheut, wenn man einen Drakkar mit geschnitzten Bug- und Heckfiguren und leuchtend bemaltem Rumpf, vergoldeten Wetterfahnen, vielfarbigen Segeln und bestickten Bannern ausstattet, damit sie einen wahrhaft prächtigen Eindruck machen. Drakkars liegen irgendwo zwischen 30 und 36 Meter Länge und ragen turmhoch über eine Snekke hinaus. Sie haben zwischen 60 und 80 Ruderern Besatzung und können wegen ihrer Größe auf kurzen Reisen bis zu 500 Krieger befördern.

Ein einzelner Drakkar kann es in einem Kampf auf See mühelos mit einem halben Dutzend Snekken aufnehmen. Dank ihrer Größe sind Drakkars außerdem eine stabilere Gefechtsplattform als Snekken,

Wie alle teuren Sachen sind auch Schiffe Statussymbole. Könige und Jarle mögen ihre Schiffe gern üppig dekoriert, damit sie niemand mit einem stinknormalen Aufgebotsschiff verwechselt.

Eine norwegische karve, ein vielseitiges Fahrzeug, gut geeignet für Überfälle, Handelsfahrten oder für einen Häuptling, der stilvoll mit allen Verwandten und Gefolgsleuten zum jährlichen Thing anreisen will.

besonders in rauer See. Sie können sogar bei schlechterem Wetter segeln, ohne vollzuschlagen. Ihres größeren Tiefgangs wegen sind Drakkars für den Strandhögg nicht geeignet – aber schließlich sind die Männer, denen sie gehören, auch auf fettere Beute aus als ein paar Kühe oder einige Bauern für den Sklavenmarkt.

Ein dritter Schiffstyp, der für Überfälle, Reisen und Handel benutzt werden kann, ist die *karve*. Karven haben eine Besatzung von 30 bis 36 Ruderern und sind etwa so lang wie eine Snekke, aber die Abmessungen ihres Rumpfes ähneln mehr denen eines Handels- als eines Langschiffs, denn sie sind ziemlich breit. Diese Schiffe sind seetüchtiger als eine Snekke und können gut doppelt so viele Männer tragen wie eine Snekke gleicher Länge, sind dafür aber weder gerudert noch gesegelt so schnell. Sie werden vor allem von den Norwegern und den Rus verwendet (die sie *korabis* nennen), deren Handelsschiffe große Besatzungen für den Überlandtransport und als Schutz gegen Überfälle brauchen.

Das Kommando

Der Kapitän eines Schiffes ist der Steuermann (oder Rudergänger). Üblicherweise ist es der Schiffseigentümer, nicht der erfahrenste Seemann an Bord. Als Steuermann überlässt er den tagtäglichen Schiffsbetrieb dem Skipper, der üblicherweise wegen seiner Seefahrts- und Navigationskenntnisse ausgewählt wird. Auf einem Langschiff, das zu einem Überfall ausläuft, kann der Skipper durchaus der einzige Berufsseemann sein. Wenn der Ortshäuptling, dem das Schiff gehört, der Steuermann ist, bilden seine Krieger die Besatzung.

Ein Steuermann steht am Heck seines Langschiffs, während die Besatzung an der Takelage arbeitet. Ein Schiff zu segeln ist Teamarbeit.

Tipp: Versuchen Sie ein Schiff zu finden, dessen Skipper die Meere, die es durchfahren wird, aus eigener Erfahrung kennt.

Leben an Bord

Bei schönem Sommerwetter ist eine Seefahrt mit dem Wind im Rücken eine verlockend herrliche Sache. Jeder ist bester Dinge, freut sich auf einen erfolgreichen Raubzug oder eine ruhmreiche Heimkehr mit einer Kiste voll Beute. In den meisten Nächten ankert das Schiff in einer windgeschützten Bucht oder einer Flussmündung. Wenn es sich um Feindesland handelt, schlafen alle aus Sicherheitsgründen an Bord unter einer schützenden Plane, die sich quer über das Deck spannen lässt. Richtig bequem ist das nicht. Ein Langschiff mit kompletter Besatzung ist ganz schön vollgepackt, und Sie müssen zusehen, wo Sie an Deck einen Schlafplatz zwischen Kisten, Wasserfässern und dem ganzen anderen Zeug finden. Viele Schiffe haben einen kleinen Herd, also besteht die Aussicht, etwas heißen Haferbrei zu bekommen. Ansonsten besteht das Essen auf See hauptsächlich aus Brot, Butter und getrocknetem Fisch. Achten Sie darauf, dass Ihre letzte Mahlzeit auf festem Boden aus all Ihren Lieblingsspeisen besteht – bis Sie wieder so etwas Leckeres bekommen, wird es dauern!

Das Schiff ist Ihr Zuhause, solange die Reise dauert, also brauchen Sie einen kompletten Satz Haushaltsgegenstände wie Wasserfässer, Eimer, Schöpfkellen, Mischtröge, Schneidebretter, Küchenmesser …

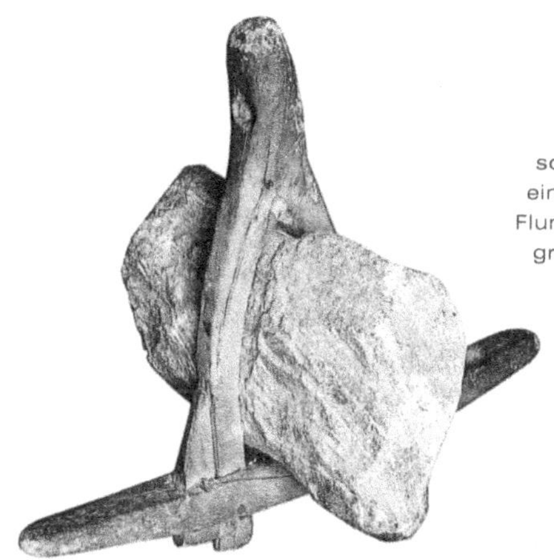

Ein Wikingeranker von typisch schlichter Bauweise: ein Stein in einer Astgabel, den die hölzernen Flunken festklemmen. Die Flunken graben sich in den Meeresboden und halten das Schiff fest.

Das Segeln bei schlechtem Wetter ist eine ganz andere Sache. Wikingerschiffe sind den Elementen frei ausgesetzt, und oft ist es nicht möglich, bei schlechtem Wetter auf See ein schützendes Verdeck aufzuspannen. Diese Persenning fängt den Wind ein und macht das Schiff schwer steuerbar, also müssen Sie sich eben damit abfinden, nass zu werden und zu frieren, solange das Schlechtwetter anhält.

> Ich habe grausamen Kummer im Herzen ertragen und viele bange Lagerstätten auf dem Wasser erlebt und das schreckliche Aufbranden der Wogen ... Meine Füße wurden von der Kälte gekniffen, vom Frost in kalte Ketten gelegt, während die Sorgen mir heiß ums Herz seufzten. Hunger riss von drinnen am Sinn eines vom Meer Müden.
> *The Seafarer*

Tipp: Von Salzwasser rostet Eisen viel schneller als im Regen. Wenn Sie eine Reise vorbereiten, fetten Sie alle Waffen und Rüstungsteile gut ein und verstauen Sie sie in einem wasserdichten Sack aus Seehundshaut in Ihrer Seekiste. Achten Sie darauf, dass die Waffen ganz zuletzt eingepackt werden. Heutzutage wimmelt es nur so von Piraten, also wissen Sie nie, wann Sie sich wehren müssen. Die Seekiste ist gleichzeitig Ihre Ruderbank.

Kein Feuer kann angezündet werden, folglich gibt es genau dann, wenn Sie es besonders dringend bräuchten, kein gekochtes Essen und nichts Warmes im Bauch. Falls Sie kein erfahrener Seefahrer sind, stören Sie die Kälte, die Nässe oder die fehlende warme Mahlzeit nicht: Sie werden so seekrank sein, dass es Sie nicht kümmert, ob Sie leben oder tot sind. Im Sommer sind solche Bedingungen lediglich hundeelend, aber im Winter können sie rasch tödlich sein.

Navigation

Das Navigieren ist keine exakte Wissenschaft: Selbst erfahrene Seefahrer können der *hafvilla* erliegen, das heißt auf hoher See komplett die Orientierung verlieren. Das geschieht besonders häufig, wenn das Schiff lange Zeit bei schlechter Sicht in einer Flaute festliegt; dann können die Meeresströmungen es unmerklich weit von seinem Kurs abbringen.

Wo das möglich ist, folgen die Skipper einfach der Küstenlinie, wobei sie einen sicheren Abstand zum Land halten, um Untiefen und Riffe zu umgehen, und mithilfe herausstechender Punkte an Land zu navigieren. Das Land länger außer Sicht zu bekommen, als man in einer Nacht segeln kann, wird, wenn es geht, vermieden. Unter günstigen Umständen dauert es nur zwei bis drei Tage, die Nordsee zwischen Dänemark und England zu überqueren, aber das wird selten gemacht. Vielmehr sammeln sich dänische Beuteflotten im sturmgeschützten Limfjord in Nordjütland. Von da aus fahren sie in die Nordsee ein und steuern entlang der Küsten von Jütland, Sachsen, Friesland und Flandern zum Ärmelkanal, ehe sie nach Kent überfahren und von da aus der englischen Küste bis zu ihrem geplanten Reiseziel nach Westen oder Norden folgen. In der Ostsee brauchen Sie überhaupt nie außer Sicht von Land zu segeln.

Hüten Sie sich vor Küstenfahrten bei Nacht. Wegen des Risikos, aufzulaufen, suchen Sie einen geschützten Ankerplatz, ehe es dunkel wird, und setzen Sie die Reise am Morgen fort. Nur die Norweger unternehmen regelmäßig Hochseereisen, wenn sie schnurgerade über

Navigationsmittel

Sonnenstein Das ist ein klarer Kristall, den man auf Island und in Norwegen findet. Der Stein kann selbst dann enthüllen, wo die Sonne steht, wenn der Himmel vollständig bedeckt ist. Der Navigator blickt durch den Kristall zum Himmel auf, und falls er dabei in Richtung der Sonne zeigt, wechselt der Kristall seine Farbe. Obwohl das allgemein bekannt ist, hat man seltsamerweise seine Mühe, Leute zu finden, die es tatsächlich ausprobiert haben.

Lotleine Dieses Seil hat am Ende ein Bleigewicht, das von einem Schiff ins Meer abgesenkt wird, um die Wassertiefe zu messen. Das ist ein englischer Brauch, dem sich besonders in der Ostsee allmählich auch die Wikinger-Navigatoren anschließen. Die Engländer lassen bei Fahrten entlang der Küste gern ungefähr zehn Faden (18,2 Meter) Wasser unter dem Kiel.

die Nordsee nach Orkney und Shetland segeln und von dort zu den Sudreys, Schottland, Irland und dem Westen Englands. Sie wagen auch die langen, gefährlichen Fahrten über das Westmeer zu den Wikingersiedlungen auf den Färöern und Island. Die Reise von Norwegen nach Island dauert rund drei Wochen und fast die ganze Zeit über ist kein Land in Sicht. Falls Sie nicht gerade auf Island leben, gibt es für einen Krieger keinen guten Grund, diese riskante Tour zu machen.

Nützliches Navigationswissen und Segelanweisungen mit Reiserouten werden von Generation zu Generation mündlich weitergegeben. Wenn Sie Navigator werden wollen, müssen Sie sich darin üben, den Zustand von Wellen und Wetter ebenso lesen zu lernen wie die Züge der Meerestiere:

- Der Polarstern zeigt immer genau Norden an und die Sonne steht mittags genau im Süden.
- Halten Sie ein Auge auf die Sonne: Ihre Mittagshöhe hilft Ihnen, Ihre derzeitige geographische Breite zu schätzen (höher = weiter süd-

lich, tiefer = weiter nördlich), was nützlich ist, wenn Sie die Breite Ihres Ziels kennen.

- Zwar kann man die Höhe des Polarsterns auf dieselbe Art zur Breitenschätzung verwenden, nur hilft Ihnen das in nördlichen Gewässern nicht viel im Sommer, weil er im Dämmerlicht, das die ganze Nacht anhält, verschwindet.
- Eine Wolkenbank am Horizont kann anzeigen, dass dort Land liegt.
- Lernen Sie die Seevögel unterscheiden: Sie können Hinweise geben, wo und wie weit entfernt sich Land befindet. Während der Brutzeit (April bis August – ungefähr dieselbe Saison, die auch zur Schifffahrt geeignet ist) fressen die Vögel auf See, fliegen aber regelmäßig zurück an Land, um ihre Jungen zu füttern und nachts zu schlafen. Auf Nahrungssuche fliegen manche Vögel weiter hinaus als andere. Dreizehenmöwen entfernen sich zum Fressen über 160 Kilometer weit vom Land. Kleinere Seevogelarten wie Papageientaucher und Lummen legen selten mehr als zehn Kilometer zurück. Morgens und abends den Vogelflug zu beobachten, liefert verlässliche Informationen, wo Sie auf Land treffen.
- Wale haben feste Zugwege und Weidegründe. Das kann Ihnen dabei helfen, Ihre Position auf offener See zu bestimmen. Zum Beispiel gibt es einen festen Walgrund ungefähr auf halbem Weg zwischen den Färöern und Grönland.
- Wenn mitten in einem Sturm plötzlich der Seegang nachlässt, kann das ein Anzeichen sein, dass Ihr Schiff in den Windschatten einer Insel einfährt, die sich in Regen, Nebel oder der Dunkelheit verbirgt.
- Nachts oder bei schlechter Sicht kann ein erfahrener Seemann ahnen, wie nahe er der Küste ist, je nachdem, wie stark sich Wellen vom Ufer am Rumpf seines Schiffes brechen.
- Farbe und Trübungsgrad des Meerwassers können weitere Hinweise auf den Standort Ihres Schiffes geben. Flüsse spülen Schlick ins Meer hinaus und trüben es manchmal bis mehrere Meilen vor der Küste.

Segel gegen Ruder

Alle Wikingerschiffe lassen sich sowohl segeln als auch rudern. Das übliche Rahsegel funktioniert am besten, wenn der Wind genau von achtern kommt. Ein Wikingerschiff kann gegen den Wind durch Kreuzen vorankommen, das heißt auf einem Zickzackkurs, der immer wieder schräg gegen den Wind führt. Das ist für die Besatzung jedesmal langwierige, harte Arbeit und belastet Rumpf wie Takelage sehr. Aus diesem Grund wartet ein Skipper mit dem Segelsetzen normalerweise, bis der Wind genau aus der richtigen Richtung weht. Das führt oft zu frustrierenden Wartezeiten, die wochen- oder gar monatelang dauern. Geduld ist eine Tugend. Das ist der richtige Augenblick, ein paar Skaldenstrophen auswendig zu lernen ...

Theoretisch bräuchte ein Langschiff keinen günstigen Wind, weil man es ja rudern kann. Aber versuchen Sie es, ein paar Stunden gegen den Wind anzurudern, dann verstehen Sie, wieso man große Hochseefahrten niemals mit Ruderkraft zurücklegt: Das ist elend langsam und kräftezehrend für die Mannschaft. Ruder verwendet man hauptsächlich:

- zur Ein- und Ausfahrt in Häfen
- in beengten und windgeschützten Gewässern wie etwa Fjorden, wenn es windstill ist oder der Wind aus der falschen Richtung kommt
- bei Flussfahrten
- wenn Heimlichkeit zählt: Das Segel eines Schiffs holt man oft ein, damit es weniger gut sichtbar ist
- beim Manövrieren im Kampf: Vor der Schlacht wird immer der Mast niedergelegt und das Segel an Deck verstaut, um das Schiff gefechtsklar zu bekommen.

Tipp: Die Hände der meisten Männer, die an Land arbeiten müssen, sind sicher schon hart genug, um lange Strecken ohne Blasenbildung zu rudern. Wenn Sie das Glück haben sollten, keine Handarbeit verrichten zu müssen, üben Sie das Rudern, ehe Sie zu einer Fahrt aufbrechen. Das erspart Ihnen später langes Leiden.

Nachdem die gesamte Fracht entladen ist, ziehen Rus-Händler ihr Boot über Land, um nicht schiffbare Stromschnellen zu umgehen.

Schiffstransport über Land

Manchmal werden Sie mithelfen müssen, Ihr Schiff eine kurze Strecke über Land zu schleppen, um ein Hindernis zu umgehen, von einem Fluss in den nächsten zu kommen oder die lange Umsegelung eines gefährlichen Kaps zu vermeiden. Schleppwege (auch Portagen genannt) sind in Gardariki besonders häufig, wo die Flüsse die Hauptverkehrswege sind. An mehreren Stellen zieht man Schiffe über Land, um von Fluss zu Fluss zu wechseln, während Schiffe, die von Koenugard südwärts zum Schwarzen Meer fahren, ebenfalls viele Schleppstellen überwinden, um den wilden Stromschnellen des Dnjepr auszuweichen. Außerdem nutzt man Portagen, um künstliche Hindernisse wie befestigte Brücken zu umfahren, so wie es die Dänen 886 taten, als sich die Pariser weigerten, ihnen die Durchfahrt über die Seine zu gestatten.

Schiffe über Land zu bringen ist harte Arbeit und in feindlichem Gebiet obendrein gefährlich. Man muss das Schiff entladen und seine ganze Fracht separat befördern. Das dient nicht nur dazu, das Schiff für den Schleppvorgang leichter zu machen: Ohne den stützenden Auftrieb durch die Wasserverdrängung kann ein Schiffskiel unter der Last seiner Fracht brechen. Baumstämme werden unter den Kiel gelegt, wo sie als Rollen dienen und das Ziehen erleichtern. Es gibt keine Garantie, dass man in der Nähe auf Ochsen oder Pferde stößt, also müssen die Schiffe eine Besatzung haben, die groß genug ist, sie zu ziehen.

Sie und Ihre Gefährten sind während einer Portage für Überraschungsangriffe sehr anfällig. Die Dnjepr-Stromschnellen sind berüchtigt dafür, weil dort berittene Petschenegen häufig den Rus-Händlern auflauern. Erkunden Sie in Feindesland immer die Umgebung, stellen Sie Wachen auf und halten Sie Ihre Waffen griffbereit.

Das Seefahrerjahr

Wenn alles andeutet, dass das Wetter sich halten wird, kann man zu jeder Jahreszeit gefahrlos kurze Überfahrten unternehmen, die nicht länger als einen Tag und eine Nacht dauern. Selbst die erfahrensten Kenner der Wetterkunde können nicht viel weiter voraussagen, was werden wird, also geht man zwischen Ende Oktober und Anfang April, wenn Abschnitte mit stabiler Wetterlage die Ausnahme sind, nur selten auf lange Reisen. Auch unter günstigsten Umständen ist die Seefahrt noch gefährlich genug; Fahrten im Winter sind einfach viel zu riskant.

In den letzten Oktobertagen werden die Schiffe aus dem Wasser gezogen; Mast, Segel und Takelage werden entfernt und den Winter über verstaut. In Norwegen lagert man die Schiffe in langen Bootshäusern, aber anderswo werden Sie feststellen, dass man sie einfach im Freien lässt oder in Nausts absenkt, schiffförmige Vertiefungen mit niedrigen Erdwällen auf beiden Seiten, die sie schützen. Die Zeit, zu der man damit anfängt, die Schiffe wieder seetauglich zu machen, ist die Tagundnachtgleiche im Frühjahr, sodass sie abfahren können, sobald wieder stabile Witterung eintritt. Planen Sie so, dass Sie eine Heimreise vor Anfang Oktober abschließen, wenn die Winde wieder kräftiger werden. Falls das nicht geht und falls die Alternative sicher genug ist, überwintern Sie, wo Sie gerade sind, und kehren Sie im Frühling heim.

Wie man Stürme und Schiffbrüche überlebt

Niemand liebt das Meer, es ist mörderisch. Schiffbruch ist ein Berufsrisiko in der Seefahrt. Abgesehen vom Untergang auf hoher See, der Sie im Falle eines Falles spurlos verschwinden lässt, ist das Schlimmste, was Ihnen passieren kann, dass Ihr Schiff im Sturm auf eine Leeküste geweht wird.

Die Skipper kämpfen nicht gegen die Elemente, wenn sie auf See von schlechtem Wetter überrascht werden. Falls der Seegang nicht zu stark ist, lässt der Skipper Segel reffen und das Schiff einfach vor dem Wind laufen. Nur die erfahrensten Seeleute können inmitten eines Sturms mit den Segeln umgehen, alle anderen sind gut damit beschäftigt, Wasser aus dem Schiff zu schöpfen, als ginge es um ihr Leben – und das tut es. Zeit, sich richtig Sorgen zu machen, wird es, wenn Sie sehen, wie die Besatzung Seile unter dem Kiel durchzieht und rund um den Rumpf festzurrt: Das ist eine Verzweiflungsmaßnahme, um das Schiff am Auseinanderbrechen zu hindern.

> Aber gegen Ende des Tages, als es zu dunkeln anfing, gab es scharfen Sturm. Sie bemerkten nichts, bis an der Seeseite Grundwellen und Brecher waren und vor ihnen auch. Es gab nun keine andere Wahl, als an Land zu steuern, und das taten sie auch ... Alle Männer und der größte Teil der Fracht wurden gerettet, nicht aber das Schiff, das brach in Trümmer.
>
> *Die Saga von Egill Skalla-Grimsson* 59

Die große Gefahr dabei, den Sturm abzureiten, besteht darin, auf eine Leeküste getrieben zu werden und Schiffbruch zu erleiden. Die bes-te Überlebenschance kann der Skipper seiner Besatzung in diesem Fall verschaffen, indem er die volle Segelfläche setzt und direkt aufs Land zusteuert. Die kleinste Fehlkalkulation, wie die Brandung aufläuft, und das Schiff kann gefährlich luvgierig werden, das heißt, der Wind reißt es herum, bis es entweder von den Wellen von achtern überrollt wird und mit dem Heck voran sinkt oder aber sich auf eine Seite legt, tief in die Wellen schneidet und dann kentert. Das Schiff mag beim Auflaufen zwar zerstört werden und die Last verlorengehen, aber häufig kommt es vorher dem Festland nahe genug, dass die Crew es heil bis zur Küste schafft.

Unter diesen Umständen hängen Ihre Überlebenschancen davon ab, um welche Art Küste es sich handelt. Am schlimmsten ist Schiffbruch an einer Felsküste. Die Wellen können das Schiff an den Klippen zu Kleinholz schlagen und Sie selbst totprügeln, noch ehe Sie eine Chance haben, entweder zu ertrinken oder ans Ufer zu krabbeln. Je nach Stärke des Wellengangs sind die Aussichten höher, den Schiffbruch an einem sanft abfallenden Sandstrand zu überleben. In einem nicht ganz so wilden Sturm wird das Schiff vielleicht einfach hoch auf den Strand geschoben und lässt sich beim nächsten Hochwasser wieder flottmachen, wenn die Einheimischen nicht schneller sind. Nach altem Brauch, der fast überall gilt, ist alles und jeder, den die Wellen anspülen, Eigentum des Finders. Wenn Ihr Schiff auf Strand gelaufen ist, haben Sie wahrscheinlich noch Ihre Waffen, also können Sie die diebischen Anwohner in Schach halten, bis die Flut aufläuft. Durchnässte und waffenlose Überlebende jedoch, die sich von einem Schiffswrack den Weg durch die Brecher erkämpft haben, sind den Leuten hilflos ausgeliefert. Falls Ihnen das passiert, können Sie bloß hoffen, dass man Ihnen nur Ihren Schmuck raubt und Sie versklavt. Sollten Sie verdächtigt werden, ein Pirat zu sein – und seien wir ehrlich, ein wrackes Langschiff, das am Ufer angetrieben ist, belastet Sie ganz schön –, werden Sie höchstwahrscheinlich auf der Stelle hingerichtet.

Tipp: Lernen Sie schwimmen. Gute Schwimmer werden geachtet und Sie können bei Wettschwimmen mitmachen – an so etwas nehmen sogar Könige teil. Außerdem könnte es Ihnen das Leben retten.

Seenotrettungsausrüstung: Kleine Thorshämmer sind die beste Versicherung, die es gibt, um nicht im Meer zu versinken.

Vorbeugen gegen Schiffbruch

Der starke Thor, Odins Sohn, ist der beste Schutz vor Schiffbruch. Tragen Sie stets ein Amulett in Form eines Thorshammers um den Hals, wenn Sie auf See sind. Sogar Wikinger, die Christen geworden sind, tun das. Beten Sie außerdem zum Meergott Njörð, der die Seefahrer beschützt.

Schutzrunen auf das Schiff und seine Ruder zu schnitzen, kann ebenfalls Schiffbrüche verhüten. Nur ein Experte darf Runen ritzen. Wenn Sie nicht wissen, was Sie da tun, sind die Zeichen wirkungslos oder sogar schädlich.

Meerrunen musst du ritzen, willst du gesichert wissen
die Segelrösser auf der See;
am Bug müssen sie eingeritzt sein und am Steuer
und mit Feuer ins Ruder gebrannt sein;
wie steil auch die Brecher, wie dunkel die Wellen,
entkommst du doch sicher der See.
Das Sigrdrifa-Lied 5

Viele Schiffbrüche werden von bösen Geistern verursacht, welche das Wetter oder die Meeresströmungen in Aufruhr versetzen. Eine grimmig aussehende Schmuckfigur an Bug und Heck hilft sie verjagen. Entfernen Sie solche Figuren stets, wenn Sie sich befreundetem Gebiet nähern, damit Sie die einheimischen Geister nicht verscheuchen oder verärgern. Auch Hexen und Zauberer haben die Macht, Stürme zu entfesseln oder die Wogen zu glätten. Stellen Sie sich gut mit ihnen!

Wind zu verkaufen

Finnische Zauberer bieten Seefahrern, die in einer Flaute festhängen oder durch widrige Winde im Hafen gehalten werden, oft Wind zum Kauf an. Als Gegenleistung für den Preis bekommen Sie von den Zauberern einen Lederriemen, in den drei magische Knoten gebunden sind. Wenn Sie einen der Knoten lösen, gibt es eine sanfte Brise. Den zweiten zu lösen liefert einen steifen Wind, aber das Lösen aller drei auf einmal beschwört einen unkontrollierbaren Sturm herauf, der Ihr Schiff wahrscheinlich zerstört – seien Sie also vorsichtig.

Halten Sie böswillige Geister von Ihrem Schiff fern, indem Sie am Bug eine angemessen finster blickende Figur anbringen. Achten Sie darauf, dass sie sich leicht entfernen lässt, wenn Sie befreundete Ufer anlaufen, damit Sie sich unter den örtlichen Geistern keine Feinde machen.

VI Bereitschaft zu Fernreisen vorausgesetzt

> Jene, die den Boden dieses Landes bestellen, sollen spüren, dass wir in ihrem Gebiet fleißig gewesen sind.
>
> HASTEIN *(laut Dudo von St. Quentin* 1,6*)*

Also gut, Sie haben die richtige Ausrüstung und wissen, wie Sie damit umgehen, Sie haben sich einer Mannschaft für einen Raubzug angeschlossen und Ihr Langschiff ist aufgetakelt und klar zum Auslaufen.

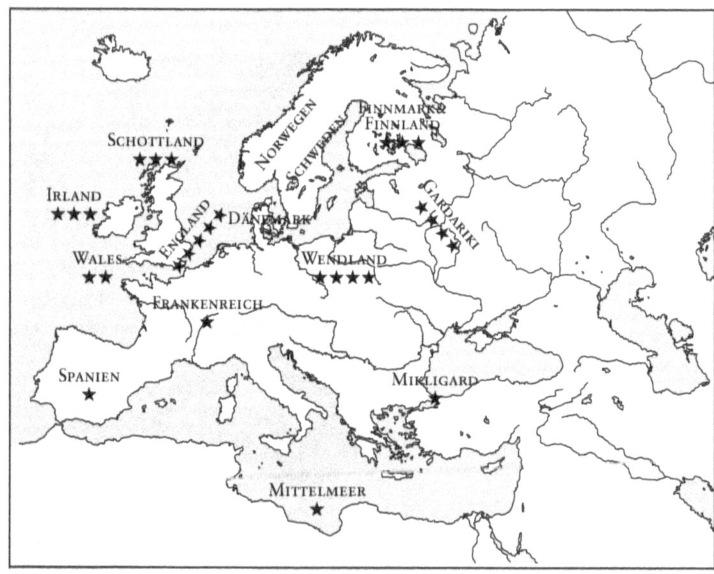

Merken Sie sich diese Reiseziele und wie gut sie sich plündern lassen.

Die Welt wartet auf Ihre Plünderung – wo fangen Sie an? Die Antwort hängt davon ab, wo Sie wohnen. Norweger zieht es üblicherweise gen Westen nach Schottland, Irland und Nordwestengland. Die Dänen fahren nach Südwesten, nach England und ins Frankenreich, oder südwärts über die Ostsee nach Wendland. Die Schweden wenden sich in der Regel nach Osten, nach Finnland und Gardariki (Russland). Eigentlich ist alles nur eine Frage, was geographisch gesehen am bequemsten liegt, aber nichts hält einen Schweden davon ab, bei einem Raubzug im Westen mitzumachen, oder Norweger und Dänen von einer Reise nach Gardariki.

Lesen Sie hier, welche Möglichkeiten Sie in den wichtigsten Plünderregionen erwarten, und auf welchen Empfang durch die Eingeborenen Sie sich einstellen müssen. Gut gewarnt ist halb gewappnet.

Heimatnahes Heeren

Dass Sie Wikinger sind, ist noch kein Grund, eine Gelegenheit zu verpassen, Ihre Mitwikinger zu plündern. Heute vergisst man oft, dass wir Skandinavier einander jahrhundertelang fleißig überfallen haben, ehe wir anfingen, das übrige Europa in den Genuss unserer Zuwendung kommen zu lassen. Weil die Skandinavier inzwischen so gut auf Piraterie eingestellt sind, ist mittlerweile leider kaum noch leichte Beute zu finden. Trotzdem werden Sie Gelegenheit haben, unbewachte Schafe und Rinder einzukassieren, wenn Sie auf der Durchreise durch die norwegischen und dänischen Inseln sind, aber die meisten Küstensiedlungen hat man vor langer Zeit aufgegeben und ihre Einwohner sind an sichere Plätze im Binnenland gezogen.

Viele der seichten Fjorde und Buchten entlang der dänischen und schwedischen Küste, die früher leichten Zugang ins Binnenland gewährten, sind jetzt mit Barrieren aus Holzpfählen verschlossen, die man in den Meeresboden getrieben hat. Diese Sperren zu durchbrechen ist technisch gesehen kein Problem, aber diese Arbeit verschlingt Zeit und raubt dem Möchtegern-Plünderer jedes Überraschungsmoment. Handelsplätze wie Birka in Schweden und Hedeby (Haithabu)

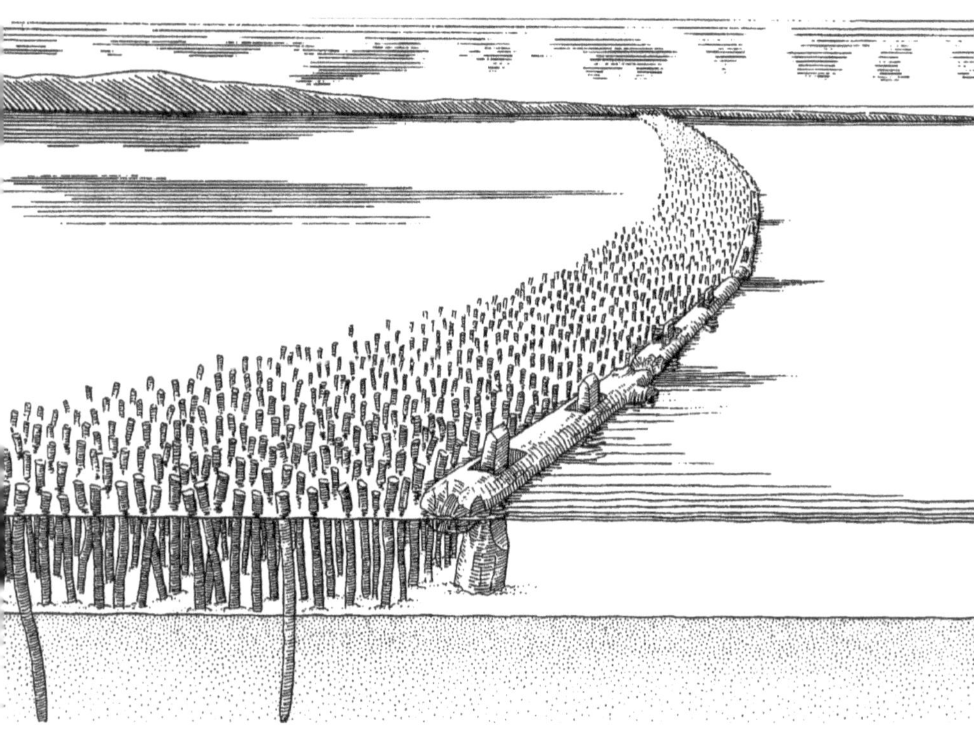

Barrieren aus Holzpfählen wie hier abgebildet findet man heutzutage nur zu häufig: Sie versperren die Zufahrt zu dänischen und schwedischen Häfen. Eine Durchfahrt freizuräumen wäre bloß eine Sache von ein paar Stunden, aber mehr braucht der Feind auch nicht, um sich vorzubereiten.

in Dänemark liegen weitab vom offenen Meer und sind stark befestigt. Und Pfahlsperren schützen ihre Einwohner gegen Überraschungsangriffe von der Seeseite.

Die Wikingerkolonien weiter draußen, auf den Färöern und in Island, sind nicht wohlhabend genug, dass sich das Risiko der langen Fahrten auf hoher See lohnt, die man bis zu ihnen braucht. Auch für Ansiedlungen bieten sie heute keine guten Voraussetzungen mehr, denn alles gute Land ist schon seit langer Zeit besetzt. Vor ein paar Jahren hat Erik der Rote noch weiter westlich ein neues Land entdeckt und Grönland genannt. Da es unbewohnt ist, gibt es für einen Krieger dort sicher nichts zu holen.

Ein weiteres Problem liegt darin, dass die Könige mittlerweile mächtiger als früher sind, und sie werden richtig ungehalten, wenn jemand anderes als sie selbst ihren Untertanen Hab und Gut wegnimmt. Ein freiberuflicher Wikinger kann wenig tun, um sich vor der Rache eines Königs zu schützen, also plündern Sie nicht das Land Ihres eigenen Königs. Eine zusätzliche Komplikation entsteht dadurch, dass Könige es nicht gern sehen, wenn ihre Untertanen in Friedenszeiten ein Nachbarreich überfallen. Es gibt sogar Gerüchte, die Dänenkönige wollten Lizenzen für Raubzüge einführen! Sollten Sie unbedingt in Skandinavien plündern wollen, dann am besten als Teil eines Königsheeres im Zuge eines der vielen Kriege, die unsere streitsüchtigen Könige gegeneinander führen.

Die Finnmark und Finnland

Wertung: * * *

Die Finnen sind schon immer gereist, indem sie schnell auf glatten Brettern gleiten ... Sobald sie ihrem Feind Schaden zugefügt haben, schießen sie auf dieselbe blitzschnelle Art davon, in der sie herbeigeeilt sind. Die Flinkheit ihrer Körper in Verbindung mit den Skiern verleiht ihnen eine wohlgeübte Leichtigkeit bei Angriff und Rückzug.
Saxo Grammaticus, Dänengeschichte 9,4,24

Lage: Im Norden, wo die Sonne im Sommer nie unter- und im Winter nie aufgeht
Einwohner: Ski-Finnen (nennen sich selbst Samen) und Finnen
Schlüsselressourcen: Kaum Schätze, aber reich an Pelzen und anderen wertvollen Handelsgütern

Die Finnmark wird von den Ski-Finnen bewohnt, die so heißen, weil sie als Erste im Winter auf Skiern über den Schnee glitten. Die Ski-Finnen haben keine festen Wohnsitze, sondern folgen den Rentierherden, die sie ihres Fleisches und ihrer Felle wegen jagen. Ihr größter Reichtum besteht in Pelzen. Den Winter verbringen sie mit Fallenstellen und

Machen Sie im Winter einen großen Bogen um die Ski-Finnen. Während Sie durch den Schnee waten, gleiten die auf Skiern darüber weg und schießen ihre Feinde mit Pfeilen ab.

der Jagd auf Bären, Füchse, Otter, Rentiere und Eichhörnchen, deren grauer Winterpelz – man nennt ihn Feh – sehr wertvoll ist. Im Sommer sammeln sie Daunen aus den Nestern der Eiderenten, jagen Seehunde ihrer Felle und Walrösser ihrer Elfenbeinzähne wegen – auch wegen ihrer Häute, aus denen sie Schiffstaue drehen.

Östlich vom Land der Schweden, jenseits des Nordausläufers der Ostsee, liegt Finnland. Die Finnen, die hier leben, sind Bauern, aber wie bei den Ski-Finnen sind Pelze ihr kostbarster Besitz. Sollten Sie alleinstehend sein, wird es Sie interessieren, dass es bei den Finnen viele Frauen geben soll, die Sex mit Männern wünschen, aber nicht heiraten wollen. Wenn diese Frauen Kinder bekommen, sind die Töchter wunderschön, aber sehen Sie sich vor: Die Söhne sind missgestaltet und haben ihren Kopf in der Mitte des Rumpfes.

Wie schwer ist das Plündern?

Norweger und Schweden überfallen die Ski-Finnen und die Finnen, um Tribut in Form von Fellen zu verlangen, besonders die begehrten Fehpelze. Die verkaufen sie mit hohem Gewinn an die Franken, die Engländer, die Griechen und viele andere. Weder die Ski-Finnen noch die Finnen sind Wikingern in offener Feldschlacht gewachsen, aber das wissen sie auch und lassen uns selten dazu kommen, diesen Vorteil zu nutzen. Die Finnen sind mit eisernen Speeren und mit Schwertern gut ausgerüstet, ziehen es aber vor, plündernden Wikingern auszuweichen, indem sie sich in den Wäldern verstecken oder in Steinfestungen flüchten, die sie auf unzugänglichen Felsvorsprüngen errichten.

Obwohl die Ski-Finnen die Kunst der Metallverarbeitung nicht beherrschen und nur wenige Eisenwaffen besitzen, sind sie geübte Bogenschützen und dadurch gefährliche Feinde. Sie verwenden einen charakteristischen Reflexbogen, der aus Schichten verschiedener Hölzer mit unterschiedlichen Materialeigenschaften zusammengeleimt wird; er hat viel mehr Kraft als ein Wikingerbogen. Die Ski-Finnen sagen, ein Junge werde zum Mann, wenn er stark genug sei, die Sehne in einen solchen Bogen einzuhängen. Ihre Pfeile haben bloß Knochenspitzen, fliegen aber mit derartiger Geschwindigkeit, dass sie Kettengewebe leicht durchstoßen. Die Ski-Finnen lassen es nach Möglichkeit nicht zum Nahkampf kommen; stattdessen setzen sie ihren Feinden aus einigem Abstand zu. Besonders tödlich sind sie im Winter. Auf Skiern können sie sich schneller bewegen als ein Vogel im Flug, starten einen Überraschungsangriff und ziehen sich dann schnell wieder außer Reichweite zurück.

Riesige Schwärme aus Stechmücken und Moskitos machen die Feldzüge im Norden während des Sommers selbst dann unerfreulich, wenn die Einheimischen keinen Widerstand leisten. Eine weitere Gefahr geht von den Finnen und Ski-Finnen in Gestalt ihrer Hexen und Schamanen aus, die Stürme und Nebelbänke aus dem Nichts heraufbeschwören können. Sogar den großen Ragnar Lodbrok haben ihre Schamanen besiegt, als sie einen rasenden Sturm schickten, gefolgt von wahrer Ofenhitze, die seinen Kriegern die Gesundheit raubte.

England

Wertung: * * * * *

Erzbischof Sigeric riet [König Aethelred], dass Geld diese Männer vertreiben solle, bei denen das Schwert es nicht könne: so stillte eine Zahlung von zehntausend Pfund die Habgier der Wikinger. Das war ein schändliches Beispiel ... sobald ihre alte Zahlenstärke in einer Ruhepause wiederhergestellt war, kehrten sie zu ihren alten Taten zurück.
William von Malmesbury, *Taten der englischen Könige* 2,165,2

Lage: Im Südwesten, jenseits der Nordsee
Einwohner: Die Engländer stammen hauptsächlich von Angeln und Sachsen mit einem kleinen Schuss Jüten ab
Schlüsselressourcen: Vieh und bewegliche Güter in Hülle und Fülle, dazu immer mal wieder ein paar tausend Pfund vom spendablen König Aethelred

Das reiche, grüne und fruchtbare England ist *das* angesagte Ziel für den Wikinger, der Träume hat. Seit 978 wird England von Aethelred, einem törichten und unbeliebten König, regiert. Aethelred kam unter dubiosen Umständen auf den Thron, nachdem sein älterer Halbbruder Edward von einigen Höflingen seiner Stiefmutter Aelfthryth ermordet worden war. Wer weiß schon, ob Aethelred in den Mord eingeweiht

Ein Silberpfennig des feigen Königs Aethelred von England. Auf den Märkten, in den Schänken und Bordellen Skandinaviens werden Sie viele davon den Besitzer wechseln sehen, wenn heimkehrende Krieger sich den Lohn für ihre Siege gönnen.

war – damals war er erst zehn (aber Könige müssen früh erwachsen werden) –, jedenfalls hat er sich nie vom Makel dieses Verdachts reinigen können und hat sich abgemüht, die Treue seines Volkes zu gewinnen. Aethelreds fehlende Bereitschaft, auf seine Ratgeber zu hören, hat sein Ansehen auch nicht gehoben.

Lange Zeit war England für Wikingerzüge dank einer Reihe mächtiger Könige Sperrgebiet. Als sie Aethelreds Schwäche witterten, begannen die Wikinger kurz nach dessen Herrschaftsbeginn wieder ihr Glück zu versuchen. Nachdem Olaf Tryggvason Anfang 991 in einer großen Schlacht bei Maldon den Ealdorman Aethelreds, Byrthnoth, erschlagen hat, hat der König ihn lieber mit einem Tribut von 10 000 Pfund Silber abgefunden, als eine weitere Niederlage zu riskieren. Zum Leidwesen der Engländer hat das die Schwäche ihres Königs bei den Wikingern nur noch offensichtlicher gemacht, und bald werden viele andere die Nordsee überqueren und darauf hoffen, mit ähnlicher Großzügigkeit bestochen zu werden. Wenn Sie einen Anteil möchten, stoßen Sie zur Armee eines der hohen Tiere wie Olaf, Thorkell der Lange oder Sven Gabelbart, der König der Dänen.

Kein Ort in England liegt weitab vom Meer, und mehrere breite Flussmündungen – die Themse, der Wash und der Humber im Osten, der Severn und der Mersey im Westen – sorgen für leicht befahrbare Routen ins Landesinnere. Einst herrschten die Römer über Britannien und haben ein Netz aus guten, geradlinigen Straßen hinterlassen. Viele davon sind noch erhalten, und berittene Heere können sich schnell darauf bewegen. Schnelles Reisen ist außerdem auf den Höhenwegen möglich, die entlang der Kämme der trockenen südenglischen Hügelketten aus Kalkstein verlaufen.

England war vor fast genau zweihundert Jahren das erste Land, das plündernde Wikinger angegriffen haben. Die Engländer (oder Angeln und Sachsen, wie sie sich damals nannten) kannten die Skandinavier als Händler sehr gut, und so waren sie geschockt, als Wikinger ihre Handelsplätze und Klöster zu plündern begannen. Zu dieser Zeit war England in verfeindete Königreiche geteilt, die gegen die Wikinger nicht zusammenhielten. 865 erschien ein großes Dänenheer unter dem Kommando Halfdans und seiner Brüder (siehe Kapitel III) und eroberte rasch die Hälfte des Landes. Nur Alfreds Königreich Wessex hielt stand.

Während die Dänen sich auf dem eroberten Gebiet niederließen, ordnete Alfred die Verteidigung seines Landes neu. Als Wikinger während der 890er-Jahre erneut in Wessex einfielen, wurden sie auf Schritt und Tritt bekämpft. Selbst der listige Hastein kam so leicht nicht voran. Auch Alfreds Söhne und Enkel waren durchweg große Krieger. Sie eroberten die dänischen Siedlungen, und der größte unter ihnen, Athelstan, brachte ganz England unter seine Herrschaft und machte es zu einem vereinten Königreich. Erik Blutaxt war der letzte Wikingerführer, der in England ein unabhängiges Reich beherrschte. 954 fand er ein schlimmes Ende (siehe Kapitel III).

Wie schwer ist das Plündern?

Die Engländer scheuen den Kampf nicht, und das mit gutem Grund. Historisch gesehen haben sie gegen Wikinger mehr Schlachten gewonnen als verloren und Englands augenblickliche Schwäche ergibt sich ausschließlich aus seiner schlechten Führung. Unter Aethelreds Vorgängern war England ein starkes, kriegerisches Königreich und ohne weiteres in der Lage, auch den größten Wikingerheeren, die ihm entgegentraten, Beine zu machen. Rechnen Sie damit, dass sich England unter einem weiseren König rasch erholen wird. Ein Grund mehr, jetzt dort einzusteigen.

Für einen Wikinger ist es leicht, sich in England wie zu Hause zu fühlen. Die Engländer sind uns gar nicht unähnlich. Ihre Vorfahren, die Angeln, Sachsen und Jüten, kamen aus Dänemark und dem Nordosten des heutigen Frankenreichs, und so haben sie kaum Schwierigkeiten damit, unsere Sprache zu verstehen. Mit Wikingern haben sie schon so lange Kontakt, dass sie sogar viele unserer Wörter übernommen haben. Zwar sind die Engländer fromme Christen, aber unsere kriegerischen Wertvorstellungen teilen sie und haben ihren Spaß an der gleichen blutrünstigen Art Dichtkunst.

Das Allerwichtigste ist, dass die Engländer wie wir zu Fuß in einem Schildwall kämpfen, noch dazu mit denselben Waffen wie wir. Noch eine Ähnlichkeit zu uns liegt darin, dass sich auch die englischen Heere um das Kriegergefolge mächtiger Grundbesitzer gruppieren, die Thegns oder Thane (örtliche Häuptlinge wie die Hersen) und die Ealdormänner (Gebietsfürsten wie die Jarle), die dem König Heerfolge leisten müssen. Die Thane und Ealdormänner bieten die örtlichen Milizen aus frei Geborenen auf, die den Großteil des englischen Heeres bilden, und führen sie in die Schlacht. Wie Byrthnoths Jungs bei Maldon werden die Gefolgschaftskrieger auch sonst lieber bis zum Tod für ihre Herren kämpfen als ihre Ehre verlieren, aber auf die Aufgebote ist kein Verlass. Wenn sie ihren Anführern vertrauen, halten sie stand. Sind sie aber schlecht geführt, laufen sie normalerweise davon, wenn es im Kampf heiß hergeht.

England ist mit festen Punkten gut versorgt. Befestigte Städte, *burh* (oder später *borough*) genannt, finden sich im ganzen Land. Sie schränken die Beweglichkeit von Plündererheeren ein, indem sie die Übergänge über breite Flüsse kontrollieren und sichere Sammelplätze für die örtlichen Truppen bilden. Außerdem dienen die *burhs* als Fluchtorte der Landbevölkerung in Kriegszeiten. England reichste Stadt, London an der Themse, liegt sicher hinter wiederhergestellten römischen Mauern. Hier bildet eine Brücke ein bedrohliches Hindernis für jede Flotte, die ihre Durchfahrt flussaufwärts erzwingen will, um die reichen Gegenden jenseits von London zu plündern.

Die Engländer verfügen über eine große Flotte, deren Heimathafen Sandwich in Kent ist. Diese Flotte ist jedoch nicht ständig bemannt, und Besatzungen für einen Feldzug aufzustellen dauert Wochen. Englische Kriegsschiffe ähneln den Langschiffen der Wikinger und können ebenso wenig wie diese lange auf See bleiben. Aus diesen Gründen brauchen Sie sich kaum Sorgen zu machen, ob Sie während der Fahrt vor der Landung in England abgefangen werden.

Sobald Sie allerdings an Land sind, verbreitet sich die Nachricht Ihres Erscheinens rasch: Signalfeuer auf hohen Bergen unterrichten schnell die gesamte Umgebung von der Gefahr, also haben Sie das Überraschungsmoment nicht lange auf Ihrer Seite.

Irland

Wertung: * * *

Du musst dich mehr vor [irischer] List hüten als vor [irischem] Krieg, vor ihrer Freundschaft mehr als vor ihrem Feuer, ihrem Honig, nicht ihrem Schierling, ihrer Schläue, nicht ihrer Kampfkraft; ihrem Verrat statt ihrer Schlachtreihe, ihrer geheuchelten Freundschaft statt ihrer Feindschaft, die man gering achtet.

Gerald von Wales, *Die Geschichte und Topographie von Irland*

Lage: Die große Insel westlich von Britannien, am Rand des Westmeeres
Einwohner: Die eingeborenen Iren sind in viele Stämme und Königreiche gespalten
Schlüsselressourcen: Das Übliche, aber besonders gutes Sklavenmaterial

Irland ist ein trügerisches Land, das auf den ersten Blick ziemlich schwach erscheint, tatsächlich aber ganz schön stark ist. Nur wenige Orte in Irland können in den letzten zweihundert Jahren einem Wikingerbesuch entgangen sein, und viele – besonders ihre Klöster – sind gleich mehrmals geplündert worden. Tausende Iren hat man gefangen und auf die Sklavenmärkte getrieben.

Doch der irische Widerstand ist ungebrochen, und das Einzige, was die Eroberungsversuche von Wikingerseite erreicht haben, ist die Gründung einiger küstennaher Städte. Die bleiben nur deshalb unabhängig, weil sie stark befestigt sind und sich wegen ihrer Nähe zum Meer nicht so einfach durch eine Belagerung aushungern lassen. Irland hat viele schiffbare Flüsse, unter denen der Shannon am wichtigsten ist, die auch bequeme Wege ins Binnenland darstellen. Aber das Reisen zu Lande kann beschwerlich sein, weil es viele Sümpfe und wenige Straßen gibt. Die Iren messen ihren Wohlstand hauptsächlich an ihrem Viehbestand, aber aus der Wikingerperspektive liegt der Reichtum des Landes vor allem in seiner Bevölkerung.

Wie schwer ist das Plündern?

Als die Wikinger in den 790er-Jahren Irland zum ersten Mal plünderten, war es in Hunderte kleiner Unterkönigreiche zersplittert, die einer geringen Anzahl Hochkönige in begrenztem Maße untertan waren. Krieg zwischen den Reichen war eine Dauererscheinung, und sogar die irischen Mönche lieferten sich Kämpfe mit rivalisierenden Klöstern. Diese Uneinigkeit machte es den Wikingerheeren leicht, nach Belieben zu plündern, ohne sich besonders vor dem Zusammenstoß mit einer großen irischen Armee fürchten zu müssen. Von ihren Erfolgen ermutigt, gründeten norwegische Wikinger in den 840er-Jahren Stützpunkte für ihre Heerzüge an der irischen Küste und versuchten, Land für Ansiedlungen zu erobern. Einige dieser Stützpunkte – Dublin, Wexford, Waterford und Limerick – sind heute blühende Handelsstädte, aber die meisten wurden rasch von den Iren zerstört.

Mobilität ist das Erfolgsrezept des Wikingers, und durch ihre Niederlassung machten sich die Norweger anfällig für irische Gegenangriffe. Ein anderes Problem lag in der Unmöglichkeit, dauerhafte Friedensverträge auszuhandeln, wie die Wikinger das in England und im Frankenreich konnten. Es gibt zu viele königliche Verhandlungspartner, und was einer von ihnen zugesteht, erkennen die anderen niemals an. Auch wenn man einen König in der Schlacht besiegt und tötet, bringt das nichts. Die erweiterten irischen Königshäuser liefern endlos viel Nachschub an Königen: Egal, wie schnell Sie sie umbringen, es wartet immer schon der nächste. Irlands stärkster König von heute ist Brian Boru, der Hochkönig von Munster. Dieser tüchtige Kriegsherr verdrosch 977 die Wikinger von Limerick und hat das Zeug zu noch größeren Taten.

Die meisten irischen Unterkönigreiche können Heere von um die dreihundert Mann aufbieten. Sehr eindrucksvoll klingt das ja nicht, aber es gibt eine Menge davon. Die Unterkönige schulden ihren Hochkönigen Kriegsdienst, also kann ein Hochkönig, der wie Brian Boru den Gehorsam seiner Lehnsmänner erzwingen kann, eine sehr große Armee ins Feld führen. Mann gegen Mann ist ein irischer Krieger allerdings kein Gegner für einen gut ausgerüsteten Wikinger. Die

Iren kämpfen so gut wie nackt und ohne Rüstungen oder Helme; Buckler (kleine Rundschilde) sind ihr einziger Schutz. Ihre Hauptangriffswaffen sind Speere. Der Bogen wird nur selten verwendet, aber die Iren sind fies gute Schleuderer und benutzen außerdem einen Wurfspeer mit Widerhaken und gefiedertem Schaft, den sie sehr zielgenau schleudern. In letzter Zeit haben sich die irischen Schmiede an den ersten Kopien von Wikingerwaffen versucht. Weil Irland Eisenmangel hat, sind sie immer kleiner und leichter als das Original.

Soweit möglich vermeiden die Iren eine offene Feldschlacht. Stattdessen lassen sie Sie wochenlang durch Sümpfe und Platzregen hinter ihnen herrennen, piesacken Sie mit Überfällen aus dem Hinterhalt, bis Sie schließlich erschöpft und frustriert aufgeben und heimziehen. Heldenhaft ist das nicht, funktioniert aber.

Irland ist mit Befestigungen, großen wie kleinen, gut versorgt. So gut wie jeder König hat sein solides Rundfort aus Stein, und es gibt buchstäblich Tausende von Ringwällen, die auf den Schutz einzelner Familien ausgelegt sind. Ringwälle haben eine kreisförmige Erdrampe mit Palisaden und umschließen ein einzelnes Rundhaus mit weiteren

Ein irischer Barfußkrieger, nur mit Speer und Buckler bewaffnet. In diesen elenden irischen Sümpfen spielen die Hase und Igel mit Ihnen.

Für jeden Wikinger, der schon in Irland plündern war, ein frustrierend vertrauter Anblick: der Rundturm eines Klosters. Wenn die Mönche nur die geringste Vorwarnung vor einem Angriff bekommen, fliehen sie mit ihren Wertsachen da hinein. Klar könnten Sie die Türme einnehmen, wenn Sie die Zeit hätten, nur haben Sie keine …

Wirtschaftsgebäuden. Die Wälle sind besser darin, das Vieh drinnen als die Wikinger draußen zu halten, aber das Eindringen ist noch der leichteste Teil. Unter dem Boden des Haupthauses liegt der Eingang zu einem unterirdischen Gang, der als Fluchtort für die Familie und ihre Wertsachen dient. Achtung: Ein paar davon führen zu geheimen Ausgängen vor dem Wall, die meisten aber nicht.

Man könnte denken, es wäre leicht, die Iren aus ihren Löchern zu jagen, aber das stimmt nicht. Zwischentüren und versteckte Luftschächte machen es schwer, sie auszuräuchern. Die Gänge drehen und winden sich, also können Sie nicht einfach am Eingang sitzen und der Länge nach Pfeile durchschießen in der Hoffnung, jemanden zu treffen. Die niedrigen, schmalen Korridore sind leicht zu verteidigen, und wenn es zum Kampf unter der Erde kommt, sind sie schnell durch Leichen versperrt.

Natürlich könnten Sie die Iren ausgraben, wenn Sie die nötige Zeit dazu hätten – haben Sie bei einem Überfall aber nicht. Lassen Sie es dabei, das Vieh mitzunehmen, und machen Sie, dass Sie weiterkommen. Die meisten Klöster haben heute hohe Rundtürme, deren Eingang hoch oben an einer Seite liegt und nur mit Leitern zu erreichen ist. Das ist ein weiterer Zeiträuber. Die Mönche nutzen sie als Zuflucht für sich und ihre Klosterschätze. Lange können sie in ihren Türmen nicht durchhalten, aber sie wissen auch, dass Wikinger es sich nicht leisten können, beim Belagern festzuhängen.

Weil sie keinen Geschäftssinn haben, machen die Iren niemals Gefangene. Viel lieber nimmt ein irischer Krieger Ihren Kopf als Trophäe mit nach Hause, statt Sie für noch so viel Silber loskaufen zu lassen. Eine ansehnliche Sammlung abgehackter Feindesköpfe gilt unter irischen Kriegern als Statussymbol; Wikinger wählen das Silber. Seien Sie auf der Hut, wenn Sie mit den Iren verhandeln: Sie sind bekannt dafür, das Angebot zu Friedensgesprächen als Tarnung für Überfälle und Mordaktionen zu nutzen. Der Wikinger Thorgils, den die Iren Turgeis nannten, war 844 dicht davor, Irland zu erobern, aber ein Irenkönig nutzte einen Trick dieser Art, um ihn gefangen zu nehmen und zu ersäufen.

Schottland

Wertung: * * *

Auf Skye, da stillt der Feinde Blut
Der Schlachtfeldvögel Hunger gut …
Und unsre Inselfahrt setzt frei
So manches Mädchens Wehgeschrei.
Björn Krüppelhand in *Die Saga von König Magnus Barfuß* 8

Lage: Steuern Sie nach Westen quer über die Nordsee
Einwohner: Ursprünglich Pikten, aber jetzt haben die Skoten (aus Irland) das Sagen
Schlüsselressourcen: Gutes Weideland, wenn es sich erobern lässt

Schottland ist jener Teil von Britannien, der nördlich der schmalen Landenge liegt, welche den Firth of Clyde im Westen vom Firth of

Forth im Osten trennt. Es ist extrem gebirgig und die Westküste ist von Fjorden zerschnitten. Ein Norweger fühlt sich dort wie zu Hause. Als vor zweihundert Jahren die Wikingerüberfälle begannen, kannte man das Land unter dem Namen Piktland, nach seinen Einwohnern, den Pikten. Die Skoten, ein irisches Volk, beherrschten damals nur das Gebiet von Argyll an der Westküste und einige vorgelagerte Inseln. Das reiche schottische Kloster St. Columban auf Iona haben die Wikinger oft geplündert, zuletzt einige Dänen im Jahr 986.

Norwegische Wikinger haben die Orkneys, die Shetland-Inseln und die Sudreys zwischen 825 und 850 erobert und besiedelt. Sigurd der Stämmige, der Jarl von Orkney, beherrscht inzwischen all diese Inseln, dazu Caithness und Sutherland. Weil Wikingerzüge sie aus ihren Gebieten an der Westküste vertrieben, drängten die Skoten nach Osten und besiegten die Pikten 843 unter ihrem König Kenneth MacAlpin. Seit langer Zeit hat man von den Pikten jetzt nichts mehr gehört, und die Skoten – oder Schotten – erzählen ein paar seltsame Geschichten über sie, zum Beispiel, dass sie blau waren oder Zwerge, die unter der Erde lebten.

Wie schwer ist das Plündern?

Die Skoten stellen sich bereitwilliger zum Kampf als andere Iren. Die Pikten haben sie ja schon auf den Müllhaufen der Geschichte befördert, haben kürzlich die englische Stadt Edinburgh eingenommen und die Waliser in Strathclyde lehnsuntertänig gemacht, also wäre es dumm von Ihnen, sie zu unterschätzen.

Die Militärstruktur der Skoten lehnt sich lose an das englische System an: Die Kerntruppen der Armee stellen die Krieger der Königsgefolgschaft. Den Rest des Heeres bringen die Jarle der Regionen auf, die sich ihrerseits auf örtliche Herren verlassen, die in den von ihnen kontrollierten Gebieten Milizen aufbieten. Wie die übrigen Iren haben auch die Skoten Waffen nach Wikingerart übernommen und haben eine besondere Vorliebe für die beidhändige Streitaxt. Kleine Festungen sind weit verbreitet: Viele davon sind auf künstlichen Inseln in Seen erbaut, um sie zusätzlich zu sichern.

Wales

Wertung: * *

Die Leute aus Wales sind leicht und flink. Sie sind eher grimmig als kräftig und widmen sich ganz dem Waffengebrauch. Nicht nur die Anführer, sondern die ganze Nation ist kampfgeübt.

Gerald von Wales, *Beschreibung von Wales* 1,8

Lage: Ein Bergland, das im Westen an England grenzt
Einwohner: Die Waliser, die sich auch als Briten bezeichnen
Schlüsselressourcen: Fette Beute aus Klöstern ist Ihre beste Chance

Wales ist erst in letzter Zeit ein Hauptziel für Wikingerüberfälle geworden. Diese plötzliche Beliebtheit hat im Grunde nichts mit den Reizen von Wales selbst zu tun – es ist kein reiches Land –, sondern damit, dass das Heeren in Irland schwieriger geworden ist. Zum Glück ist der bescheidene Wohlstand in Wales auf die fruchtbareren Küstenebenen konzentriert. Die große, fruchtbare Insel Anglesey ist der wohlhabendste und bevölkerungsreichste Teil von Wales – und ist leicht zu überfallen, weil sie so nahe an Dublin und den Wikingersiedlungen auf der Insel Man liegt. Vor vier Jahren hat Guthfrith Haraldsson aus Man zweitausend Gefangene von der Insel weggeschafft. Das Innere von Wales ist gebirgig und arm und lohnt die Mühe des Plünderns nicht.

Weil Wales nicht so oft heimgesucht worden ist wie andere Länder, gibt es dort noch küstennahe Klöster. Das wichtigste, die Kirche St. David in Menevia im Süden, wurde 967 und 968 geplündert, hat sich aber schon erholt und ist reif für den nächsten Raubzug. Wenn Sie auf schnelle Profite aus sind: Maredudd, König von Deheubarth, zahlt einen Silberpfennig pro Kopf als Lösegeld für jeden seiner Untertanen, der von Wikingern gefangen wird. Für einen Bischof zahlen die Waliser vierzig Pfund Silber.

Wales ist in ein halbes Dutzend Königreiche unterteilt. Oft liegen sie im Krieg miteinander oder mit den Engländern. Im Augenblick ist Maredudds Königreich die Vormacht. Die walisischen Könige werben oft Wikingersöldner für ihre Heere an. Gerade sucht Maredudd Leute für einen Feldzug gegen das Nachbarreich Morgannwg.

Wie schwer ist das Plündern?

Die Waliser sind äußerst geschickt darin, das schwierige Terrain ihres Landes zu ihrem Vorteil zu nutzen, denn sie sind Experten für Hinterhalte. Im Kampf ist ihre Lieblingstaktik der schnelle Angriff, gefolgt von einem blitzartigen Rückzug, und das wieder und wieder. Darum können Sie nie davon ausgehen, dass die Waliser deshalb weglaufen, weil sie geschlagen sind. Im Land gibt es viele kleine Festungen, die meisten auf unzugänglichen Felsen gelegen, die sie zu sehr schweren Angriffszielen machen.

Die Könige halten sich ein stehendes Gefolge aus Kriegern ihrer Hausmacht, aber alle freien Männer sind zum Kampf verpflichtet. Obwohl die walisischen Krieger wenig Rüstungen haben, sind sie stark und schnell: Sie trainieren, indem sie Eisenstangen stemmen, miteinander ringen und bergauf um die Wette laufen. Am meisten fürchten muss man ihre Bogenschützen, die einen kurzen, breiten Bogen führen, der für seine Größe sehr viel Kraft entwickelt. Sie können im Laufen gezielt schießen, ob beim Angriff oder auf dem Rückzug. Betrachten Sie eine von Walisern zugefügte Wunde nie als bloßen Kratzer, egal, wie leicht sie auch scheinen mag: Man sagt den Walisern nach, Gift auf ihre Pfeil- und Schwertspitzen aufzutragen.

Das Frankenreich

Wertung: *

Denn der fränkische Krieger ist unwiderstehlich und könnte wohl gar die Mauern von Babylon durchbrechen; wenn er aber vom Pferd absteigt, wird er zur kinderleichten Beute für jedermann.

Anna Komnena, *Alexias* 13,8,3

Lage: Im Süden, durch die Nordsee und die Meerenge
Einwohner: Franken plus „Normannen“ im Norden
Schlüsselressourcen: Was Sie sich auch vorstellen, die haben es

Franzien, einst bestes Plünderterrain, und die umliegenden Gebiete sind heute für heerende Wikinger praktisch *off limits*. Die Ironie besteht darin, dass das zum Teil von den Erfolgen früherer Wikinger kommt. Zum ersten Mal überfielen Wikinger das Frankenreich, als Karl der Große Kaiser war, aber er erkannte rasch, wo das Problem lag. Breite schiffbare Flüsse wie der Rhein, die Seine, die Loire und die Garonne sind im Grunde Hauptstraßen ins Herz des Reiches, an deren Ufern viele Städte und reiche Abteien liegen.

Karl der Große sperrte die Plünderer aus, indem er Festungen baute und an den Flussmündungen Flotten und Strandwächter stationierte. Für den Schutz der offenen Küsten jedoch konnte selbst ein großer Krieger wie er nichts tun. Als König Godfred im Jahr 810 Friesland überfiel, war er mit zweihundert Pfund Silber wieder zu Hause in Dänemark, noch ehe Karls Heer am Tatort war.

Als Karls Enkel sich in den 830er-Jahren um ihr Erbe zu streiten begannen, brach der fränkische Küstenschutz zusammen. Wikingerflotten segelten die nicht mehr verteidigten Flüsse hinauf und plünderten, wo es ihnen passte. Oft gab es kaum Widerstand. Die Frankenkönige waren mehr damit beschäftigt, die Rivalen

Karl der Große (König und später Kaiser von 768 bis 814) machte das Frankenreich zum größten, das Europa seit den Römern gesehen hatte. Als großer Krieger wusste er, wie er den Wikingern beikommen konnte, aber seine Nachfolger haben nicht dieselbe Güteklasse besessen.

aus ihrer Dynastie zu bekämpfen als die Wikinger, von denen sie sich durch Tribute loskauften.

Außerdem schenkten die Könige manchen Wikingerführern Land, unter der Bedingung, dass sie versprachen, andere Wikinger auszusperren. Hrolf, der Anführer der Seinewikinger, war der erfolgreichste unter ihnen. 911 ernannte König Karl der Einfältige Hrolf zum Grafen der Normandie. Hrolfs Nachfolger haben ihren Teil des Abkommens gehalten und die Normandie in ein Sperrgebiet für raubende Wikinger verwandelt. Noch immer heißen die Grafen Wikingersöldner bei sich willkommen, aber wie lange noch, ist nicht abzusehen: Die meisten „Normannen“ kämpfen inzwischen auf fränkische Art, zu Pferde. Die Normandie selbst bleibt ein Zufluchtsort für Wi-kinger, die aus England fliehen müssen oder einfach den Winter über etwas Ruhe und Erholung brauchen.

Wie schwer ist das Plündern?

Die Mischung aus Kavallerie und Burgen im Frankenland ist es, die jeden Wikingerüberfall, wenn er nicht gerade an offenen Küstenstrichen abläuft, zu einem gefährlichen Unterfangen macht. Eine Begegnung mit fränkischer Kavallerie ist ein Erlebnis, das Sie so schnell nicht vergessen werden: Die Leute sind furchteinflößend. Der typische fränkische Reiter ist gut gerüstet. Er trägt ein langes Kettenhemd, das die Oberschenkel ebenso abdeckt wie Rumpf und Arme, dazu einen kegelförmigen Eisenhelm mit einem einfachen, aber wirksamen Nasenschutz. Zu Schutzzwecken führt er auch seinen langen Schild mit, der auf den Kampf im Sattel ausgelegt ist.

Die Lieblingswaffen der fränkischen Kavallerie sind Wurfspeer und Schwert, aber sie verwenden auch Streitkolben (tödlich im Einsatz gegen Eisenhelme), Einhandäxte und einschneidige Messer, die man Malchus oder Falchion nennt – etwa wie ein langer Sax. Die Kavallerie kämpft in dicht gedrängten Abteilungen von rund fünfzig Reitern. Jede Abteilung hat ihr eigenes Banner, dem die Reiter bei der Attacke folgen oder um das sie sich in Notfällen scharen. Ihre übliche Kampftaktik ist es, den Feind geradewegs anzugreifen und dabei die Wurf-

Eine typisch fränkische Motte – einfach ein Haufen Erde in einer Palisade mit einem schlichten Holzturm obendrauf. Hauptsächlich dienen diese Burgen dazu, die Einwohner zu kontrollieren, aber auch einfallenden Heeren machen sie das Leben schwer.

speere zu schleudern, ehe sie die Schwerter ziehen. Solchen Attacken standzuhalten, verlangt viel Mut und Disziplin (siehe Kapitel VIII). Fränkische Reiter trainieren für den Krieg, indem sie Scheingefechte abhalten. Die Waffen sind zwar stumpf, aber man kämpft diese Schlachten ebenso heftig aus wie die echten, und Todesfälle sind nicht selten. Fränkische Reiter dürsten nach Ruhm und legen es gezielt auf Zweikämpfe mit gleichrangigen Gegnern an.

Wegen der hohen Kosten für Rüstung, Waffen und Pferde sind die meisten fränkischen Reiter von einem Herrn abhängig, der ihnen die Ausrüstung stellt und im Gegenzug für ihre Dienste ein kleines Gut zum Lebensunterhalt überlässt. Die meisten fränkischen Fußsoldaten sind schlecht ausgestattete Bauernaufgebote, die im Kampf selten das Feld behaupten. Fränkische Reiter verachten die Milizbauern restlos und töten sie in ihren Bürgerkriegen zum Zeitvertreib.

Franzien ist stark befestigt. Jede Stadt ist ummauert und das flache Land ist dicht besät mit Hunderten kleiner Erdhügelburgen (auch Motten genannt) sowie einigen festen, quadratischen Steinburgen. Diese steinernen Burgen sind das Heim der großen Barone und können Belagerungen monate-, ja sogar jahrelang widerstehen. An strategischen Positionen errichten die Barone Erdhügelburgen, um ihre Ländereien vor Eindringlingen zu schützen. Diese Burgen bestehen aus einem Holzturm, der auf die Spitze einer natürlichen oder künstlich aufgeschütteten Erhebung (der Motte) gesetzt ist; umgeben ist der Hügel von einer Palisade, die Unterkünfte für die Garnison und Ställe für ihre Pferde einschließt. Erdhügelburgen können einer Belagerung nicht lange standhalten, aber darum geht es nicht. Jede Verzögerung ist für einen Raubzug schlecht, besonders wenn Sie wissen, dass gegen Sie womöglich eine starke Reiterarmee gesammelt wird. Aber ohne weiteres ignorieren können Sie die Burgen auch nicht, weil deren Kavalleriegarnisonen ausrücken und Sie auf dem Marsch drangsalieren können, indem sie die Proviantsuche verhindern und Nachzügler ausschalten. Darum machen die Wikinger heutzutage einen Bogen um das Frankenreich.

Wendland

Wertung: * * * *

> [Als die Wenden wussten, dass die Dänen kamen, sammelten sie sich], um in tapferer Verteidigung ihren Besitz zu schützen. Sie errangen auch den Sieg; die Hälfte der dänischen Mannschaft wurde erschlagen und ebenso die Hälfte ihrer Schiffe zerstört; Gold, Silber und reiche Beute fielen ihnen zu.
>
> RIMBERT, *Leben des heiligen Ansgar* 30

Lage: Im Süden jenseits der Ostsee

Einwohner: Slawen, die man Wenden nennt

Schlüsselressourcen: Bewegliche Luxusgüter, vor allem Silber, Bernstein und Sklaven

Wendland zieht sich entlang der gesamten Südküste der Ostsee. Die Wenden sind in zahlreiche Stämme geteilt, darunter die Abodriten, Rugier und Pomoranen. Sie kontrollieren die Mündungen von Flüssen wie der Oder und der Weichsel, die viel benutzte Handelswege nach Mitteleuropa und ins Griechenreich sind. Infolgedessen besitzen die Wenden viele blühende Handelsstädte und haben reichlich Silber. Außerdem kontrollieren die Wenden die wichtigsten Gebiete, in denen man Bernstein findet.

Wie schwer ist das Plündern?

Die Wenden zu überfallen ist riskant, aber der Ertrag, nämlich Silber und Sklaven, sorgt dafür, dass es sich durchaus lohnt. Hinzu kommt der Faktor Bequemlichkeit. Die Wenden kann man ausrauben, ohne eine lange Seereise zu unternehmen, also können Sie im Frühsommer aufbrechen und zur Ernte wieder zu Hause sein. Ideal für Wikinger mit Familiensinn.

Skandinavischen Händlern sind die Wendenstädte wohlbekannt, weil sie sie zu Geschäftszwecken oft anlaufen, also ist leicht an genaue Informationen über sie zu kommen. Keine dieser Städte liegt an der ungedeckten Küste. Die meisten sind einige Meilen landeinwärts an Flüssen und schmalen Buchten gebaut, also hat eine Plündererflotte wenig Aussichten, sich unbemerkt zu nähern. Alle Städte sind mit Erdwällen, Palisaden und Holztürmen stark befestigt. Arkona, die Hauptstadt der Rugier, steht auf einer hohen Landspitze, die zur See in Klippen abfällt und auf der Landseite hinter einem Wall liegt. In Jumne halten die berühmten Jomswikinger Wache, die es gar nicht mögen, wenn andere Wikinger versuchen, sich in ihr Revier hineinzudrängeln.

Die Wenden sind ein kriegerisches Volk – sogar die Bilder ihrer Götter kleiden sie in Helme und Kettenhemden. Wendenkrieger kämpfen sowohl zu Fuß als auch zu Pferde. Die Fußsoldaten verwenden einen großen Rundschild und kurze Speere, tragen aber normalerweise kaum Rüstung. Sie sind äußerst geschickt darin, den Unvorsichtigen aufzulauern. Seien Sie besonders auf der Hut, wenn Sie flüchtende Wenden verfolgen – sie könnten Sie in eine Falle locken wollen.

Die wendische Kavallerie reitet kleine flinke Pferde. Sie greifen an, indem sie eine Attacke gegen den Feind reiten, dabei ihre Speere werfen und schnell wieder abschwenken. Jeder, der schon einmal gegen die Franken gekämpft hat, weiß, dass ein Speer, den ein galoppierender Reiter wirft, ganz leicht Schilde und Kettengewebe durchschlagen kann. Die Wenden bauen Schiffe nach Wikingerart und haben in den letzten Jahren eigene Piratenüberfälle gegen Dänemark, Schweden und sogar Norwegen gestartet. Weil ihre Schiffe und Waffen den unseren so ähnlich sehen, kann man sie leicht für Wikinger halten. Eine zuverlässige Methode, sie zu unterscheiden, ist ein Blick auf ihre Köpfe: Die Wenden schneiden sich die Haare ganz dicht an der Kopfhaut ab.

Gardariki

Wertung: * * * *

Harald und der Jarl Rognvald nahmen sich Schiffe, fuhren in jenem Sommer ostwärts nach Gardariki zu König Jaroslav und blieben den ganzen folgenden Winter bei ihm ... Harald blieb drei Jahre lang in Gardariki und reiste in den östlichen Landen weit umher. Dann brach er mit vielen Männern im Gefolge nach Griechenland auf und ging nach Mikligard.

Snorri Sturluson, *Saga von König Harald* 2

Lage: Östlich der Ostsee

Einwohner: Die Rus

Schlüsselressourcen: Sklaven und Pelze, aber die Rus sind unsere Freunde – das Rauben ist hier nicht gestattet

Gardariki, das Königreich der Rus, ist der Ort, wo die wikingertypische Koexistenz von Handel und Gewalt ihre höchste Organisationsstufe erreicht hat. Sie können in Gardariki auf freundliche Aufnahme gefasst sein, ob Sie zu Handelszwecken kommen, als Söldner in der *družina*, dem Kriegergefolge des Königs, dienen wollen, als Verbannter

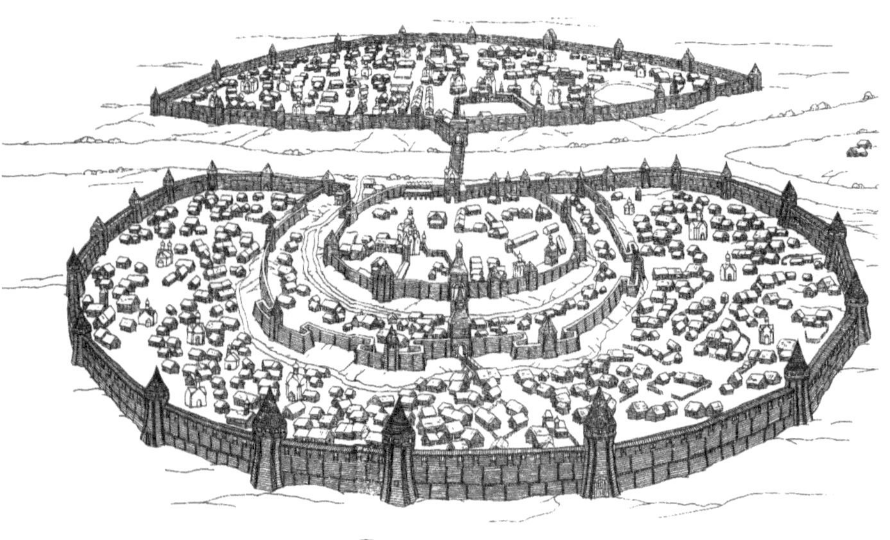

Die reiche Rus-Stadt Holmgard, wo Rurik der Legende nach sein erstes Königreich gründete. Sie ist von der Ostsee aus leicht zu erreichen, bildet das wichtigste Zentrum des Pelzhandels und den Ausgangspunkt für die Flussrouten nach Koenugard und Mikligard im Süden.

einen sicheren Ort suchen oder einfach Ihre lange Reise nach Mikligard unterbrechen, wo Sie zur Warägergarde stoßen möchten. Seinen Namen hat das Königreich von seinen vielen befestigten Städten, unter denen die wichtigsten – Aldeigjuborg, Holmgard und Koenugard – lauter blühende Handelszentren sind.

Die Rus nehmen deshalb gern Wikinger – die sie Waräger nennen – auf, weil sie selbst von Wikingern abstammen. Im späten 8. Jahrhundert stellten einige geschäftstüchtige Schweden fest, dass Silbermünzen hoher Qualität von irgendwoher jenseits der Ostsee nach Skandinavien kamen. Um den Ursprung dieser Münzen zu finden, begannen sie die großen Ströme zu erkunden, die in die Ostsee münden, und gründeten unterwegs befestigte Städte oder eroberten Siedlungen der einheimischen Slawen und Finnen. Manchmal zogen sie ihre Boote von einem Flusssystem zum nächsten über Land, und so erreichten sie die Stadt Bolgar an der Wolga. Dort stießen sie auf Sarazenenhändler aus Bagdad in Serkland, das sich als Herkunftsort der Münzen wie auch anderer Luxusgüter, etwa Seide und Gewürze, erwies. Außerdem entdeckten sie den Dnjepr, der ins Schwarze Meer fließt und einen Weg zur reichen Griechenstadt Mikligard bildet.

Viele eigene Güter hatten die Rus für den Handel nicht zu bieten, also nutzten sie ihre Städte als Stützpunkte, um ihren Nachbarn, den Slawen und Finnen, Tribute in Form von Sklaven, Pelzen, Honig und Wachs abzupressen, Güter, auf deren Kauf die Sarazenen und Griechen erpicht sind. Um 860 schloss Rurik die Rus zu einem einzigen Königreich zusammen; noch immer herrschen seine Nachkommen darüber. Seit dieser Zeit haben sich die Rus durch Ehen mit ihren slawischen Untertanen vermischt. Noch immer kämpfen sie nach Wikingerart zu Fuß im Schildwall, aber inzwischen sprechen sie die Sprache der Slawen und beten zu deren Göttern. Vor drei Jahren haben griechische Missionare den Rus-König Wladimir zum Christentum bekehrt. Wie das mit Christen so ist, erwartet Wladimir jetzt, dass es alle seine Untertanen ihm nachtun.

Die Taufe des Rus-Königs Wladimir durch Christenpriester aus Mikligard im Jahr 988 war eine schlechte Nachricht für die Heiden. Jetzt geht er davon aus, dass auch alle seine Untertanen Christen werden.

Jedes Jahr im November ziehen die Rus aus, um ihre Tribute einzutreiben, wenn der erste Frost nach dem Herbstregen den Boden härtet. Handelsexpeditionen brechen im Frühjahr auf, wenn der Wasserstand der Flüsse am höchsten ist, wodurch es einfacher wird, über Sandbänke und durch Stromstellen zu steuern. Gewöhnlich handeln die Rus mit den Sarazenenhändlern in Bolgar; einige sind den ganzen Weg bis Bagdad gereist, indem sie die Wolga abwärts und über das Chasarische Meer fuhren, um nach Samarkand zu gelangen. Den Rest ihrer Fahrt verbrachten sie mit der Reise über Gebirge und durch Wüsten mit Kamelkarawanen (das sind große hässliche bucklige Tiere, die schwere Lasten tragen können und nur selten saufen müssen). Der Handel mit den Sarazenen ist nicht mehr so einträglich wie früher, weil ihre Silberminen langsam erschöpft sind. Folglich schlagen von Jahr zu Jahr immer weniger Rus diesen Weg ein.

Um mit den Griechen in Mikligard zu handeln, fahren die Rus zunächst von Koenugard den Dnjepr abwärts bis ins Schwarze Meer. Das ist der gefährlichste Teil der Reise. An mehreren Stellen ist es nötig, die Schiffe über Land zu rollen, um bedrohlichen Stromschnellen auszuweichen. Umherstreifende Petschenegen lauern oft an diesen Stellen, um Rus-Flotten aus dem Hinterhalt zu überfallen. Kämpfe sind sehr häufig, darum haben die Rus immer Verwendung für gute Krieger.

Wenn sie das Meer erreichen, segeln die Rus der Küste entlang nach Süden und später nach Westen bis Mikligard. Auf demselben Weg kehren sie zurück. Handelsverträge mit den Griechen verbieten es, Handelsschiffe im Schwarzen Meer zu plündern.

Lohnt es sich, bei den Rus mitzumachen?

Wenn Sie zur *družina* des Königs stoßen, ist es sicher möglich, sich in Gardariki ein gutes Leben aufzubauen und seinen Anteil an den Tributen der Slawen zu kassieren, aber die Vertragsbedingungen sind nicht so attraktiv wie die für die Warägergarde des neuen Griechenkaisers (siehe Kapitel II). Wenn Sie auf das große Geld (und mildere Winter) aus sind, reisen Sie weiter nach Mikligard.

Mikligard

Wertung: *

Tófa und Hemingr ließen diesen Stein für ihren Sohn Gunnarr aufrichten, aber er starb fern in Griechenland. Gott und die Muttergottes helfe seiner Seele.

Runen-Gedenkstein des 13. Jahrhunderts, Norrsunda in Schweden

Lage: Jenseits des anderen Endes von Gardariki am Südwestufer des Schwarzen Meeres, wo es ins Mittelmeer übergeht
Einwohner: Hauptsächlich Griechen, aber weil es die Hauptstadt ihres Reiches ist, finden Sie da alle möglichen Leute
Schlüsselressourcen: Hier nicht plündern – verdienen Sie sich lieber etwas als Waräger!

Die Hauptstadt des Griechenreiches, das mächtige Mikligard, ist wahrscheinlich die größte und reichste Stadt der Welt. Wenn Sie das auf Ideen bringt, die Stadt zu überfallen, ein guter Rat – lassen Sie's. Mikligards Schätze sind gut bewacht, und wer sie mit Gewalt an sich zu bringen sucht, bekommt im wahrsten Sinne des Wortes einen heißen Empfang. Positiv gesehen, bietet die Stadt beste Möglichkeiten, mit Beute und Gefangenen zu handeln, die Sie anderswo gemacht haben, und die Chance, gut bezahlten Söldnerdienst in Kaiser Basileios' Warägergarde zu leisten (zu den Bedingungen siehe Kapitel II).

Mikligard kennen die Griechen unter dem Namen Konstantinopel, nach dem römischen Kaiser Konstantin, der die Stadt in ihrer heutigen Form vor beinahe 600 Jahren gegründet hat. Eine bessere Stelle hätte sich Konstantin gar nicht aussuchen können. Mikligard liegt am Bosporus, einer schmalen Meerenge, die Europa von Asien trennt und das Schwarze Meer mit dem Mittelmeer verbindet. Seine Lage an diesem natürlichen Wegekreuz machte Mikligard rasch zu einem großen, reichen Handelsort, den Kaufleute aus der ganzen Welt aufsuchen. Seine Häfen wimmeln stets von Handelsschiffen und seine Lagerhäuser sind voll mit Wein, Öl und Getreide sowie der kostbaren Seide aus

Mikligard (die „große Stadt") hat seinen Namen nicht umsonst: Es ist die größte, prächtigste und reichste Stadt der Welt. Für den ehrgeizigen Wikingerkrieger gibt es keinen besseren Ort, um als Söldner sein Glück zu machen.

Serkland. In der Stadt gibt es viele Paläste, Klöster und riesige Kirchen, allesamt voll mit Gold- und Silberschätzen und außerdem mit den gammelnden Körperteilen (Reliquien) der heiligen Männer der Christen – die Griechen glauben, sie hätten Zauberkräfte und könnten Krankheiten heilen.

Wie schwer ist das Plündern?

Wenn Sie die Griechen in Mikligard sehen, mit ihren langen Seidengewändern und ihrem verwässerten Wein, denken Sie sich, die könnten nicht mal eine Schlägerei in der Kneipe anfangen, geschweige denn ein Großreich beherrschen. Ihr sagenhafter Reichtum hilft ihnen da: Sie können sich die besten Söldner aus allen vier Himmelsrichtungen leisten. Außerdem sind diese saftlosen Städter keine typischen Griechen. Nur gut, dass sie nicht für den Schutz der Stadt zuständig sind. Die meisten Griechensoldaten werden in Kleinasien auf der anderen Seite des Bosporus angeworben. Das ist ein hochgelegenes Bergland, eiskalt im Winter und glühend heiß im Sommer, und es bringt harte Männer hervor.

Noch wichtiger: Mikligard hat die stärksten Mauern der Welt. Es liegt von Natur aus leicht zu verteidigen auf einer Halbinsel mit dem Bosporus auf der einen Seite und einem langen, wettergeschützten Hafen, der das Goldene Horn heißt, auf der anderen. Zu Kriegs-zeiten wird eine Eisenkette vor den Hafeneingang gespannt, um feindliche Schiffe draußen zu halten. Der Zugang von Land wie von See wird durch massive Steinmauern geschützt, auf deren starken Türmen mächtige Katapulte stehen. Die Landmauern sind überwältigend; man muss sich gleich durch drei hintereinander vorarbeiten. Die Waffe, die eine Bresche in sie schlagen kann, muss erst noch erfunden werden.

Dank seiner starken Mauern braucht Mikligard nur eine kleine Garnison. Der Rest der Griechenarmee steht an den Grenzen. Fußsoldaten und Kavallerie sind im griechischen Heer ungefähr gleich wichtig und sind gleichermaßen gut bewaffnet und gerüstet. Die griechischen Soldaten tragen ungewöhnliche Schuppenpanzer, die aussehen wie die Haut einer Riesenschlange. Man macht sie aus Eisenplatten, die mit Lederriemen verbunden werden. Die Fußsoldaten kämpfen in Schlachtordnungen, die unserem Schildwall sehr ähnlich sind. Ihre Rolle in der Schlacht ist es, die feindliche Aufstellung in Kämpfe zu verwickeln, während die Kavallerie sie überflügelt und anschließend umzingelt. Wenn Sie je gegen einen griechischen Schildwall zu kämpfen haben, achten Sie darauf, dass Ihnen jemand den Rücken deckt. Die schwere griechische Kavallerie, Kataphrakte genannt, ist ein besonderer Anblick. Von Kopf bis Fuß sind diese Reiter mit Ketten- und Schuppenpanzer geschützt, sodass man von ihnen nur die Augen sieht. Sogar ihre Pferde tragen Schabracken aus Metallschuppen, also kann man sie mit Pfeilen oder Speeren nicht so leicht zu Fall bringen. Schnell sind sie nicht, dafür mit all dem Metallgewicht aber schwer aufzuhalten, wenn sie einmal in Schwung kommen.

Die griechische Armee ist unter den Problemen, die auf einen Wikinger warten, noch das kleinste: Die griechische Flotte ist die stärkste der Welt. Griechische Kriegsschiffe heißen Dromonen und sind einem Langschiff im Kampf mehr als ebenbürtig. Wie ein Langschiff wird auch eine Dromone sowohl mit Rudern als auch mit Segeln angetrieben. Sie hat zwei Masten und an jedem ein dreieckiges Segel. Diese Segelform erlaubt es einem Schiff, viel höher an den Wind zu gehen als mit dem Rahsegel eines Wikingers. Die kleinsten Dromonen haben hundert Ruderer; je fünfzig sitzen auf einer Seite in zwei Bankreihen, eine über der anderen. Die richtig großen haben zweihundert Ruderer in ähnlicher Anordnung. Zusätzlich können Dromonen bis zu hundert Soldaten befördern. Holztürme, die vor den Masten aufgestellt sind, tragen starke Katapulte.

Schlimmer noch – im Bug haben die Dromonen furchtbare Maschinen, die wie Blasebälge schnaufen und flüssiges Feuer speien. Das Rezept dieses „Griechischen Feuers“ ist ein gut gehütetes Geheimnis. Es kann ein Schiff und dessen Besatzung in wenigen Augenblicken verbrennen und ist so heiß, dass es sogar das Meer selbst in Brand steckt.

Die Griechen vernichten während des erfolglosen Angriffs der Rus auf Mikligard 941 ein Langschiff mit flüssigem Feuer. Abwehrmittel wie dieses machen Überfälle auf Mikligard zu einer unattraktiven Option.

Das Griechische Feuer

941 wurde den Rus-Wikingern ein heißer Empfang bereitet: Griechisches Feuer ...

„Der Kaiser Romanos ließ die Schiffsbauer zu sich kommen und sprach zu ihnen: ‚Setzt eilig und ohne Verzug die zurückgelassenen Galeeren instand. Außerdem setzt die Feuerwerfer nicht nur in den Bug, sondern auch ins Heck und auf die Breitseiten.' Als die Galeeren seinen Anweisungen gemäß ausgerüstet waren, bemannte er sie mit seinen kundigsten Männern und befahl ihnen, König Igor eine Schlacht zu liefern ... Der gnädige und barmherzige Herr, der seine Diener, die zu ihm beten und seine Hilfe erflehen, nicht nur retten, sondern ihnen auch die Ehre des Sieges zuteilwerden lassen wollte, ließ das Meer windstill werden. Denn sonst hätten die Griechen große Mühe gehabt, ihr Feuer zu schleudern. Als ihre Galeeren von den Rus umzingelt waren, begannen sie ringsum ihr Feuer zu werfen. Da die Rus das sahen, stürzten sie sich in Eile von den Schiffen ins Meer, denn sie wollten lieber in den Wellen versinken als im Feuer verbrennen. Einige wurden durch das Gewicht ihrer Panzer und Helme auf den Grund des Meeres hinabgezogen und nie wieder gesehen, andere aber wurden schwimmend sogar in den Fluten des Meeres vom Feuer erfasst; und keiner entkam an jenem Tag außer jenen, die sich durch die Flucht ans Ufer retteten. Denn ihrer Kleinheit wegen können die Rus-Schiffe auch dort fahren, wo ganz seichtes Wasser ist, was die griechischen Galeeren wegen ihres Tiefgangs nicht tun können."

LIUTPRAND VON CREMONA, *Antapodosis (Die Vergeltung)* 5,15

Gegen Griechisches Feuer gibt es keine Abwehr: Verbrennen Sie mit Ihrem Schiff oder springen Sie über Bord und ertrinken Sie, das hängt alles davon ab, ob Sie lieber einen heißen oder einen nassen Tod sterben. Die Wikingerflotte, die 941 Mikligard angriff, wurde mit dieser Waffe vollständig vernichtet. Wenn Sie entkommen wollen, steuern Sie Flachwasser an, wohin die Dromonen mit ihrem größeren Tiefgang Ihnen nicht folgen können.

Hüten Sie sich auch vor der durchtriebenen Verhandlungskunst, mit der die griechischen Kaiser ihre Feinde anstiften, einander zu bekriegen. Auf diese Art kam der Rus-König Swjatoslaw vor zwanzig Jahren um. Während er griechische Lande verheerte, sorgte der Kaiser dafür, dass die nomadisch lebenden Petschenegen ihn in einen Hinterhalt lockten, als Swjatoslaw auf dem Heimweg war.

Spanien und das Mittelmeer

Wertung: *

Die Nordmänner drangen auf der Garonne bis Toulouse vor und plünderten ungestraft das Land nach allen Seiten; von hier aus landeten einige (... im) entfernteren Teil Spaniens, gerieten dort in lange und schwere Kämpfe mit den Sarazenen und mussten schließlich, von diesen besiegt, auf ihre Schiffe zurückkehren.

Annalen von St.-Bertin zum Jahr 844

Lage: Spanien liegt weit südlich von England, jenseits des Frankenreiches. Es bewacht die Einfahrt ins Mittelmeer, das man ansonsten über Land auf dem Weg durch Gardariki erreicht.
Einwohner: Dunkelhäutige Mauren im Süden, Christen mit hellerer Haut im Norden.
Schlüsselressourcen: Essen und Trinken, Schätze im Überfluss

Gut gemacht, wenn Sie es so weit geschafft haben! Spanien wird von den Mauren beherrscht, einem dunkelhäutigen Volk, das auch Nordafrika kontrolliert. Die Mauren hängen der muslimischen Religion an und liegen oft im Krieg mit den christlichen Reichen, die den Norden des Landes regieren. Córdoba, die Hauptstadt der Mauren, ist fast ebenso groß und reich wie Mikligard, und Spanien besitzt noch viele andere reiche Städte, besonders im Süden. Das Klima ist warm und sonnig. Weizen, Öl und Wein gibt es in Hülle und Fülle. Wo kann da schon der Haken sein?

Der ist leider ganz groß. Spaniens Reichtum hat schon oft plündernde Wikinger angelockt, aber in den meisten Fällen haben sie gegen die Mauren schwere Verluste erlitten. Was sich über den Reichtum Spaniens sagen lässt, trifft viel stärker für die Länder rund ums Mittelmeer zu. Dennoch haben nur einmal Wikinger das Mittelmeergebiet überfallen. Das war zwischen 859 und 862, und obwohl der größte aller Wikingerführer, Hastein, das Kommando hatte (siehe Kapitel III), gingen zwei Drittel aller Schiffe verloren. Der sicherste Weg zum Profit führt in diesen Landen über den Sklavenverkauf an die Mauren, denn die sind stets darauf aus, hellhäutige Jungen und Mädchen zu kaufen.

Wie schwer ist das Plündern?

Die Mauren haben ein großes, gut organisiertes Berufsheer aus Fußsoldaten und leichter Kavallerie. Das erlaubt ihnen eine schnelle Reaktion auf jede Bedrohung. Speer und Bogen sind die Hauptwaffen der Fußsoldaten, während sich die Reiterei auf den Wurfspeer verlässt.

Ein maurischer Bogenschütze und ein Reiter, beide im Kettenpanzer. Maurische Soldaten sind Berufskrieger auf Vollzeitbasis und geben ernst zu nehmende Gegner ab.

Jeden Monat stellen die königlichen Waffenschmieden 20 000 Pfeile her, rechnen Sie also damit, dass Sie am Ende jedes Gefechts mit den Mauren wie ein Igel aussehen. Sowohl die Infanterie als auch die Kavallerie verwendet zusätzlich leichte Schwerter mit gerader Klinge, trägt Ketten- oder Schuppenpanzer und Eisenhelme. Die besten Krieger der Mauren sind die Mamluken. Das sind Sklaven, die üblicherweise schon als Kinder gekauft und als Krieger aufgezogen worden sind; anders als unsere Sklaven sind sie aber geachtet und können zu Wohlstand und Einfluss kommen. Ihre Städte schützen die Mauren durch Türme und Mauern aus Stein, auf denen Steinwurfmaschinen stehen, und es gibt viele Burgen mit kopfstarken Garnisonen entlang der Küsten, die Piraten abschrecken sollen.

Für Wikinger ist es schwer, ins Mittelmeer einzulaufen, teils wegen der starken maurischen Flotte und teils aus geographischen Gründen. Um durch das Westmeer ins Mittelmeer zu gelangen, müssen alle Schiffe die Meerenge von Narvesund passieren, die nur neun Meilen breit ist. Das macht es für eine Plündererflotte so gut wie unmöglich, unentdeckt und ohne Attacke der maurischen Galeerenflotte durchzuschlüpfen. Diese Galeeren sind wie griechische Dromonen gebaut und haben sich im Kampf den Wikingerlangschiffen stets überlegen gezeigt. Zum Glück kennen die Mauren nicht das Geheimnis des Griechischen Feuers. Wenn eine Wikingerflotte je wieder ins Mittelmeer durchkommt, wird sie reiche Ernte machen, aber hinterher muss sie auch wieder hinauskommen, vorbei an einem Feind, der vorgewarnt ist und wartet – noch dazu höchstwahrscheinlich voller Rachsucht!

VII Das Leben auf Heerzügen

> Wer vorhat, das Leben oder die Habe eines anderen zu nehmen, sollte früh aufstehen.
>
> *Hávámál*

Heerfahrten sind nicht bloß Kämpfe und Beutemachen. Sie bestehen nicht einmal hauptsächlich aus Kämpfen und Beutemachen. Viel mehr Zeit werden Sie damit verbringen, im Lager zu hocken und über Kämpfe und Beutemachen zu reden, als damit, beides auch wirklich zu tun. Oder Sie werden sich auf der Straße aufhalten, nassregnen lassen, wunde Füße vom Marschieren und, wenn Sie Glück haben, einen wunden Hintern vom Reiten holen. Und Kohldampf schieben. Es ist leicht, den Unterschied zwischen einem Grünschnabel von Wikinger und einem Veteranen zu erkennen. Ein Anfänger bricht ein Haus auf und sucht nach Schätzen. Ein Veteran bricht ein und sucht nach der Speisekammer. Nur wenn das Heer sicher, gut versorgt und vor allem satt ist, kann es effektiv kämpfen und plündern.

Wahrscheinlich hat ein Krieger einige tatenlose Momente im Lager damit verbracht, diese mitreißende Ansicht einer großen Wikingerflotte einzuritzen, die an einer Feindesküste auf den Strand gezogen liegt.

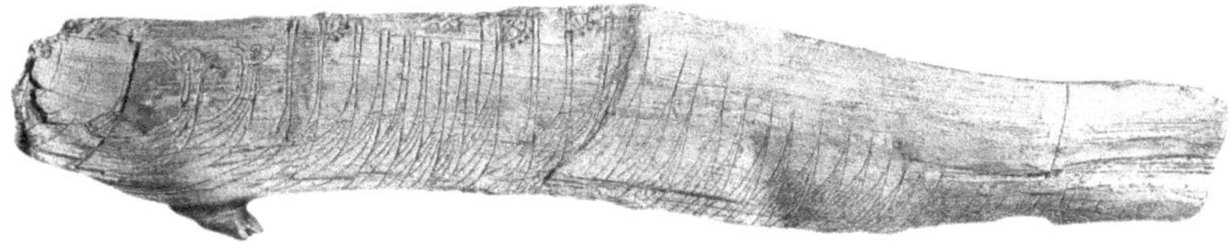

Die Planung

Gute Aufklärungsarbeit ist entscheidend für den Erfolg eines Heerzugs. Berücksichtigen Sie die politische Lage im Zielgebiet. Verbannte, hochrangige Ex-Geiseln und Händler sind für Informationen dieser Art durchweg gute Quellen. Politische Probleme, etwa Thronfolgestreitigkeiten, und Bürgerkriege laden dazu ein, sie auszunutzen. Christen kann man oft überrumpeln, wenn man sie während einer religiösen Festzeit angreift. 842 nahmen norwegische Wikinger Nantes beinahe kampflos ein, weil die ganze Stadt das christliche Fest St. Johannes' des Täufers beging und niemand Wache hielt.

Suchen Sie sich einen freundlichen Händler: Diese Leute besitzen aktuelles Wissen über die besonders blühenden Handelszentren, deren Schutz und die Wege dorthin. Händler wissen außerdem Bescheid, ob die letzte Ernte reichlich oder eine Enttäuschung war. Meiden Sie Gebiete, in denen der Hunger wütet, denn dort ist es unmöglich, sich aus dem Land zu ernähren. Hunger war es, nicht so sehr feindlicher Widerstand, der 892 dem letzten großen Wikingerzug im Frankenreich ein Ende setzte.

Versäumen Sie es nicht, den Rat der Götter einzuholen. Das geschieht normalerweise, indem man Lose wirft. Nehmen Sie einen Obstbaumzweig und brechen Sie ihn in kurze Stöcke auseinander. Markieren Sie die Stöcke mit Kerben und werfen Sie sie dann auf ein ausgebreitetes Tuch. Anschließend muss ein Priester drei der Stöcke zufällig auswählen, und je nachdem, welche Art Kerben er darauf sieht, antwortet er auf die Frage, die Sie ihm stellen, mit ja oder nein. Wenn die Vorzeichen schlecht sind, sollte man seine Pläne auf alle Fälle

Tipp: Hörner dienen als Signalgeber auf See, auf Heerzügen und in der Schlacht. Prägen Sie sich die Unterschiede zwischen den Tönen für Landen und Ablegen, den Griff zu den Waffen, den Rückruf von Plündererscharen, den Beginn der Schlacht, Vorrücken und Rückzug ein.

Der einäugige Odin (links), der hammerschwingende Thor (Mitte) und der Fruchtbarkeitsgott Freyr (rechts). Unterlassen Sie es nie, auf Kriegszügen die Götter um Rat zu fragen. Besonders Odin ist weise und kann Sie viel lehren.

ändern, weil es die Götter nicht schätzen, wenn Menschen ihnen trotzen. Ein Dänenheer, das um 831 die Absicht hatte, das schwedische Handelszentrum Birka einzunehmen und zu plündern, änderte seine Pläne, nachdem ein Wahrsager das Los geworfen und verkündet hatte, die Götter seien dagegen. Als die Dänen fragten, wohin sie stattdessen ziehen sollten, wurden sie angewiesen, eine Stadt in Wendland zu plündern. Die Wenden waren auf den Angriff nicht gefasst und die Dänen kehrten mit beutebeladenen Schiffen heim, was zeigt, wie weise es ist, wenn man Vorzeichen ernst nimmt.

Schaufel nicht vergessen!

Beute machen allein reicht nicht. Wenn Sie sie haben, müssen Sie sie auch behalten, schließlich werden die früheren Besitzer wahrscheinlich versuchen wollen, sie wiederzubekommen. Aus diesem Grund ist der Bau von Befestigungen eine unerlässliche Fertigkeit für einen Wikinger.

Wenn eine Beuteflotte das erste Mal landet, ankert sie in sicherem Abstand vor der Küste, während Spähtrupps an Land geschickt werden, um festzustellen, ob und wo feindliche Truppen sind. Das

Ein Wikingerlager, das der Dänenkönig Harald Blauzahn im jütländischen Fyrkat erbaut hat. Erwarten Sie nicht, dass die Lager, die Sie auf Heerzügen bauen, so schick und ordentlich aussehen.

Erste, was nach der Landung in Feindesland geschieht, ist der Lagerbau. Schiffe sind, sobald das Heer von Bord ist, eine Schwachstelle und müssen geschützt werden. Man kann sie nicht einfach am Strand liegenlassen. Schiffe sind wertvoll, und wenn der Feind kann, stiehlt er sie oder verbrennt sie, wenn er zum Stehlen nicht Zeit oder genug Leute hat. Dann sitzen Sie fest. Während eines Strandhögg (siehe Kapitel VIII) muss man immer ein paar Leute abstellen, um die Schiffe zu bewachen, während ein anderer Teil plündert. Eine größere Streitmacht, die eine Saison oder länger ins Feld ziehen will, baut immer ein kleines Fort zum Schutz ihrer Schiffe, der Beute und der Vorräte sowie als Rückzugsort für das Heer in Notfällen, wenn das Lager angegriffen wird. Langschiffe können wenig Vorräte tragen, organisieren Sie also umgehend Trupps zum Fouragieren, um Proviant aufzutreiben.

Vielleicht müssen Sie mehrere Monate lang im Lager leben, also suchen Sie sich einen wettergeschützten Ort, von dem das Wasser gut abläuft. Ideal ist es ein Stückchen flussaufwärts an einer sturmsicheren Mündung: nahe genug am offenen Meer, dass Sie es gleich erreichen können, falls Sie schnell weg müssen, aber doch nicht so nahe, dass eine feindliche Flotte überraschend über Sie herfallen kann. Achten Sie außerdem auf das Umfeld des Lagers. Hastein baute sein Fort im Jahr 892 an den Ufern des Milton Creek im Norden von Kent. Von dort konnte er das üppige Ackerland von Kent bedrohen, nach Westen die Themse hinauffahren, über deren Mündung nach Ostanglien übersetzen oder, wenn es schlimm kam, ostwärts ins Frankenland segeln. Und am Ende kam es ja schlimm.

Befestigungen müssen gar nicht mächtig sein. Ein schlichter u-förmiger Erdwall, der zum Wasser hin offen ist, mit einem vorgelagerten Graben und Palisaden auf der Oberkante reicht aus, um einen Blitzangriff auf die Schiffe zu verhindern. Wenn man angespitzte Äste in den Wall steckt, ist das ein Extraproblem für Angreifer. Es ist wichtig, dass die Länge Ihrer Wälle zur Anzahl der Männer passt, die sie verteidigen können. Eine Formel, die die Engländer benutzen, rechnet mit einem Mann, um je 1,20 Meter Mauer zu verteidigen – das ist etwa dasselbe, was Sie für einen Schildwall rechnen würden. Wenn die

Bauern dieser Gegend nicht alle geflüchtet sind, zwingen Sie sie, die Graberei für Sie zu erledigen. Inseln in einem Fluss sind ebenfalls ein guter Tipp; sie müssen nicht einmal befestigt werden. Olaf hat letzten Sommer die Insel Northey in der Mündung des Blackwater als Stützpunkt seines Heeres genutzt und alles ist für ihn richtig gut gelaufen.

Wenn es absehbar ist, dass die Armee länger als einen Sommer am selben Ort ihr Lager haben wird, wie das für Wikingerheere in Irland oft der Fall war, lohnt es sich, etwas mehr Zeit und Mühe der einheimischen Bauern in den Bau einiger anständiger Häuser für den Winter und in den Ausbau der Schutzwälle des Lagers zu stecken; man verkleidet den Erdwall mit Rasenstücken oder mit Holz. Und nur keine Gewissensbisse: Die Grundherren behandeln die Leute schließlich auch nicht besser. Niemand nimmt Rücksicht auf Bauern – deswegen sind Sie ja Wikinger geworden, schon vergessen? Sollten Sie die Wälle nach ein, zwei Jahren nicht neu bauen wollen, härten Sie die Spitzen aller Pfähle, die in die Erde getrieben werden sollen, im Feuer. Das schützt sie gegen Fäulnis.

Eine angemessene Größe für die Besatzung festzulegen, die Sie im Lager lassen, wenn die Armee auf ihren sommerlichen Raubzug geht, ist knifflig. Viele Freiwillige wird es dafür auch nicht geben, weil allen, die dableiben, der ganze Plünderspaß entgeht. Lassen Sie zu viele da, dann riskieren Sie, das Feldheer zu schwächen. Zu wenige bedeutet, dass der Feind Ihr Lager stürmen und Ihre Schiffe erobern kann, dazu alle Beute und alle Gefangenen, die Sie dort gelassen haben. Sogar die besten Anführer können das falsch machen. Hastein verlor alles, seine Familie inklusive, als Alfreds Männer 893 sein Lager in Ostanglien einnahmen.

Unter manchen Umständen kann es sich lohnen, die Schiffe aufzugeben. Die Dänen, die 865 in England einfielen, hatten nicht vor, heimzufahren, und konzentrierten sich ganz darauf, Land zu erobern. Auch wenn ein Heer seine Schiffe einbüßt, ist nicht alles verloren. Die Wikinger, die 891/892 das Frankenreich überfielen, ließen ihre Schiffe in Flandern zurück, zwangen aber einfach die Franken, ihnen neue zu geben, als sie sich zur Weiterfahrt nach England entschlossen.

Tipp: Schützen Sie sich vor Fußmüdigkeit auf dem Marsch, indem Sie Beifuß (Wilden Wermut) in Ihre Schuhe stecken. Das hilft böse Geister und auch wilde Tiere fernzuhalten.

Trocken bleiben

Durchnässt und kalt zu sein ist schlecht. Wenn der Bauer in seinem Zuhause unter Dach kommen kann, muss der Krieger auf einem Feldzug vielleicht tagelang im Freien bleiben; nehmen Sie also einen guten Mantel mit. Seehundhaut ist das beste Material, aber sehr teuer. Mäntel aus gefettetem Leder sind ebenfalls sehr wirksam, aber die Nähte müssen ständig nachgefettet werden, wenn sie das Wasser abhalten sollen. Ein Mantel aus roher, also ungewaschener und ungefärbter Wolle enthält natürliche Öle, die ihn stark wasserabweisend machen, aber im Dauerregen wird er sehr schwer. Regelmäßige Pflege mit Öl oder Fett hält die Schuhe wasserdicht. Am undurchlässigsten sind Schuhe und Stiefel aus Seehundfell.

Modische Lederschuhe, von den besten Wikinger-Handwerkern gefertigt. Toll aussehen tun sie ja, aber bei nassem Wetter halten sie Ihre Füße nicht lange trocken.

Winterpausen

Im Winter hören die Kriegszüge normalerweise auf. Das Wetter ist schlecht, die Straßen haben sich in Matsch verwandelt und es gibt kein frisches Gras, das die Pferde gesund hält. Einen Winter kann ein Heer nicht in undichten Zelten oder improvisierten Hütten überstehen: Kälte, Hunger und Seuchen vernichten eine Armee ebenso gründlich wie eine verlorene Schlacht. Wenn Sie nicht schon samt Ihrer Beute heimgezogen sind, wird es Zeit, ein bequemes Winterquartier zu finden. Erobern Sie am besten eine feindliche Feste oder eine Stadt, wo es bereits Häuser und eine Befestigung gibt. Falls Schutzwälle fehlen, bauen Sie eben welche, wie es die Dänen 880 in Nimwegen und 891 in Löwen getan haben. Ein Angriff ist unwahrscheinlich, weil auch der Feind in der Regel seine Truppen den Winter über entlässt, aber werden Sie nicht leichtsinnig. Beinahe hätte Guthrum durch einen Angriff im Januar 878 Wessex erobert, als Alfred dachte, die Dänen säßen sicher in ihren Winterquartieren am Feuer. Halten Sie Waffen und Rüstung bereit – und scharf –, falls Sie sie auf die Schnelle brauchen.

> Im Februar wurde ein Heer der Ostfranken gegen die Nordmänner geschickt, die in Gallien vor Paris standen. ... Als sie aber dort ankamen, hatten die Nordmänner, die mit allem in ihren Verschanzungen reich versehen waren, weder Lust noch Mut, mit ihnen handgemein zu werden.
>
> *Fuldaer Annalen zum Jahr 886*

Gleich nach der Sicherheit und dem Schutz vor der Witterung kommt als dringendstes Problem für ein plünderndes Heer im Winter die Beschaffung von genug Vorräten. Männer, die auf einem Kriegszug sind, müssen gut zu essen haben, um schlagkräftig zu bleiben. Praktisch gesehen heißt das, dass ein tausend Mann starkes Heer rund 2000 Pfund Brot, 1000 Pfund Fleisch und (mindestens) 1100 Liter Bier bekommen muss, Tag für Tag.

Kleine Kriegshaufen und sogar große Heere, wenn sie nur marschieren, können im Sommer leicht von der Gegend leben, die sie durchqueren. Ohne kluges Haushalten kann jedes Heer, das im Winter sechs Monate lang am selben Fleck bleibt, sehr schnell alle örtlichen Lebensmittelvorräte aufbrauchen und hungern müssen. Das passierte Halfdans Männern, als sie 871 in Reading überwinterten. Die Fouragetrupps der Wikinger mussten immer weiter und weiter ausschwärmen und jubelten beim Entdecken eines Beutels Saatgetreide ebenso sehr, wie sie im Sommer zuvor den Fund eines ganzen Sacks Silber gefeiert hätten. Die Männer aus Wessex ließen sie dafür bitter büßen, denn sie schickten Reiterscharen aus, die das Land durchstreiften und die verstreuten Proviantsucher niedermachten.

Grundlegende Vorsichtsmaßnahmen

- Beziehen Sie kein Winterquartier in einem Gebiet, das Sie im Sommer schon verwüstet haben. Wenn Sie ganze Arbeit geleistet haben, gibt es da nicht mehr viel zu essen.
- Gute Aufklärung ist lebenswichtig. Haben die Grundherren und die Kirche erst einmal ihre Pacht und ihren Zehnten eingetrieben, haben die ansässigen Bauern für den Winter keine großen Nahrungs-reserven. Finden Sie die Orte heraus, wo Grundherren und Kirche ihren so üppigen wie unverdienten Ernteanteil lagern, und nehmen Sie sie ein.

Tipp: Niemand sollte sich auf dem Marsch auch nur einen Schritt weit von seinen Waffen entfernen – Sie wissen nie, wann Sie Ihren Speer brauchen. (Der Tipp kommt von Odin und steht im *Hávámál*.)

Odin mit Schwert und Speer

- Bieten Sie Kaufleuten freies Geleit, falls sie zu Ihnen kommen, um Handel zu treiben. Die traditionelle Art, das zu tun, besteht darin, einen Schild auf einer Stange hochzuhalten und die Lagertore zu öffnen.
- Im Lauf der Zeit müssen die Proviantrupps sich weiter und weiter vom sicheren Winterquartier entfernen, um Vorräte zu finden. Stellen Sie sicher, dass die einzelnen Gruppen groß genug sind, um sich wehren zu können, falls sie einem feindlichen Kampftrupp über den Weg laufen.
- Das Heer weit über das Land zu verteilen, macht die Verproviantierung einfacher, hat aber offensichtlich seine Risiken. Wenn Sie das tun, müssen Sie ganz sicher sein, dass der Feind keinen Überraschungsangriff unternehmen kann.

Pferde

Nicht überall kommt man leicht mit dem Schiff hin. Das Reisen über Land ist viel langsamer als der Wasserweg, besonders wenn Sie gezwungen sind, zu Fuß zu gehen. Bei feuchtem Wetter verbringen Sie die meiste Zeit damit, im Schlamm herumzuwaten. Weil Schnelligkeit für erfolgreiche Wikingerüberfälle so ziemlich das Wichtigste ist, darf das so nicht gehen. Für alles, was über einen schnellen Überfall in Meeresnähe mit anschließender Flucht hinausgeht, brauchen Sie eindeutig Pferde.

Es ist zwar möglich, ein Pferd auf ein Langschiff zu bekommen, aber die Tiere geben keine guten Seeleute ab, beim Rudern können sie auch nicht helfen und lassen für alle anderen kaum Platz übrig. Eines der Dänenheere, das 892 vom Frankenreich nach England übersetzte, nahm seine Pferde mit, doch das war auf der ganz kurzen Überfahrt von Boulogne bis nach Kent, weniger als eine Tagesreise unter Segeln. Leichter und deutlich billiger ist es, sich bei der Ankunft an Ihrem Reiseziel Pferde zu besorgen. Die Einheimischen sind normalerweise (relativ) froh, Ihnen die nötigen Pferde zu schenken, ohne dass es dazu besonders viel handgreifliche Überzeugungsarbeit braucht. Meistens hoffen sie ja, dass Sie die Pferde nehmen, um schnell weiterzureiten und

Pferde werden an einer feindlichen Küste ausgeladen. Zwar verleihen Pferde einem Heer die lebenswichtige Beweglichkeit an Land, sind aber nur schwer über weite Strecken per Schiff zu transportieren. Normalerweise beschafft man sie besser an Ort und Stelle.

jemand anderen zu plündern. Wiederkommen und ganze Arbeit machen können Sie schließlich immer noch. So hielten es Ivar und seine Dänen, als sie 865 in England einfielen. Nachdem sie den Winter in Ostanglien verbracht hatten, zwangen sie die Ostangeln, ihnen Pferde zu stellen. Die hofften, sie wären sie los, als die Dänen davonritten, um Mercien und Northumbrien anzugreifen. Falsch gedacht: Drei Jahre später kamen die Dänen wieder und richteten sich häuslich ein.

Ganz wesentlich ist, dass Sie immer daran denken, dass es leichter ist, hinein- als wieder herauszukommen. Wenn Sie sich auf den Heerzug aufmachen, bewegen Sie sich viel schneller fort, als Sie das auf dem Rückweg tun werden. Falls alles gut läuft, sammeln Sie die ganze Zeit Beute ein. Münzen, Silbergeschirr und Ähnliches lassen sich leicht in Säcke stecken und auf Pferde oder Karren packen, aber zu Ihrer wertvollsten Beute werden sicher auch Gefangene zählen. Die laufen zu Fuß und haben es zum Sklavenmarkt gar nicht eilig. Even-

Tipp: Wenn Sie die Wahl haben, nehmen Sie besser kein Pferd mit heller Fellfarbe: Man sieht es zu leicht, falls Sie im Dunkeln reiten.

tuell braucht es einiges an sanfter ‚Nachhilfe', damit sie in Bewegung bleiben, und man muss sie ständig bewachen, um sicherzugehen, dass sie keinen Fluchtversuch unternehmen. Zweifellos legen Sie sich außerdem Vieh zu, um Vorräte zu haben.

Am Ende eines Raubzugs ist die ganze Gegend in voller Alarmbereitschaft, und falls Sie den Feind noch nicht zur Schlacht gezwungen und besiegt haben, hat er reichlich Zeit gehabt, seine Kräfte zu sammeln. Rauch, der von brennenden Bauernhöfen aufsteigt, zeigt ihm genau, wo Sie gerade sind, und wenn der Feind nicht sagenhaft blöd ist, weiß er auch genau, wo Sie Ihre Schiffe gelassen oder Ihr Winterlager gebaut haben, also weiß er zusätzlich, wo Sie hinwollen. Mit anderen Worten: Sie haben den Vorteil des Überraschungsmoments und der taktischen Beweglichkeit verloren, den Sie zu Beginn Ihres Heerzuges hatten, und damit sind Sie jetzt viel verwundbarer. Wenn Ihnen eine überlegene Streitmacht entgegentritt, ist es besser, Ihre Beute aufzugeben und wegzulaufen, als zu kämpfen und zu verlieren: Während der Feind damit beschäftigt ist, Ihre Beute zu ‚retten', haben Sie reichlich Zeit zur Flucht. Es gibt ja auch noch ein nächstes Jahr.

Frauen

Als Kriegerinnen kämpfen Frauen nur in den Sagas, aber kein Heer kommt so leicht ohne sie aus – und das nicht nur, weil sie einen Mann nachts warmhalten. Viele Krieger nehmen ihre Frauen, ja sogar ihre Kinder mit ins Feld, und viele andere legen sich unterwegs Frauen, Konkubinen und Sklavenmädchen zu.

Falls Frauen überhaupt je eine Last für ein Heer sind, dann nur insofern, als sie beschützt werden müssen. Frauen sind es, die die meisten Haushaltsarbeiten erledigen, dank denen das Lagerleben erst erträglich wird: Sie kochen und brauen Bier, waschen und flicken Kleider, helfen den Männern beim Baden und Anziehen, pflegen die Kranken und behandeln die Verwundeten – wodurch die Männer die freie Zeit für den Kampf und die Nahrungssuche bekommen oder auch einfach nur zum Herumsitzen, Reden und Biertrinken.

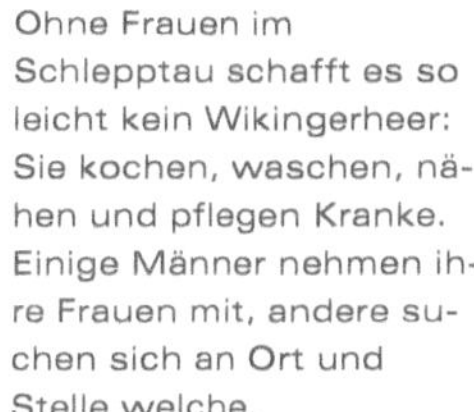

Ohne Frauen im Schlepptau schafft es so leicht kein Wikingerheer: Sie kochen, waschen, nähen und pflegen Kranke. Einige Männer nehmen ihre Frauen mit, andere suchen sich an Ort und Stelle welche.

Außerdem können Frauen die Männer dazu bringen, dass sie aus Scham härter kämpfen – niemand möchte gern, dass die Frau an seiner Seite ihn für einen Feigling hält. Als Wikinger, die 885 Paris angriffen, von den Mauern wegliefen und sich wegen der Stärke der Gegenwehr aus Verzweiflung die Haare rauften und weinten, da brachten die höhnischen Rufe der Frauen sie dazu, es noch einmal zu probieren.

Persönliche Hygiene

Die Wikinger sind stolz auf ihren Ruf, reinlich und gut gepflegt zu sein. Ins Feld zu ziehen ist keine Entschuldigung fürs Verwahrlosen – enttäuschen Sie die englischen Mädchen nicht, die finden Wikinger viel attraktiver als ihre eigenen müffelnden, ungewaschenen Kerle. Waschen Sie sich, wenn möglich, jeden Morgen.

> Gekämmt und gewaschen sollte jeder Mann sein
> Und am Morgen gesättigt;
> Denn man kann nicht vorhersehen, wo man am Abend sein wird.
> *Reginsmál*

Baden Sie einmal pro Woche, ob Sie es nötig haben oder nicht. Vergeuden Sie kein Warmwasser – überlassen Sie es einem anderen, wenn Sie fertig damit sind. Packen Sie einen feinzinkigen Kamm aus Bein ein

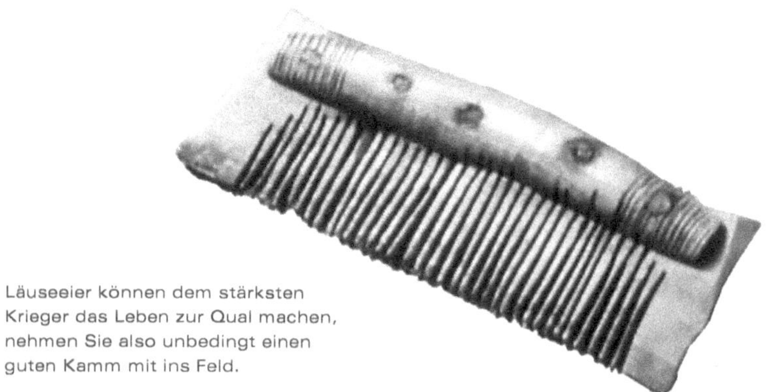

Läuseeier können dem stärksten Krieger das Leben zur Qual machen, nehmen Sie also unbedingt einen guten Kamm mit ins Feld.

und gebrauchen Sie ihn täglich, um Ihr Haar ordentlich und nissenfrei zu halten. Lassen Sie Ihre Kleider regelmäßig reinigen. Sollte Ihre Frau nicht mit dabei sein, finden Sie Ersatz, und zwar flott.

Seuchen verbreiten sich in Feldlagern rasch und raffen oft mehr Männer dahin als die Kämpfe. Der größte Killer ist die Rote Ruhr. Niemand ist je nach Walhalla gekommen, indem er an massivem Durchfall gestorben ist – nur zur Sicherheit, falls Ihr Heer keine Heilerin hat, ein paar Worte, wie Sie die Krankheit behandeln. Zunächst einmal geben Sie dem Patienten Saft aus Wildem Kohl zu trinken und eine Brühe aus Erbsen, Essig und Lauch zu essen – oder aber eine Mischung aus Lauch, Wegeblatt (Breitwegerich), altem Käse, Ziegenmilch und Ziegenfett. Wenn der Patient auf dem Weg der Besserung ist, lassen Sie ihn gebratenen Käse und trockenes Brot essen und Rosenwasser sowie sauren Wein trinken, bis er völlig wiederhergestellt ist.

Zeitvertreib

Das Lagerleben kann öde sein. Trinken, Sklavenmädchen und Gespräche sind Ihre Normalunterhaltung – so wie zu Hause. Halten Sie sich für den Kampf in Hochform, indem Sie Wettkämpfe im Ringen, Schwertkampf, Speerwerfen und Bogenschießen organisieren. Jedes Heer, das ein König oder ein Jarl anführt, hat wahrscheinlich einen Skalden dabei, der die Krieger unterhält und Verse schmiedet, die die Tapferkeit seiner Gönner rühmen. Bälle für eine ruppige Partie *knattleitr* sind aus Holz oder Leder schnell gemacht. Würfel nehmen im

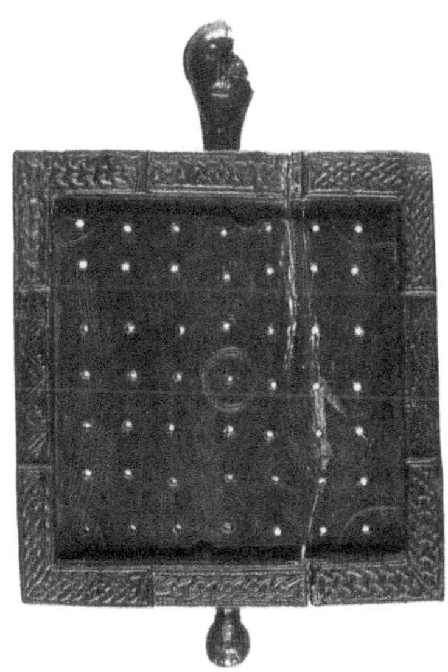

Ein hochwertiges *hnefatafl*-Brett; Sie können aber Platz im Gepäck sparen, indem Sie einfach eins auf ein Brett oder einen flachen Stein kratzen, wenn Sie es brauchen.

Gepäck keinen Platz weg. Ein *hnefatafl*-Brett kann man leicht auf eine Holzplanke oder einen flachen Stein kritzeln, wobei so gut wie alles als Spielstein dienen kann.

Stets beliebt sind Wetten auf den Ausgang von Würfelspielen, Brettspielen, Ballspielen, Pferdekämpfen, Trinkgelagen und höchstwahrscheinlich sogar, welche von zwei Fliegen schneller den Bug eines Langschiffs hochkrabbelt. Vorsicht vor schlechten Verlierern und Betrügern (zum Beispiel mit falschen Würfeln). Der Streit um ein Glücksspiel artet oft in Gewalttätigkeiten aus und kann Freundschaften beenden. So mancher Krieger ist von einem erfolgreichen Heerzug mit leeren Händen nach Hause gekommen, weil er nicht wusste, wann er mit dem Glücksspiel hätte aufhören müssen.

Sicherheit

Seine Wertsachen im Feld sicher aufzuheben, kann zum Problem werden. Das ist einer der Gründe, weshalb man den Armreif erfunden hat: damit Krieger ihren Reichtum sicher am Arm mitnehmen konnten. Ihre Beute in der Erde zu vergraben, ist die sicherste Option, aber geben Sie Acht, dass Ihr Loch nahe an einem hervorstechenden Gelände-

Beute, die eines Königs würdig ist. Hier liegen fast 500 Silberreifen, und das ist nicht alles: Es gibt außerdem 14 000 Münzen aus Serkland und noch vieles mehr. Der unbekannte Besitzer hat es auf Gotland vergraben, ist es aber nie abholen gekommen. Der Bauer, der darauf stieß, konnte es gar nicht fassen.

merkmal ist, so dass Sie den Schatz wiederfinden, wenn Sie ihn heben wollen. Falls Ihr Heer besiegt wird, kann es einige Jahre dauern, bis Sie die Chance bekommen, deshalb wiederzukommen. Sollten Sie getötet werden, findet den Schatz vielleicht Jahre später irgendein glücklicher Bauer.

Halfdan war hier

Wikinger sind weitgereiste Leute, und diejenigen, die ihr Futhark gelernt haben, schreiben ihre Namen gern und häufig in Runen auf eine weithin sichtbare Stelle, etwa eine Statue oder eine Säule in einer Kirche, sodass die Leute, bei denen sie zu Besuch waren, sie nicht vergessen (als hätte es dafür nicht gereicht, ihre Städte und Klöster niederzubrennen).

VIII Im Kampf

Sei entschlossen im Gefecht,
aber niemals ein Hitzkopf.
Der Königsspiegel

Eines steht fest: Der Kampf ist der sicherste Weg zum Ruhm. Aber nur ein Verrückter oder ein Berserker (was oft dasselbe ist) sollte es eilig haben, in eine Schlacht zu ziehen, denn der Ausgang ist niemals sicher. Wägen Sie vorher immer die Gefahren gegen die Vorteile ab.

Dagegen spricht:

- Sie können verlieren. Historisch betrachtet haben die Wikinger ebenso viele Schlachten verloren wie gewonnen. Eine Niederlage könnte Ihre Pläne für die Raubzugssaison im Sommer verderben und könnte Sie sogar früher nach Walhalla schicken, als Ihnen lieb ist.
- Sie müssen danach vielleicht eine neue *hirð* suchen. Selbst wenn ein Anführer eine Niederlage überlebt, kann sie sein Ansehen zerstören, sodass seine Krieger (diejenigen, die noch übrig sind) ihm nicht mehr lange treu bleiben.

Dafür spricht:

- Sie können gewinnen. Historisch betrachtet haben die Wikinger ebenso viele Schlachten gewonnen wie verloren. Wenn die feindlichen Truppen tot, demoralisiert oder auseinandergetrieben sind, können Sie nach Lust und Laune plündern und haben sich gute Karten verschafft, um über Tributzahlungen zu verhandeln.

- Sie können reich werden. Ein Sieg bedeutet Ansehen für einen Anführer und gibt ihm die Mittel in die Hand, seine Krieger zu belohnen. Krieger mögen einen selbstsicheren, fähigen und großzügigen Feldherrn. Einer, der dem Kampf zu oft ausweicht, kann in den Ruf geraten, zaghaft zu sein, und seine Krieger verlieren.
- Eine Chance, zu zeigen, was in Ihnen steckt. Die Schlacht ist für jeden Krieger – vom Freibauern bis zum König – das beste Feld, durch kühne Waffentaten persönlichen Ruhm zu gewinnen. Ruhmestaten sichern einem jungen Kämpfer Aufmerksamkeit und begründen sein Ansehen. Sogar wenn er unterliegt oder fällt, kann ein Krieger, der heldenhaft kämpft, noch sein Ansehen steigern.

Die Risikoabwägung fällt für einen Wikinger günstig aus. Für ihn überwiegt der Nutzen des Sieges die Kosten einer Niederlage; für den Verteidiger sind die Kosten einer Niederlage höher als der Nutzen eines Sieges.

Schlachtszenen auf einem dieser wunderbaren Bildersteine, die Sie auf Kriegergräbern antreffen, wenn Sie die große Insel Gotland vor der Küste Schwedens besuchen. Die Bilder zeigen legendäre Schlachten und den ruhmreichen Empfang der erschlagenen Krieger in Walhalla.

Ausgewachsene Feldschlachten sind in der Wikinger-Kriegführung nicht das Übliche. Ein Krieger, der ein paar Sommer lang auf Wiking geht, um genug zu holen, damit er einen Bauernhof kaufen und sesshaft werden kann, nimmt an einer richtigen Schlacht vielleicht gar nicht teil. Schlachten sind ungewöhnlich, weil der Preis bei einer Niederlage sehr hoch ist und besonders hoch für unsere Opfer. Die Franken, die Engländer und andere Ziele von Wikingerüberfällen wirken oft geradezu feige, so abgeneigt sind sie einem Kampf – und so willig, Wikingerheere zu bestechen. Aber versuchen Sie es einmal aus deren Perspektive zu sehen. Wenn sie kämpfen und dann verlieren, ist ihr ganzes Land den Plünderungen der Wikinger ausgesetzt und sie müssen Tribut zahlen.

Außerdem bringt das Kämpfen für unsere Gegner nicht die gleichen Vorteile wie für den plündernden Wikinger. Sie kämpfen im eigenen Land, also fehlt ihnen die Gelegenheit zum Beute machen, um die Kosten und Risiken eines Feldzuges auszugleichen. Für die Verteidiger ist es viel besser, ein Heer zu unterhalten als alles auf eine Schlacht zu setzen. Schon wenn sie bloß eine Armee ins Feld schicken, hemmt das die Aktivität der Wikinger, beschneidet ihren Bewegungsspielraum und ihre Möglichkeit, ungestört zu plündern. Der Ertrag eines Sieges ist für ein Wikingerheer viel größer, aber trotzdem lässt sich auch ohne Kampf viel gewinnen. Ein weiser Anführer sucht nur dann die Schlacht, wenn er fest überzeugt sein darf, dass er siegen wird.

Siege beruhen auf guter Vorbereitung

Der Anführer muss ein für ihn vorteilhaftes Schlachtfeld auswählen und seine Krieger in der günstigsten Schlachtordnung aufstellen. Tut er das nicht, ist es für Nachbesserungen in jedem Fall zu spät, wenn die Schlacht beginnt.

Der Anführer muss in vorderster Reihe mitkämpfen. Wikingerkrieger erwarten das von ihm und es spornt sie an, ebenso hart zu kämpfen wie er. Der Anführer gewinnt an moralischer Autorität, indem er das Risiko seiner Krieger teilt, der Nachteil ist nur, dass es ihm

Ein Bannerträger hält stand, dem Gemetzel ringsum zum Trotz. Für einen guten Bannerträger braucht es einen Mann, der außerordentlich standhaft und mutig ist, denn er muss bei seinem Herrn in vorderster Reihe stehen, kann sich aber aus eigener Kraft nicht richtig wehren.

– den der Schildlärm und der Metallsturm der Schlacht umgeben – unmöglich ist, das Geschehen zu lenken, sobald die ersten Speere fliegen.

Stellen Sie sich darauf ein, zu Fuß zu kämpfen, egal, ob Sie aufs Schlachtfeld marschiert oder geritten sind. Sogar Feldherren kämpfen nicht im Sattel – das würde ihnen die Möglichkeit geben, im Fall einer Niederlage zu flüchten und ihre Fußsoldaten ihrem Schicksalzu über-

Tipp: Sollten Sie mit Sigurd dem Stämmigen, dem Jarl von Orkney, in den Krieg ziehen und er fordert Sie auf, sein Banner zu tragen – sagen Sie einfach nein. Das ist keine Ehre, das ist ein Todesurteil. Sigurds berühmtes Rabenbanner hat seine Mutter, die eine Zauberin ist, für ihn gewoben. Das Banner bringt Sigurd unweigerlich den Sieg, aber dem, der es trägt, den Tod. Kürzlich verlor Sigurd bei einer Schlacht mit den Schotten gleich drei Bannerträger, ehe er den Sieg errang.

lassen. Jeder Krieger wüsste das genau, also wäre es schlecht für die Moral. Die Pferde werden hinter die Schlachtreihen geführt. Dort muss man sie bewachen.

Ein tapferer und zuverlässiger Mann wird als Bannerträger benötigt. Er hat keine großen Möglichkeiten, sich selbst zu verteidigen, und wird für den Feind eines der wichtigsten Ziele sein. Im Kampf orientieren sich die Krieger daran, wo das Banner weht; wenn es also erobert wird, bricht Verwirrung aus. Alle Krieger, nicht nur die Wikinger, empfinden es als Schande, ihr Banner an den Feind zu verlieren. Entsprechend begeistert sind sie, wenn sie feindliche Banner erobern, denn sie wissen, wie entmutigend das für ihre Feinde ist, und es ist eines der besten Mittel, eine Massenflucht auszulösen.

Die Wahl des richtigen Schlachtfelds

Ein zentraler Aspekt für den Erfolg einer Schlacht ist es, Hindernisse auszuwählen und sich zunutze zu machen.

Nützliche Hindernisse sind etwa:

- Graben
- Klippe
- Felsen
- Wald
- Fluss

Diejenige Seite, die sich das Schlachtfeld aussuchen kann, hat dadurch eventuell einen hohen Anfangsvorteil. Am besten ist ein offenes Feld, weil es dem Feldherrn gestattet, mitzubekommen, was vorgeht, und das Bilden einer Schlachtordnung erleichtert. Ein Feldherr, der damit rechnet, eine Abwehrschlacht liefern zu müssen, sollte versuchen, den Vorteil des höheren Geländes zu nutzen, oder sich eine Stellung aussuchen, der ein natürliches Hindernis vorgelagert ist. Das braucht gar nichts Großes zu sein, damit es wirkt. Ein Abzugsgraben im Feld, über den ein Mann leicht wegspringen kann, bekommt eine ganz andere Dimension, wenn ein paar hundert Männer mit Speeren auf der anderen Seite stehen.

Die meisten Heere stellen sich grob gesprochen in einer Linie zum Kampf auf. Hier ist das größere Heer immer im Vorteil, weil es die Flanken einer kleineren Armee umfassen kann, ohne das eigene Zentrum dafür zu schwächen. Ein schwächeres Heer, das sich auf eine Abwehrschlacht vorbereitet oder den Gegner überhaupt von einem Angriff abzuschrecken versucht, sollte versuchen, seine Flanken an ein ernsthaftes Hindernis anzulehnen, etwa einen Fluss, eine Klippe oder einen Wald. Ist kein solches Hindernis verfügbar, steckt der Anführer der schwächeren Armee in einer Zwickmühle. Wenn er sich ebenso tief aufstellt wie der feindliche Schildwall, wird er wahrscheinlich überflügelt und umzingelt, aber wenn er seinen Schildwall ausdehnt, bis er so lang wie der des Feindes ist, wird er dünner und lässt sich leichter aufbrechen.

Ein Anführer, der eine ausgewachsene Schlacht herbeiführen will, muss darauf achten, keine Stellung zu beziehen, die so komplett uneinnehmbar aussieht, dass er den Feind damit abschreckt. Der Trick liegt darin, den Anschein von Angreifbarkeit zu erwecken. Die Kunst besteht dabei im Aussuchen – Sie ahnen es – eines Hindernisses, das so aussieht, als wäre es leicht zu durchqueren, tatsächlich aber eine feindliche Formation durcheinanderbringt und aufbricht. Sumpfiger Boden, ein kurzer, aber steiler grasbewachsener Abhang, den man aus der Ferne nicht so leicht bemerkt, eingestreute Felsen oder ein verdeckter kleiner Graben könnten allesamt diese Bedingung erfüllen.

Wählen Sie keine Stellung aus, die von Hindernissen umgeben ist! Denken Sie daran, sich Gedanken über Rückzugswege zu machen, falls es schlecht ausgeht. Vermeiden Sie zum Beispiel möglichst, mit einem Fluss oder einer Klippe im Rücken zu kämpfen. 891 schlossen die Franken während der Schlacht an der Dyle ein Wikingerheer auf einem Flussufer ein: Hunderte Wikinger ertranken, als sie zu fliehen versuchten, zwei Könige wurden getötet und 16 Banner gingen verloren.

Vor Beginn der Schlacht halten die Anführer ihren Kriegern gern eine aufrüttelnde Rede, versuchen ihnen den nötigen Kampfgeist einzuflößen, indem sie sie an ihre offenen Rechnungen mit dem Feind und an die Siegesbeute erinnern, und stellen außerdem auch sicher, dass

Zwei Heere formieren sich zu Schildwällen, die einander gegenüberstehen. Beachten Sie, dass sich die Schilde der Krieger leicht überlappen, ein Zeichen, dass sie schön eng und kampfbereit stehen.

jeder weiß, was von ihm erwartet wird. Die meiste Aufmerksamkeit wird der Feldherr den nicht so erfahrenen Kämpfern widmen; er prüft, ob sie Schilde und Waffen korrekt halten, ob sie ihren Platz in der Schlachtreihe wissen, vereinbarte Trompetensignale und die Banner ihrer Anführer erkennen, damit sie wissen, wohin sie vorrücken sollen und wo sie sich in einem Notfall zum Widerstand sammeln.

Fairplay

Wenn beide Seiten gleichermaßen kampfeshungrig sind, kommt es manchmal vor, dass die verfeindeten Anführer Gesandte ausschicken, um im Voraus ein Schlachtfeld zu vereinbaren und zu markieren. Sie wählen dann nach Möglichkeit ein offenes, ebenes Stück Gelände, das keiner Seite einen offensichtlichen Vorteil bietet, sodass allein Kraft und Können mit der Waffe den Ausgang entscheiden.

> Darauf schicken sie Gesandte zu König Olaf und bringen ihm Botschaft, König Athelstan ... biete ihm als Kampfstätte die Vín-Heide (Brunanburh im Jahr 917) nahe dem Vin-Wald an ... er bestimmte eine Frist von einer Woche bis zu ihrem Zusammentreffen, und der von ihnen, der zuerst käme, sollte eine Woche warten ... Und Olaf sandte seine Leute auf die Heide, wo der Kampfplatz festgelegt

Tipp: Vermeiden Sie einen Kampf bei nassem Wetter. Nasse Bogensehnen werden schlaff, und unsere Lederschuhe geben mit ihren glatten Sohlen fast gar keinen Halt auf nassem Gras oder Schlamm. Niemand kann unter solchen Umständen einen Schildwall lückenlos geschlossen halten.

war; sie sollten dort einen Platz für die Zelte finden und ihn vorbereiten, bevor das Heer käme; und als die Männer zu der Stelle kamen ..., da waren schon überall Haselruten (durch Athelstans Männer) aufgestellt zur Abgrenzung der Stätte, wo der Kampf stattfinden sollte. Ein solcher Platz musste gut ausgewählt werden, er musste eben sein, weil hier ein großes Heer aufgestellt werden sollte. Der Platz war auch so, wie eine Kampfstätte sein sollte: da war eine ebene Heide, auf der einen Seite von ihr floss ein Fluss, und auf der anderen Seite war ein großer Wald.
Die Saga von Egill Skalla-Grímsson 52

Verkaufen Sie sich gut

Sichern Sie sich die überlegene Kampfmoral, ehe die Schlacht beginnt, indem Sie wie ein Sieger aussehen und auch so klingen.

- Kleiden Sie sich so prächtig, wie es nur geht. Putzen und polieren Sie Ihre Waffen und die Rüstung in der Nacht vor dem Kampf. Entrollen Sie Ihre Banner und schwenken Sie sie so triumphierend, als hätten Sie schon gesiegt. Anführer sollten helle, hervorstechende Kleidung tragen, damit sie in der Schlachtreihe auffallen und ihre Krieger sie besser sehen können.
- Machen Sie viel Krach. Brüllen Sie, so aggressiv und so laut Sie können, und hämmern Sie mit den Waffen auf die Schilde. Blasen Sie die Kriegstrompeten. Teilen Sie dem Feind mit, was Sie nach der Schlacht mit seinen Frauen und Töchtern machen werden.
- Essen und trinken Sie vor der Schlacht, wenn Sie die Zeit finden. Ihre Moral sinkt, wenn Sie Hunger und Durst haben, noch ehe der

Kampf beginnt. Aber betrinken Sie sich nicht. Davon fühlen Sie sich zwar tapferer, aber es schwächt Ihr Urteilsvermögen; denken Sie an Odins Ratschlag: „Je mehr ein Mann trinkt, desto weniger weiß er."

- Beten Sie zu Ihren Lieblingsgöttern um Erfolg. Vielleicht hören sie nicht zu, aber schaden kann es nicht. Odin ist der Gott des Krieges, kümmert sich aber hauptsächlich um Könige und Berserker. Thor, der Götter wie Menschen mit seinem mächtigen Hammer Mjöllnir verteidigt, ist für den kleinen Mann der zuverlässigste Gott. Schützen und Männer, die in einen Zweikampf ziehen wollen, beten zu Ull, dem Schützengott.

Ein König im Kettenhemd kämpft, wie es sich gehört, zusammen mit seinen Kriegern in der ersten Reihe (allerdings ziehen die meisten während der Schlacht einen Helm als Kopfbedeckung einer Krone vor). Es ist wichtig, dass man einen Anführer genau dieselben Risiken eingehen sieht, die er seinen Kriegern abverlangt.

Ein Fallbeispiel

Bei Maldon im letzten Sommer waren beide Anführer gleich erpicht auf einen Kampf, aber beide Heere hielten praktisch unangreifbare Stellungen. Olafs Wikingerheer lagerte auf einer Insel in einer Flussmündung, die nur durch einen schmalen Damm mit dem Festland verbunden war. Byrthnoths Armee aus Engländern war gegenüber auf dem Festland angetreten und hielt das dortige Ende des Damms. Als die Wikinger ihn zu überqueren versuchten, um eine Schlacht zu liefern, wurden sie mit Leichtigkeit von nur drei englischen Kriegern abgewehrt. Ebenso leicht wäre es den Wikingern gefallen, die Engländer aufzuhalten, hätten sie versucht, hinüber zur Insel zu kommen. Aus Angst, die Wikinger könnten – wenn sie nicht zum Kampf gestellt würden – einfach ihre Schiffe besteigen, wegsegeln und anderswo plündern, gab Byrthnoth absichtlich seine Position am Ende des Damms auf und wich zurück, um den Wikingern den Übergang zu ermöglichen. Byrthnoth bekam seine Schlacht – doch er verlor.

- Jetzt ist es Zeit, dass sich die Berserker in ihre furchterregende Kampfwut hineinsteigern, wobei sie in ihre Schilde beißen und heulen. Stellen Sie sicher, dass der Feind sie hören und sehen kann. Das kostet sie garantiert Nerven.
- Die traditionelle Wikingermethode, eine Schlacht zu beginnen, besteht darin, einen Speer genau über das feindliche Heer hinweg zu schleudern. Das geschieht zu Ehren Odins, dessen Speer Gungnir in der Welt den Krieg schürt und die Macht hat, den Ausgang der Schlachten zu bestimmen.

Worauf Sie sich einstellen können

Jeder aufstrebende Krieger will wissen, wie es wirklich ist, eine Schlacht zu erleben. Jeder Veteran sagt ihm dann, dass noch so viele Worte jemanden nicht im Ernst auf seinen ersten Kampf vorbereiten können. Wenn Sie es überleben, werden Sie richtig verstehen, warum der Krieger mehr Respekt verdient als andere Männer.

Viele alte Haudegen sagen, das Warten vor Beginn der Schlacht sei das Schlimmste. Berserker können sich zwar zu ihrer furchtlosen Raserei aufschaukeln, aber die meisten Normalsterblichen erleben Angst und Bangen, die sie mit so viel aufgesetzter Tapferkeit verbergen, wie sie aufbringen können. Denken Sie daran, dass das Los jedes Mannes feststeht und niemand weiß, wann Sie sich dem Schicksalsspruch der Nornen stellen müssen. Egal, was Sie tun, der Tod kommt zur festgesetzten Zeit, also können Sie ebenso gut tapfer kämpfen und hoffen, dass Sie heute noch nicht dran sind.

Zusätzlich zur Angst vor Tod oder Wunden werden Sie sich als unerfahrener Kämpfer Sorgen machen, Sie könnten doch nicht so mutig sein, wie Sie gedacht haben. Feiglingen droht von der Gesellschaft die schlimmste Art Schande, aber Angst vor der Schande oder gar Mut ist es in Wirklichkeit nicht, die einen Krieger in der Schlachtreihe hält, sondern es sind die starken Bindungen der Treue, die sich zwischen den Kriegern entwickeln. Nur wenige Männer können sich dazu überwinden, ihre Freunde in so einer schwierigen Lage im Stich zu lassen, selbst wenn sie damit ihr eigenes Leben aufs Spiel setzen. Unabhängig davon werden Sie – ganz gleich, wie gern Sie weglaufen möchten – es nicht schaffen, wenn Sie sich in den vorderen Reihen des Schildwalls wiederfinden, weil die Männer hinter Ihnen Sie nach vorn drücken.

Der Kampf beginnt mit einem Geschosshagel in beiden Richtungen, sobald die Heere in Schuss- und Wurfweite kommen. Beide Seiten hoffen die jeweils andere Formation aufzubrechen, noch ehe der Nahkampf beginnt. Die Männer in den vordersten Reihen sind für Speerwürfe am anfälligsten. Pfeile, die in steilen Flugbahnen niedergehen, können überall für Verluste sorgen. Falls Sie keinen Helm haben, wird Ihnen Ihr Kopf sehr ungeschützt vorkommen, aber wenn Sie Ihren Schild heben, um niederfallende Pfeile abzuhalten, lassen Sie Ihren Körper ungedeckt gegen Wurfspeere, die einer flacheren Flugbahn folgen.

Sobald die Schildwälle aufeinanderprallen, ebbt der Geschosshagel ab. Falls Sie in der ersten Reihe stehen, haben Sie es am schwersten. Jetzt sind Speere, Schwerter und Äxte in ihrem Element, stechen und hacken auf Körper und Schilde ein. Der Lärm ist ohrenbetäubend. Das Gedränge macht es schwer, seine Waffen bestmöglich einzusetzen, und solange alle ihre Schilde gut zusammenhalten, können die Verluste überraschend leicht ausfallen. Die Männer in der zweiten Reihe sind noch in Schlagweite des Feindes und können Speerstöße austeilen und einstecken, aber wer noch weiter hinten steht, kann in diesem Stadium kaum eine Rolle im Kampf spielen, außer sein Gewicht einzusetzen, um die Schlachtreihe von hinten zu stützen. Wenn Männer aus den vorderen Reihen fallen, schieben sich die Krieger hinter ihnen nach vorn, um ihre Plätze im Schildwall einzunehmen.

> (König Lyngvi) und seine Brüder zogen mit einem mächtigen Heer gegen Sigurd und dann begann zwischen beiden die erbittertste Schlacht. Unmengen von Speeren und Pfeilen konnte man durch die Luft fliegen sehen, Äxte wurden heftig geschwungen, Schilde zerhauen, Rüstungen aufgeschlitzt, Helme zerfetzt und Schädel gespalten. Viele Männer fielen zu Boden.
> *Die Völsungensaga*

Überall herrscht Verwirrung. Jeder kämpft seine eigene Schlacht. Sie werden wenig mitbekommen, ausgenommen Ihre nächsten Kameraden auf beiden Seiten und die feindlichen Krieger unmittelbar gegenüber. Davon, wie die Schlacht insgesamt sich entwickelt, haben Sie vielleicht fast keine Ahnung. Die beste Regel ist, dem Banner des Anführers zu folgen. Rückt es vor, müssen Sie kräftig nachdrängen – die Schlacht steht gut. Wird es nach hinten gedrückt, weichen Sie nach und nach zurück, um den Schildwall geschlossen zu erhalten.

Es wird Ihnen schwerfallen, sich zu decken und gleichzeitig wirksam auf den Feind einzuschlagen. Um einen richtig guten Speerwurf auszuführen oder mit Axt und Schwert vernünftig ausholen zu können, müssen Sie viel von Ihrer rechten Körperseite entblößen. Ausgerechnet während Sie dem Feind den größtmöglichen Schaden zufügen, sind auch Sie so verwundbar wie nie. Sie können nicht dadurch siegen, dass Sie sich zu sichern versuchen.

Im gleichen Maß, wie die Männer ermüden und die Schilde zersplittern, beginnen die Verluste zu steigen und der Boden wird glitschig von Blut und Eingeweiden. Sie merken, wie Sie über Tote und Sterbende stolpern – aber bleiben Sie bloß auf den Beinen! Ein Sturz ist tödlich. Jede Menge Schläge gehen auf Ihre ungeschützten Füße und Schienbeine nieder in der Hoffnung, Sie umzuwerfen. Selbst wenn Sie nicht schwer verletzt sind, kann das Aufstehen inmitten der dichtgedrängten Masse aus Kriegern schwierig werden. Es besteht durchaus die Gefahr, dass Ihre eigenen Leute Sie tottrampeln, selbst wenn kein feindlicher Speer Ihnen den Rest gibt. Während eines langen Kampfes kann – wenn Sie Glück haben – ein Waffenstillstand vereinbart werden, damit die Männer auf beiden Seiten ihre Wunden versorgen und die Verletzten vom Schlachtfeld schaffen können.

Sie sehen Männer mit aufgeschlitzten Bäuchen, die in Todesqualen schreien, abgetrennte Arme, Beine und Köpfe, Ströme von Blut. Schwert- und Axthiebe können einen Mann der Länge nach buchstäblich fast entzweihauen, wobei Gehirn und Eingeweide in alle Richtungen spritzen. Das ist die grausige Wirklichkeit hinter den Skaldengesängen, aber es ist ein Segen, dass Sie vor dem Ende des Kampfes keine Zeit haben werden, darüber nachzudenken.

Einzeln und in kleinen Gruppen kann es Kriegern gelingen, sich durch den feindlichen Schildwall zu kämpfen. Wenn sie nicht augenblicklich Verstärkung bekommen, kann sich der Wall hinter ihnen wie-

Tipp: Werfen Sie überzählige Schilde über Verwundete, um sie vor weiteren Verletzungen zu schützen.

der schließen und die Krieger in den hinteren Reihen drängen sie ab und umzingeln sie. Egal, wie hart sie dann kämpfen, es ist nur eine Frage der Zeit, bis sie niedergemacht werden. Kann ein Durchbruch dagegen verstärkt und verbreitert werden, kann es für den gegnerischen Schildwall der Anfang vom Ende sein. Das ist der Moment im Kampf, wo viele Krieger allmählich die Nerven verlieren. Aus Angst, sie würden gleich von den anderen abgeschnitten und umstellt, beginnen sie vom Schlachtfeld zu fliehen. Diejenigen, die noch den Mumm zum Kämpfen haben, sollten versuchen, sich einen Weg durch die feindlichen Reihen zu bahnen und sich um das Banner ihres Anführers zu scharen.

Wann man besser wegläuft

Ein gutes Anzeichen dafür, dass die Schlacht eine schlechte Wendung genommen hat, ist, wenn die Männer im Schildwall anfangen, sich zusammenzudrängen. Wenn von allen Seiten Schläge auf sie einregnen, ist das nur natürlich, aber das Sicherheitsgefühl, das es verleiht, ist trügerisch und man sollte dem Drang nicht nachgeben. Wenn nämlich die Reihen so dichtgedrängt stehen, dass die Toten nicht hinfallen und die Lebenden ihre Waffen nicht handhaben können, ist die Niederlage kaum noch abzuwenden.

Falls eine Armee die Nerven behält und Disziplin wahrt, braucht aus der Niederlage keine wilde Flucht zu werden. Wenn der Schildwall nur intakt bleibt, kann ein Heer sich geordnet aus dem Kampf zurückziehen, ohne schwere Verluste zu erleiden, obwohl das bedeutet, dass es die Toten und Verwundeten samt ihrer Ausrüstung dem Feind überlassen muss. Unter solchen Umständen ist eine Verfolgung unwahrscheinlich. Nach einem harten Kampf sind die Sieger zu erschöpft, ihren Triumph noch auszubauen, und die besiegte Armee kann sich bald neu formieren und ihren Feldzug fortsetzen, sofern ihre Verluste nicht allzu groß waren.

Ein unentschiedener Ausgang kommt häufig vor. 870 schlugen die Dänen fünf Schlachten gegen die Westsachsen, gewannen davon drei und verloren zwei, ohne dass eine Seite ein entscheidendes Ergebnis erzielen konnte. Die Dänen zogen sich zurück, waren aber noch stark genug, um Mercia zu erobern und ein paar Jahre später wiederzukehren, um ihr Glück noch einmal in Wessex zu versuchen.

Sogar nach Alfreds berühmtem Sieg bei Ethandun 878 hatten Guthrums Dänen noch die nötige Macht, um einen guten Friedensdeal auszuhandeln.

Flucht ist nur dann die beste Option, wenn der Schildwall zusammengebrochen ist, aber eine *gute* Option ist sie nie. Wenn Sie fliehen, zeigen Sie dem Feind Ihren ungedeckten Rücken und können sich nicht selbst schützen. In diesem Abschnitt einer Schlacht kann es zu hohen Verlusten kommen, aber die Verfolgung hält üblicherweise nicht lange an. Die Sieger sind ebenso erschöpft wie die Geschlagenen und meistens mehr am Fleddern der Leichen interessiert als am Töten nur zum Spaß. Ihre Verfolger wollen das Plündern nicht verpassen und werden bald umkehren. Sie haben das Schlachtfeld behauptet und ihre jubelnden Siegesschreie klingen Ihnen in den Ohren, aber wenigstens sind Sie noch am Leben.

Die Abwehr von Reiterattacken

Es kann irgendwann dazu kommen, dass Sie gegen eine (wahrscheinlich fränkische) Armee mit Kavallerieanteil kämpfen. Gemein, aber schlagkräftig. Folgendes sollten Sie tun, wenn die Reiter in vollem Galopp auf Sie zukommen:

- Nerven behalten und nicht von der Stelle rühren
- Die Pferde töten
- Natürliche oder künstliche Hindernisse nutzen, um der Kavallerieattacke den Schwung zu nehmen
- Jede mögliche Vorkehrung gegen einen Angriff auf Ihre Flanken treffen

Fußsoldaten brauchen richtig Mut, um im Angesicht einer Kavallerieattacke mit vollem Karacho standzuhalten. Eine lockere Infanterie-

Ein disziplinierter Schildwall hält gegen eine Kavallerieattacke stand, während ein Krieger nach einem der Pferde ausholt, um dadurch möglichst den Reiter zu Fall zu bringen.

formation, die im Freien erwischt wird, hat keine Chance, aber ein guter Schildwall kann sich behaupten, solange jeder die Nerven behält. Pferde scheuen instinktiv vor Hindernissen, besonders wenn die mit scharfen Spitzen bestückt sind. Die Reiter wissen das nur zu gut, hoffen aber, dass ihre Gegner es nicht tun, sondern im letzten Moment den Mut verlieren und weglaufen werden. Das ist tödlich. Ein Reiter ist in der idealen Position, Fliehenden einen Speer in den ungeschützten Rücken zu stoßen und ihnen mit dem Schwert tödliche Kopfwunden beizubringen. Außerdem können Reiter Sie viel weiter verfolgen als Fußsoldaten.

Wenn der Schildwall aber nicht nachgibt, schwenkt die Kavallerie im letzten Moment ab, wobei sie ihre Wurfspeere schleudert. Die fliegen mit viel größerer Wucht, als wenn Fußsoldaten sie werfen, und können Schilde und Kettenhemden leicht durchschlagen. Es wird Tote geben, aber solange frische Krieger zur Stelle sind, um aus den hinteren Reihen nach vorn zu treten und die Stelle der Toten einzunehmen, kann der Schildwall nicht niedergeritten werden. Die Pferde sind leichtere Ziele als ihre Reiter. Bringen Sie die Pferde zu Fall, dann sind die Reiter leichte Beute.

Sollte bekannt sein, dass der Feind Kavallerieeinheiten besitzt, gibt es zwei Arten, wie Sie sich vor Beginn der Schlacht darauf einstellen können. Schützen Sie Ihre Flanken, indem Sie sich neben einem natürlichen Hindernis formieren. Auf diese Weise kann die Kavallerie ihre Geschwindigkeit und Beweglichkeit nicht nutzen, um Ihre Flanke anzugreifen, was einen Schildwall schnell durcheinanderbringen kann. Natürlich heißt das, dass sie stattdessen direkt und frontal auf Sie losgehen; nehmen Sie ihnen also den Schwung, indem Sie vor Ihrer Abwehrstellung Fallgruben ausheben, das bringt die Pferde zu Fall und bricht ihnen die Beine. Angespitzte Holzpfähle, die vor dem Schildwall in den Boden gerammt werden, sind ebenfalls sehr wirkungsvoll.

Nach der Schlacht

Der Sieg ist eine tolle Chance, sich auf Kosten der Erschlagenen neu auszustatten. Machen Sie schnell: Alle anderen werden die gleiche Idee haben. Außer Waffen und Rüstungsteilen tragen viele der Gefallenen sicher Schmuck und schöne, wenn auch mittlerweile blutverschmierte Kleidung. Nicht jeder, der auf dem Schlachtfeld herumliegt, ist ganz tot. Minimieren Sie das Risiko, zum Opfer irgendeiner Heldentat im letzten Atemzug zu werden, indem Sie den Leuten schnell und sauber die Kehle durchschneiden oder ihnen mit der Axt tüchtig eins auf den Schädel geben. Wenn sie zu schwer verletzt waren, um sich vom Schlachtfeld davonzumachen, werden sie wahrscheinlich sowieso bald sterben. Wenn Sie ihnen schnell den Rest geben, tun Sie ihnen im Grunde einen Gefallen.

Einige unter den besiegten Feinden haben sich, falls sie nicht fliehen konnten, vielleicht ergeben und hoffen so ihr Leben zu retten. Fesseln Sie die Gefangenen gut und bewachen Sie sie, bis Sie entschieden haben, was Sie mit ihnen machen. Es können vornehme Männer

Nach einer Schlacht die Gefallenen zu plündern ist eine Gelegenheit, die man nicht verpassen sollte. Konzentrieren Sie sich zuerst auf die teuersten Artikel wie Kettenhemden und Schwerter.

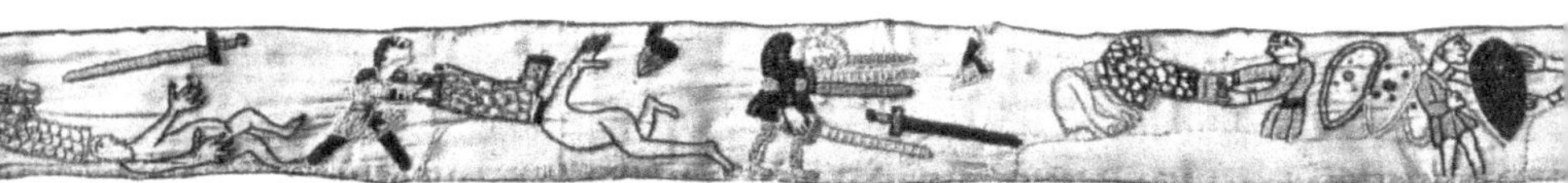

Tipp: Melden Sie sich nicht freiwillig zur Hinrichtung von mehr als zwei Gefangenen. Es ist allgemein bekannt, dass es ein sicheres Anzeichen ist, dass Sie selbst nicht mehr lange leben, wenn Ihr Gesicht nach dem Töten von drei Männern die Farbe wechselt.

darunter sein, die Sie gegen Lösegeld freilassen können; kräftige Leute lassen sich als Sklaven verkaufen. Große Gefangenenzahlen können für ein marschierendes Heer aber leicht eine Last werden, darum ist es häufig am besten, sie zu töten.

Wenn man den Skalden glauben darf, war es einst nach der Schlacht üblich, Odin durch ein Menschenopfer nach „Blutadler"-Art zu ehren. Dem Opfer, üblicherweise einem Gefangenen, wurde beiderseits des Rückgrats der Brustkorb aufgeschnitten und anschließend zerrte man ihm bei lebendigem Leib die Lungen heraus, sodass sie vorstanden wie die Schwingen eines Adlers. Ragnar Lodbroks Söhne sollen König Ella von Northumbrien im Jahr 867 auf diese Weise getötet haben, um ihren Vater zu rächen, den der König in eine Grube voll Giftschlangen hatte werfen lassen. Außerdem war es früher Sitte, Waffen als Opfergaben in einen Fluss oder einen Sumpf zu werfen, um den Göttern für den Sieg zu danken, aber heutzutage haben die Leute einfach nicht mehr so viel Respekt vor den Göttern.

Kleinkrieg

Die großen Schlachten sind es, von denen die Skalden in den Methallen singen, aber Scharmützel, Räubereien und Brandstiftung durch kleine Kriegerscharen sind typischer für das, was Sie auf den meisten Wikingerzügen erleben.

Strandhögg

Das ist die einfachste Art Wikingerüberfall und lässt sich schon mit nur einer Schiffsbesatzung durchführen. Das Wesen des Strandhögg liegt im Opportunismus. Sichten Sie eine unbewachte Kuh oder auch ein

Schaf, das nahe am Strand grast, wenn Sie vorübersegeln, so schnappen Sie es, wuchten Sie es ins Schiff und machen Sie sich so schnell wie möglich davon. Ehe jemand etwas merkt, sind Sie längst weg. Alles dreht sich darum, dass man die Gelegenheit zu irgendeiner einfachen Räuberei entdeckt: ein verschlafenes Fischerdorf, in dem niemand Wache hält, oder ein einsames Handelsschiff mit nur wenig Besatzung zum Beispiel. Wenn feststeht, dass man Sie gesehen hat und bewaffnete Männer auf Sie warten, fahren Sie weiter. Ewig wachsam sein kann niemand; früher oder später erwischen Sie schon jemanden unvorbereitet.

> Aus dem Land der Nordmänner aber fuhren dreizehn Piratenschiffe aus und suchten zuerst die Küste von Flandern zu plündern, wurden aber von den Küstenwächtern zurückgeschlagen; doch konnten sie infolge der Unachtsamkeit der Wächter einige ärmliche Hütten niederbrennen und eine kleine Menge Vieh stehlen. Als die Nordmänner ähnliche Überfälle an der Seinemündung versuchten, griffen die Küstenwächter sie an und die Piraten zogen sich mit leeren Händen unter Verlust von fünf ihrer Männer zurück. Schließlich hatten sie an der Küste Aquitaniens Erfolg, plünderten ein Dorf namens Bouin vollständig aus und kehrten mit riesiger Beute heim.
> *Fränkische Reichsannalen zum Jahr 820*

Hallen verbrennen

Eine Halle in Brand zu setzen ist im Zuge einer Blutrache üblich, aber diese Technik lässt sich ebenso zweckmäßig bei Überfällen auf Bauernhöfe und Adelssitze im Ausland einsetzen. Wenn möglich, spähen Sie das Objekt heimlich bei Tageslicht aus. Den Angriff unternimmt man am besten am frühen Morgen, wenn eigentlich alle schlafen sollten. Postieren Sie Männer vor allen Ausgängen der Halle und verteilen Sie, wenn möglich, noch einige rundherum, falls es geheime Ausgänge geben sollte. Dann legen Sie Feuer ans Dach. Die Bewohner werden keine Zeit mehr haben, sich richtig zu bewaffnen, ehe Rauch und Flammen sie ins Freie drängen. Weil immer nur einer oder zwei auf einmal durch die Türen kommen, lassen sie sich selbst dann leicht niederhau-

Ein einzelner Schütze verteidigt sein Heim und seine Frau gegen einen Trupp Angreifer. Sobald sie Feuer ans Dach legen, wird er gezwungen sein, ins Freie zu kommen, und dann werden sie kurzen Prozess mit ihm machen.

en, wenn sie gegenüber den Angreifern stark in der Überzahl sind. Zünden Sie keine Scheunen und Nebengebäude an, ehe Sie nicht wissen, was drinsteckt – vielleicht enthalten sie wertvolle Lebensmittelvorräte und Vieh.

> Egill ergriff einen Stamm und trug ihn zum Wohnhaus und stieß das Ende, das brannte, hinauf unter den Dachvorsprung und dann in die hölzerne Dachbedeckung; das Feuer griff im Dachholz rasch um sich. Aber die, die beim Trinken saßen, merkten nichts, bis das Dach innen in Flammen stand. Da liefen die Männer zur Tür, aber es war nicht leicht, da hinauszukommen, wegen des Holzes und auch, weil Egill die Tür bewachte. Er erschlug Männer sowohl in der Tür als auch draußen vor der Tür, und es war nur ein Augenblick, da brannte die Wohnhalle, sodass sie zusammenfiel. Da kam die ganze Schar um, die dort drinnen war …
> *Die Saga von Egill Skalla-Grímsson* 46

Klöster plündern

Überraschung ist der Schlüssel zu einem erfolgreichen Klosterüberfall. Wenn die Mönche nur die kleinste Vorwarnung bekommen, vergraben sie die Klosterschätze, und häufig können selbst die schmerzhaftesten Foltern sie nicht dazu bewegen, das Versteck zu verraten, weil sie glauben, dass das Leiden für ihren Gott ihnen nach dem Tod einen

Ehrenplatz sichert. Klöster erstrecken sich oft über eine große Fläche. Außer der Kirche gibt es die Schlafsäle der Mönche, Lagerhäuser, Küchen und Werkstätten. Den ganzen Komplex umschließt manchmal eine Mauer. Dabei handelt es sich aber nicht um eine Wehrmauer wie bei Festungen und Städten, und man kann leicht drüberklettern. Bevor Sie den Angriff starten, schicken Sie Trupps aus, um alle Ausgänge aus dem Klosterkomplex zu sichern, damit kein Mönch entkommt. Viele Mönche sind gesunde, wohlgenährte junge Männer, die auf dem Sklavenmarkt gutes Geld bringen. Nachhaltigkeit ist die Devise, wenn man Klöster überfällt – also ja nicht sinnlos Gebäude anzünden. Wenn Sie die Häuser stehen lassen, kommen wieder Mönche her und bauen die Gemeinschaft neu auf, und nach einiger Zeit kann man sie dann wieder überfallen.

Handgreiflich Widerstand leisten werden die Mönche kaum oder gar nicht, aber sie werden ihren Gott ausgiebig anrufen, Rache an denen zu nehmen, die es wagen, seine heiligen Stätten zu schänden. Es gibt reichlich Geschichten über die Macht des Christengottes und die schrecklichen Strafen, die er über plündernde Wikinger verhängt hat – etwa über den Wikinger, dessen Knochen dahinschwanden, nachdem er in den 840er-Jahren ein Kloster bei Paris überfallen hatte. Wahrscheinlich haben die Mönche das alles erfunden, um den Leuten Angst einzujagen; lassen Sie sich davon nicht einschüchtern.

Die Einnahme und Plünderung von Städten

Das Städteplündern ist heute ein härteres Geschäft als in der guten alten Zeit. Als unsere Vorväter mit den Raubzügen in Übersee anfingen, waren die Städte noch selten ummauert; heute sind Befestigungen die Regel und Sie müssen schon Glück haben, um eine Stadt ohne lange Belagerung einzunehmen. Hafenstädte sind oft die leichtesten Ziele, denn sie haben zwar Mauern, die sie gegen Angriffe von Land schützen, sind aber auf der Wasserseite häufig offen, damit man die Waren leicht zwischen Schiffen und Lagerhäusern hin und her bewegen kann. Für das Plündern einer Stadt gelten dieselben Grundsätze wie für das

Plünderer legen Feuer an ein Stadthaus. Manchmal geben die Wikinger den Einheimischen eine Chance, ihr Haus durch das Zahlen einer Brandschatzung zu retten. Sieht so aus, als hätte die Dame nicht gelöhnt.

Klosterplündern, nur braucht man eine größere Streitmacht, um alle Fluchtwege aus einer Stadt abzuriegeln. Die geschickte Durchführung dieser Phase des Überfalls ließ 960 fast die gesamte Bevölkerung von Southampton ins Netz gehen.

Die Städter vergraben ganz selbstverständlich ihre Wertsachen aus Sicherheitsgründen, und wenn sie entkommen können, bleibt das auch vergraben. Nutzen Sie alle erforderlichen Zwangsmittel, um die Gefangenen zu überzeugen, dass sie alle verborgenen Münzhorte und anderen Schätze verraten (wenn sie ehrlich von nichts wissen, ist das eben Pech – wer glaubt ihnen schon?). Wie bei Klöstern hat das blindwütige Zerstören und wahllose Töten wenig Sinn. Je früher die Stadt sich von einem Angriff erholt, desto eher kann man wieder zuschlagen. Der fränkische Hafen Dorestad am Rhein wurde zwischen 834 und 837 jedes Jahr angegriffen und erholte sich trotzdem. Inzwischen ist die Stadt schon lange verlassen, aber das ist nicht unsere Schuld: Der Rhein hat seinen Lauf geändert und Dorestad saß auf dem Trockenen. Auch in anderer Hinsicht ist das langfristige Überleben von Handelsplätzen im Interesse der Wikinger: Beute und Tribute verschaffen uns den Großteil unserer Handelsgüter, und wenn man sie nirgends verkaufen kann, sind sie nicht viel wert.

Belagerungen

Der Erfolg der Wikinger liegt darin, dass sie Meister der beweglichen Kriegführung sind. Halten Sie sich irgendwo länger auf und Sie werden anfällig für Gegenangriffe. Der Feind hat dann Zeit, Truppen aufstellen, und weiß genau, wo er Sie findet. Aus diesem Grund sind Belagerungen nicht zu empfehlen. Manchmal kann das bloße Drohen mit einer Belagerung reichen, damit die Städter einer Tributzahlung zustimmen – schließlich sind Belagerungen schlecht fürs Geschäft, und das wiederum ist die Lebensader einer Stadt. Also ist es sinnvoll, es mit Verhandlungen zu probieren, an deren Ende Kapitulationsbedingungen stehen – Sie können zum Beispiel anbieten, Leben und Eigentum der Einwohner im Ausgleich für eine festgesetzte Tributsumme zu schonen. Die Belagerten wissen, was ihnen blüht, wenn die Stadt fällt, nachdem sie die Bedingungen abgelehnt haben. Unter Heiden, Christen und Muslimen ist es gleichermaßen anerkannt, dass man den Besatzungen und Einwohnern von Festungen und Städten, die so ein Angebot zurückweisen, keine Gnade gewähren muss.

Falls sich die Leute in einer befestigten Stadt nicht einschüchtern lassen, gibt es nur begrenzte Optionen. Die Menschen bauen aus gutem Grund Mauern um ihre Städte – es funktioniert nämlich. Belagerungen haben nur selten Erfolg. Wenn man eine befestigte Stadt nicht

Tipp: Eröffnen Sie nie eine Belagerung, es sei denn, Ihre Armee ist groß genug, der Festung oder der Stadt alle Nachschubwege abzuschneiden. Selbst kleine Lebensmittelmengen, die die eingeschlossene Bevölkerung erreichen, heben deren Moral und stärken ihren Durchhaltewillen. Je länger eine Belagerung dauert, desto länger hat der Feind Zeit, eine Armee zum Entsatz aufzustellen.

durch einen schnellen Überraschungsangriff oder durch Verrat nehmen kann (man besticht zum Beispiel jemanden, ein Tor zu öffnen), dann kann man sie wahrscheinlich gar nicht nehmen. Denken Sie daran, dass Paris 885/886 beinahe ein Jahr lang gegen die Dänen standhielt und gar nicht erobert wurde. Darum ist es meistens am besten, einen Bogen um eine Festungsstadt zu machen und weiterzuziehen.

Das Ziel einer Belagerung ist es, die Einwohner durch Hunger zur Aufgabe zu zwingen. Dummerweise sind es in der Regel – es sei denn, Sie haben sichere Nachschubwege – Sie, die Belagerer, die als Erste hungern. Wenn die Verteidiger überhaupt Zeit hatten, sich vorzubereiten, sind Getreidevorräte und Vieh aus der Umgebung hinter den Stadtmauern in Sicherheit gebracht worden. Auf der Suche nach Proviant werden Sie über ein immer weiteres Gebiet ausschwärmen müssen und sind dabei anfällig für die Angriffe feindlicher Spähtrupps. Das Leben im Lager eines Belagerers ist außerdem ungesund, und binnen Kurzem beginnen die Ersten, an Seuchen zu sterben.

Aber wenn all das Sie nicht davon abschreckt, eine Stadt einnehmen zu wollen, dann errichten Sie ein befestigtes Lager, wie Sie es überall sonst täten, wo Sie eine Zeitlang Ihren Stützpunkt haben. Die Belagerten werden Ausfälle unternehmen, um Ihre Belagerungsmaschinen zu zerstören, Verluste zu verursachen und Verwirrung zu stiften. Am größten ist die Gefahr nachts. Außerdem braucht man ein befestigtes Lager als Schutz vor Angriffen feindlicher Truppen, falls in der Umgebung welche aktiv sind (und beispielsweise die Nahrungsbeschaffer belästigen), und als Fluchtort, wenn eine Entsatzarmee angreifen sollte.

Der Sturm auf eine ummauerte Stadt zählt zu den schwierigsten und gefährlichsten Operationen, die man von einem Krieger verlan-

Tipp: Wenn Sie befestigte Brücken oder Stadtmauern in der Nähe eines Flussufers oder eines Hafens angreifen, verbinden Sie zwei Schiffe Seite an Seite, um eine stabile Plattform für einen Belagerungsturm zu erhalten.

Die Gefahren des Belagerungskriegs

„Die Lochlanns (das heißt norwegische Wikinger) gaben die Belagerung von Chester nicht auf, denn sie waren kühn und wild, aber sie alle sagten, sie sollten viele Schutzdächer machen und Pfos-ten sollten daruntergestellt werden, und sie wollten die Mauer unter ihnen (geschützt) durchlöchern. Dieser Plan wurde nicht aufgeschoben; die Dächer wurden gemacht und Pfosten unter
ihnen (aufgestellt), um die Mauer zu durchbohren, denn sie waren begierig, die Stadt zu nehmen.
Was die Sachsen ... taten, war, große Felsen hinabzuwerfen, mit denen sie die Dächer über ihren Köpfen zerbrachen. Was die anderen taten, um das zu verhindern, war, große Pfosten unter die Dächer zu stellen. Was die Sachsen als Nächstes taten, war, alles Bier und Wasser in der Stadt in die Kessel der Stadt zu füllen, es zu kochen und auf die hinunterzugießen, die unter den Dächern waren, sodass ihre Haut sich abschälte. Das Mittel, das die Lochlanns dagegen anwandten, war, Felle außen auf die Dächer zu legen. Was die Sachsen als Nächstes taten, war, dass sie alle Bienenstöcke der Stadt hinunter auf die Belagerer warfen, was diese daran hinderte, Hand oder Fuß zu bewegen vor lauter Bienen, die sie stachen. Danach gaben sie auf und verließen die Stadt."
Annalen von Irland

gen kann. Während eines Sturmangriffs haben die Verteidiger die meisten Vorteile (Höhe, Deckung und oft auch die schwereren Waffen), und falls Sie tatsächlich erfolgreich in einem Hagel aus Pfeilen, Speeren, Felsbrocken und kochendheißem Pech die Mauern erklettern, sind Sie anschließend bestimmt nicht bester Laune. Niemand kann es Ihnen verübeln, wenn Sie Ihre Wut an den Leuten auslassen, deren Sturheit (gehen wir davon aus, sie hätten eine Kapitulation oder Verhandlungen abgelehnt) Sie gezwungen hat, so etwas Schreckliches durchzumachen.

Der Erfolg eines Sturmangriffs hängt vom Einsatz von Spezialwaffen wie Mangen und Ballisten sowie Belagerungstürmen zum Mauererklettern ab. Solche Waffen führen Wikingerheere nicht mit. Schreiner und Schmiede können sie, wenn nötig, an Ort und Stelle bauen. Mangen sind starke Katapulte, mit denen man Steine schleudert, um die Mauern einzureißen. Ballisten sind riesige Armbrüste, die man auf weite Entfernungen gegen Personenziele richtet: Sie sind ideal dafür, die Verteidiger in Deckung zu zwingen, wenn ein Sturm im Gange ist. Für Festungen sind sie gute Abwehrwaffen und werden von Franken und Griechen verbreitet eingesetzt. Ballisten haben viel Wucht. Bei der Belagerung von Paris 885/886 spießte ein einziger Pfeil aus einer fränkischen Ballista sieben Dänen auf, ehe er seine Durchschlagskraft verlor. Mangen und Ballisten beziehen ihre Kraft beide aus Torsion, die durch verwundene Seile erzeugt wird.

Der Kampf auf See

Ein Handelsschiff ist eine lockende Beute und wahrscheinlich voll mit Waren. Handelsschiffe sind unter Segeln schneller als Langschiffe, und da sie fürs Gerudertwerden nicht gebaut sind, haben sie keine Fluchtchance, wenn der Wind nicht weht. Außerdem haben sie kleinere Besatzungen als Kriegsschiffe und sind rasch zu kapern, sobald man ihnen den Weg abgeschnitten hat. Wenn die Crew irgendwelchen Widerstand leistet, ist es üblich, alle zu töten, es sei denn, irgendein Passagier – ein Bischof oder ein Adliger zum Beispiel – könnte Lösegeld einbringen. Gibt es keinen Widerstand, geben sich die meisten Wikinger damit zufrieden, die Mannschaft um ihre Wertsachen und die Fracht zu erleichtern, und lassen sie dann laufen. Um ein Frachtschiff möglichst leicht schnappen zu können, warten Sie außer Sicht in kleinen Buchten an einer wichtigen Handelsroute und überfallen Sie die Schiffe, während sie die Küste entlangsegeln.

> Auf der Fahrt nach Süden, nach Dublin, stießen (Svein und seine Plündererschar) auf zwei Handelsschiffe, die von England unterwegs

Zwei Langschiffe lauern in einer Bucht, um ein Handelsschiff zu überfallen. Vielleicht sind die Wikinger auf diese Art zu ihrem Namen gekommen: Das Wort bedeutet „Männer der Buchten".

waren und eine sehr wertvolle Fracht aus feinem englischem Tuch geladen hatten. Svein hielt auf die Schiffe zu und stellte sie zum Kampf, aber sie leisteten kaum Widerstand, und Svein und seine Männer raubten ihnen jeden Pfennig, den sie hatten. Das Einzige, was sie den Engländern ließen, waren die Kleider, die sie am Leib hatten, und etwas Essen, und danach ruderten sie weg.
Orkneyinga Saga 57

Seeschlachten

Kämpfe auf See sind nicht so häufig wie Kämpfe an Land. Kriegsschiffe mit großen Besatzungen können nicht länger als ein paar Tage in See gehen, also ist es ausgeschlossen, dass eine ganze Flotte das offene Meer überwacht in der Hoffnung, eine feindliche Flotte zu stellen, ehe sie landen kann. Sehr selten ist schon einmal ein Handelsschiff auf hoher See erbeutet worden, aber ausgewachsene Schlachten zwischen zwei Flotten spielen sich normalerweise in den geschützten, eng begrenzten Gewässern eines Hafens, einer Bucht, eines Fjords oder einer Flussmündung ab, wie am Hafrsfjord, wo König Harald Schönhaar vor gut hundert Jahren die Macht über Norwegen gewann.

Feindliche Schiffe zu versenken ist nicht das Ziel einer Seeschlacht. Schiffe sind wertvoll, also geht es darum, sie unversehrt zu erobern. So oder so führen Langschiffe keine Waffen mit, die dazu fähig sind, ein anderes Schiff unter der Wasserlinie zu durchlöchern. Seeschlachten trägt man ziemlich ähnlich wie Schlachten an Land aus, nur bilden hier die Schiffe das Schlachtfeld. Die feindlichen Flotten formieren sich zur Schlachtlinie, Bug an Bug gegen den Gegner gerichtet. Die größten Schiffe liegen in der Mitte. Masten und Segel werden vor dem Kampf niedergelegt, um das Deck gefechtsklar zu machen; alle Manöver werden ausschließlich mit den Rudern gefahren.

Die Flotte der Verteidiger kann Masten und Rahen verwenden, um ihre Schiffe so zu verbinden, dass sie eine massive Gefechtsplattform bilden. Das hat den Vorteil, dass sich die Krieger schnell von einem Schiff zum anderen bewegen können, immer dorthin, wo sie am dringendsten gebraucht werden. Auch die Angreiferflotte kann das tun, aber erst, wenn sie Kontakt zur feindlichen Flotte hat. Die Taktik ist einfach: Nehmen Sie Enterhaken und Anker, um bei den Feindschiffen einzuhaken, entern Sie sie, wenn es geht, räumen Sie das Deck im Nahkampf, kappen Sie die Haltetaue und rudern Sie das Schiff dann weg.

> Jarl Erik legte den *Eisenbart* längsseits neben das äußerste von Olafs Schiffen, säuberte es von Männern, kappte die Trossen und ließ es treiben. Dann (ging er) längsseits des nächsten und kämpfte, bis er auch hiervon die Männer beseitigt hatte ... Zuletzt stand es so, dass alle Schiffe König Olafs keine Mannschaft mehr hatten außer der *Langen Schlange*, und auf ihr sammelten sich alle, die ihre Waffen noch gebrauchen konnten. Da (legte sich) der *Eisenbart* Seite an Seite mit der *Langen Schlange*, und der Kampf ging mit Streitaxt und Schwert weiter. *Die Saga von König Olaf Tryggvason* 106

Der Kampf an Bord unterscheidet sich gar nicht so sehr vom Kampf an Land. Wie diese Speerkämpfer müssen Sie eventuell auch auf See einen Schildwall bilden, um Enterer abzuwehren.

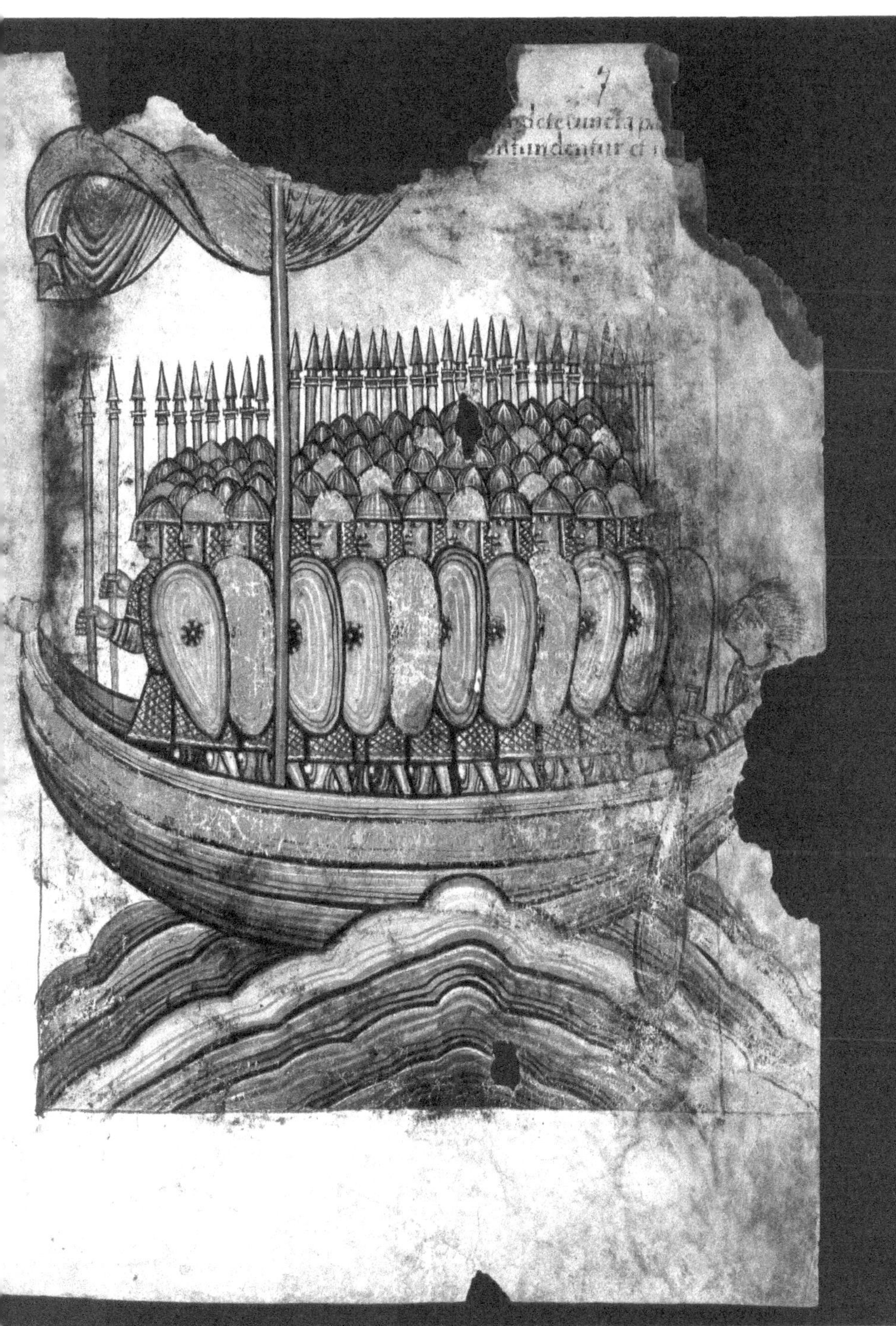

Tipps für Seeschlachten

- Verwenden Sie Hörner für vereinbarte Signale.
- Nutzen Sie das Landschaftsprofil so zu Ihrem Vorteil, wie Sie es auch im Landkrieg täten. Den Flügel einer Flotte neben einem Riff oder einer Untiefe zu verankern, schützt ihn vor der Überflügelung. Indem sich eine kleine Flotte in einer schmalen Bucht aufstellt, kann sie die zahlenmäßige Überlegenheit einer stärkeren Flotte aufheben.
- Lassen Sie die Schilde in den ersten Kampfphasen in ihren Halterungen am Dollbord des Schiffs, damit sie den Ruderern etwas Schutz gegen Geschosse geben, während sich beide Flotten einander nähern.
- Stellen Sie die besten Krieger immer in den Bug – sie sind an Bord das Äquivalent zur ersten Reihe des Schildwalls an Land.
- Halten Sie einige kleine, schnelle Schiffe zurück, um an den Flügeln zu patrouillieren, allen Schiffen, die fliehen wollen, den Weg abzuschneiden und Männer im Wasser anzugreifen, wenn sie an Land zu schwimmen versuchen.

Je größer ein Schiff ist, desto mehr Männer fasst es. Größere Schiffe sind gleichzeitig höher. Ein Schiff mit hohem Freibord schützt seine Besatzung besser vor Geschossen und macht Angreifern das Entern schwerer. Umgekehrt kann die Besatzung Geschosse auf die Besatzung eines kleineren Schiffes niedergehen lassen und hat außerdem beim Entern leichteres Spiel. Der Sieg geht eher an die Seite mit den meisten großen Schiffen als an die mit den meisten Schiffen insgesamt.

Seeschlachten bringen sämtliche Risiken für Tod und Verwundung, die auch in einer Schlacht an Land gelten, und zusätzlich die Gefahr des Ertrinkens, wenn Sie über Bord gehen. Jeder, der einen kompletten Kettenpanzer trägt, geht dann unter wie ein Stein. Nicht so sehr das Gewicht der Ringe selbst ist es, das Sie auf den Grund zieht, sondern die gesteppte Weste darunter, die sich sofort mit Wasser vollsaugt. Aus diesen Gründen – und auch, weil das Rudern ohne Kettenhemd leichter ist – ziehen viele Krieger lieber ohne Brünne in eine Seeschlacht.

IX Kriegsbeute

> Sie segeln nahe an der Küste,
> damit sie den Raub der Länder
> für sich beanspruchen können.
> *Dudo von St. Quentin* 1,2

Ein Wikinger wird strikt erfolgsabhängig bezahlt: Keine Beute heißt, Sie bekommen nichts. Alles, was anfällt, wird zusammengelegt und anschließend gemäß der Vereinbarung der Gemeinschaft aufgeteilt, wobei der Anführer den bei weitem größten Teil erhält. Das kommt einem vielleicht unfair vor, schließlich teilen auch alle dieselben Gefahren, aber ein Anführer weiß, seine Krieger erwarten von ihm, dass er großzügig Geschenke verteilt und sie mit gutem Essen und Trinken versorgt. Deshalb bleiben sie auf ihrem Beuteanteil nicht lange sitzen, denn das meiste davon geht letzten Endes in der einen oder anderen Form an ihre Krieger.

Wenn man Beute unterschlägt, wird das sehr missbilligt. Nicht alle Mitglieder eines Plündertrupps haben gleiche Chancen, Beute zu machen, denn einige muss man immer für Aufgaben wie das Bewachen der Schiffe, die Erkundung, das Versperren von Fluchtwegen und dergleichen abstellen. Da all diese Aufgaben unabdingbar für den Erfolg eines Raubzuges sind, müssen diejenigen, die sie ausführen, denselben Lohn bekommen wie alle anderen. Falls Sie Beute einfach für sich behalten, bestehlen Sie auf ehrlose Weise Ihre Mitwikinger.

Schätze

Der Traum der meisten Wikinger ist es, auf einem Raubzug Schätze zu erbeuten. Das begehrteste Metall ist Gold, aber Silber gibt es sowohl als Schmuck wie als Münzmetall viel reichlicher. Vieles, das wie Gold aussieht, erweist sich hinterher nur als vergoldetes Silber. Üblich bei Schätzen ist es, alles in Stücke zu hacken, damit es gewogen und leichter unter die Krieger verteilt werden kann. Manchmal kann man sie auch einschmelzen und zu kleinen Barren oder Armreifen gießen.

Armschmuck ist eine bequeme, sichere Art, Ihre Beute mit sich durch die Gegend zu tragen – und gleichzeitig alle sehen zu lassen, dass Sie einiges wert sind. Keinen besonderen Wert sollte man auf die handwerklichen Qualitäten eines Gegenstand legen; er ist nicht mehr wert als sein Gewicht.

Am besten lassen Sie Ihr Silber einschmelzen und in Armreife umgießen, damit Sie ihren Reichtum am Leib tragen können.

Wikingermünzen aus Jorvik oder Dubiln. Für kleine Geschäfte können Münzen handlicher sein als Hacksilber, besonders in Ländern wie England oder dem Frankenreich, wo der Gebrauch von Münzen das Normale ist.

Münzen

Nur in Mikligard sind Goldmünzen allgemein gängig, anderswo macht man die Münzen aus Silber. Beim Handel in den Ländern Skandinaviens sind Münzen nicht oft in Gebrauch, also schmilzt man sie normalerweise wie alle anderen Wertgegenstände ein, um Barren aus ihnen zu gießen. Für kleine Transaktionen haben sie jedoch eine praktische Größe und das richtige Gewicht, und wenn nötig, kann man sie leicht in kleinere Stücke schneiden. Die Wikingersiedler in Irland, England und dem Frankenland sind inzwischen vollständig daran gewöhnt, wie auch die Einheimischen Münzen zu verwenden.

Der Silbergehalt einer Münze kann beträchtlich schwanken. Herrscher können davon profitieren, den Feingehalt ihrer Währung zu manipulieren, indem sie zum Beispiel Münzen mit hohem Silbergehalt einziehen, einschmelzen, einen Teil des Silbers für ihre Schatzkammer zurückhalten und neue Münzen mit einem höheren Anteil an unedlen Metallen prägen. Sie haben zwar dasselbe Aussehen und den gleichen Nennwert, aber ihr geringerer Silbergehalt bedeutet, dass sie weniger wert sind. Passen Sie auf, wenn Sie mit Händlern Geschäfte machen: Sie kennen ganz genau den wirklichen Wert verschiedener Münzemissionen und haben keine Bedenken, ihr Wissen auszunutzen. Englische Pennys sind schwerer und haben einen höheren Silbergehalt als fränkische Denare. Grob gesprochen kann man den Wert eines englischen Penny so ausdrücken, dass man für fünf ein Schaf und für zehn ein

Schwein kaufen kann. Wegen dieses relativ hohen Werts sind Fälschungen aus mit Silber überzogenem Kupfer häufig. Lassen Sie sich nicht hinters Licht führen. Fälschungen können Sie leicht aufspüren, indem Sie mit Ihrem Messer über die Oberfläche der Münze kratzen.

Sperrige Güter

Andere Formen des Besitzes, etwa Stoff, Felle, Schiffe, Holz, Getreide und Vieh, unedle Metalle und Eisen, sind weniger leicht zu transportieren und aufzuteilen, lassen sich aber leicht in Edelmetall verwandeln, indem man sie an die Händler verkauft, die nie weit von einer erfolgreichen Wikinger-Plündererschar entfernt sind.

Sklaven

Menschen zählen zur wertvollsten Kriegsbeute überhaupt. Je nach Sozialstatus, Alter, Geschlecht und Gesundheitszustand kann man sie gegen Lösegeld freigeben oder als Sklaven verkaufen. In den Sklavenhandel muss man eine beträchtliche Menge Energie stecken. Sklaven müssen bewacht werden, damit sie nicht weglaufen, und gefüttert und gepflegt werden, damit ihr Wert nicht sinkt. Ketten Sie Sklaven am Hals aneinander, wenn Sie sie auf den Markt bringen, damit Sie die größtmögliche Sicherheit haben. Verschwenden Sie keine Mittel an alte oder schwache Menschen, die sowieso niemand kauft; bringen Sie

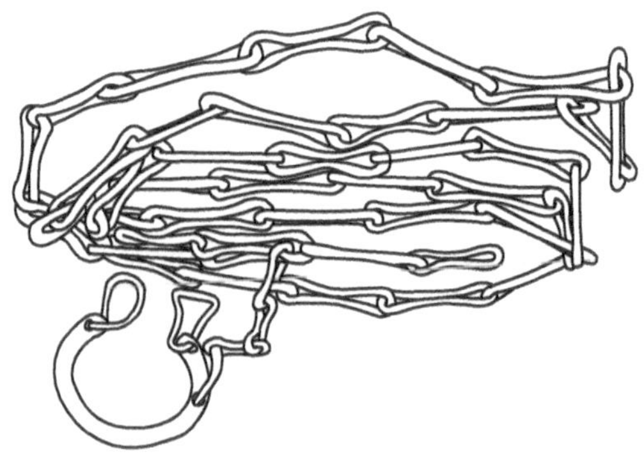

Schützen Sie Ihre Beute. Verwenden Sie Halsringe und Ketten aus Eisen, damit Ihre Sklaven auf dem Weg zum Markt nicht davonlaufen.

sie entweder um oder lassen Sie sie laufen. Kümmern Sie sich besonders gut um attraktive junge Mädchen. Weil sie für sexuelle Zwecke gefragt sind, können sie leicht den dreifachen Preis eines gesunden männlichen Sklaven (nämlich zehn bis elf Unzen Silber) erzielen. Alle Völker halten Sklaven, aber die größte Nachfrage besteht bei Griechen, Mauren und Sarazenen.

Niemand verlangt von männlichen Wikingern, dass sie ihren Frauen treu sind. Sie dürfen jede Sklavin, an die Sie auf einem Feldzug kommen, für Gelegenheitssex oder über längere Zeit als Konkubine benutzen (sollten Sie ledig sein, halten Sie die Augen offen – viele Männer heiraten ein Sklavenmädchen!). Betrachten Sie aber nicht alle Sklavenmädchen als Freiwild. Wenn Sie dabei erwischt werden, dass Sie Sex mit der Sklavin eines anderen haben, ohne ihn vorher um Erlaubnis zu fragen, müssen Sie ihm Schadenersatz für die Benutzung seines Eigentums zahlen. Ihre eigenen Sklaven zu töten ist ebenso wenig illegal, als wenn Sie Ihr eigenes Vieh totschlagen wollten, aber sollten Sie einen fremden Sklaven erschlagen, müssen Sie Schadenersatz in Höhe des vollen Marktwerts zahlen.

Lösegelder

Das Lösegeld ist seit der Verschleppung der Mönche von Lindisfarne im Jahr 793 stets ein Kernbestandteil des Wikingergeschäfts gewesen. Hochrangige Leute erzielen die besten Preise. Den Rekordertrag brachte wahrscheinlich Abt Ludwig vom Kloster St. Denis bei Paris im Jahr 858. Sein Lösegeld betrug 686 Pfund Gold und 3250 Pfund Silber. Da Gold ja um vieles wertvoller als Silber ist (etwa das Vierzehnfache), war diese Summe beträchtlich mehr wert als die 10 000 Pfund Silber, die König Aethelred letzten Sommer um des lieben Friedens willen an Olaf Tryggvason gezahlt hat. Seien Sie aber nicht niedergeschlagen, falls zu Ihren Gefangenen niemand von solchem Kaliber zählt. Sogar für Leibeigene kann man Lösegeld erzielen. Ihre Grundherren brauchen sie, um das Land zu beackern, und zahlen ordentlich, um sie wiederzubekommen.

Als heidnischer Wikinger haben Sie zwar kaum Verwendung für Bücher, aber den Christen liegt etwas daran und sie zahlen richtig gut für die Rückgabe teurer heiliger Schriften. Das Gekritzel am unteren Rand dieser Seite beschreibt, wie das Buch vor 150 Jahren von Wikingern losgekauft wurde.

Für den erfolgreichen Abschluss eines Freikaufs von Geiseln braucht man ein Mindestmaß an Vertrauen. Allgemein gilt es als Unrecht, Leute festzusetzen und Geld für sie zu fordern, wenn sie ins Lager gekommen sind, um ihrerseits Lösegeld für Festgehaltene zu zahlen. Trotzdem kommt es durchaus vor, dass Geiseln getötet werden, obwohl das Lösegeld gezahlt ist, und manchmal werden Leute, denen freies Geleit zugesichert ist, damit sie das Geld überbringen können, ihrerseits verschleppt und gegen Lösegeld festgehalten. Diese Art Benehmen schreckt schlicht davon ab, überhaupt noch Lösegeld zu zahlen, und ist ein Egoismus, der ehrlichen Wikingern das Geschäft verdirbt.

Denken Sie immer daran: Geiseln sind keine Sklaven. Man sollte sie halbwegs gut behandeln, es sei denn, das Lösegeld bleibt aus; in diesem Fall kann man sie entweder in die Sklaverei verkaufen oder, wenn sie alt und nicht gesund sind, töten. Christen legen viel Wert darauf, dass Frauen keusch sind, und falls weibliche Geiseln vergewaltigt werden, kann es sein, dass ihre Familie sie verstößt. Dasselbe gilt für die heiligen Jungfrauen, die man Nonnen nennt. Unberührt sind sie mehr wert (selbst wenn Sie denken, dass sie in ihrem Beruf für eine Nacht im Bett mit einem Mann echt dankbar wären).

Die Christen zahlen außerdem gern reichlich, um heilige Gegenstände wiederzubekommen, die man aus Kirchen und Klöstern geplündert hat. Heilige Gefäße bringen beim Freikauf mehr als ihren

Ein norwegischer Wikinger stahl dieses hübsche Reliquiar aus einem irischen Kloster und schenkte es seiner Freundin Ranvaig, die es als Schmuckkästchen gebrauchte.

Tipp: Christliche heilige Bücher sind wegen ihrer edelsteinbesetzten Einbände einen Raub wert. Wenn Sie den Schmuck abgerissen haben, werfen Sie die Buchseiten nicht weg. Sie bestehen aus Vellum – Kalbshaut – und lassen sich zu fußfreundlichen Stiefeleinlagen zuschneiden.

Gewichtswert in Edelmetall. Ebenso schätzen die Christen heilige Bücher und „Reliquien" – die nackten Knochen und eingetrockneten Körperteile heiliger Männer und Frauen, die Wunder wirken können, wie sie sich kindischerweise einbilden. Reliquien werden in Kästchen aufgehoben, die man Reliquiare nennt; normalerweise sind sie aus Edelmetallen gemacht und mit Edelsteinen besetzt. Sogar für Kirchen und für Wohngebäude kann man Lösegeld fordern. Die Wikinger, die 842 den fränkischen Hafen Quentovic plünderten, verschonten die Häuser jener Leute, die dafür zahlten.

> Die Mönche der Abtei Fontenelle ... waren zu dieser Zeit (841) sehr ängstlich und furchtbar bekümmert. Sie schienen vor Ungewissheit gelähmt zu sein, statt ihr Leben einfach weiterzuführen. Denn sie selbst hatten die Klosterstätte von den Heiden zu einem guten Preis gekauft. Aber als ihr Vermögen versiegt war und ihr Schutz vor Angriffen schwand, entschieden sie sich im letzten Moment, ihr Heil in der Flucht zu suchen.
> *Die Auffindung und die Wunder des heiligen Wulfram*

Tribut

Sogar als einfacher Wikinger kann Ihr Anteil an einer einzigen richtig großen Tributzahlung ausreichen, um Ihr Leben lang ein gemachter Mann zu sein. Am leichtesten beginnt man die Verhandlungen über einen Tribut nach einem entscheidenden Sieg im Kampf, wenn der Feind richtig in der Klemme sitzt und verzweifelt nach Wegen sucht, den Schaden zu begrenzen. Tribute einsammeln kann man auf geordnete

Waagen, mit denen die Beute gewogen und gerecht verteilt wird, sind ein wesentlicher Bestandteil der Ausrüstung eines Wikingeranführers. Sogar Münzen werden nach Gewicht, nicht nach Nennwert aufgeteilt.

Weise, durch die örtlichen Steuereintreiber des Königs, also ohne den ökonomischen Flurschaden, der die unvermeidliche Folge wäre, wenn eine Wikingerarmee ungestört durch die Gegend tobt. Für den Besiegten hat das seinen Sinn. Für die Wikinger auch, denn die Arbeit muss dann jemand anders für Sie machen und Sie brauchen keine Risiken dafür einzugehen. Im Westen fordert und zahlt man Tribut üblicherweise in Edelmetall. In den Slawenländern im Osten, wo es keine durchorganisierten Königreiche wie in England und im Frankenreich gibt, werden Tribute meistens in Sklaven, Pelzen und anderen Waren entrichtet, die anschließend an die Bulgaren, die Sarazenen oder die Griechen verkauft werden müssen, um sie in Edelmetall umzusetzen.

Häufig spielen beide Seiten während der Tributverhandlungen kräftig mit falschen Würfeln. Der Feind zieht die Gespräche zum Beispiel in die Länge, um Zeit zu gewinnen, neue Truppen aufzustellen, die Ernte einzubringen und an einen sicheren Ort zu transportieren oder auf den Wintereinbruch zu warten, der das natürliche Ende der Feldzüge bringt. Die Wikinger versprechen Frieden – oder sogar ihre Abreise auf Nimmer-, Nimmerwiedersehen –, aber das Tributzahlen ist ein Zeichen von Schwäche und als Wikinger kann man dem Drang kaum widerstehen, das auszunutzen. Sie kommen wieder und die Tributzahler wissen das auch. Wenn ihnen die Zahlung irgendeine Atempause verschafft, hoffen sie, in dieser Zeit ihre Verteidigung neu aufbauen zu können und zum Widerstand gegen künftige Angriffe besser gewappnet zu sein. Manchmal geht ihre Rechnung auf, aber nicht immer. Was die Leute immer und überall von ihren Königen erwarten, ist großer militärischer Erfolg; wenn ein König Abgaben zahlt, kommt ihnen das spanisch vor. Sollte ein König sowieso schon Probleme haben wie Englands König Aethelred, wird er durch die Zahlung wahrscheinlich noch unbeliebter, schürt die Unzufriedenheit und schwächt die Verteidigung seines Königreichs zusätzlich. Deshalb werden die Wikinger nächsten Sommer wieder in England sein.

Im Jahr 845 führte Karl der Kahle (König der Franken von 845 bis 877) den Brauch ein, den Wikingern im Tausch gegen Frieden Tribut zu zahlen. Seine Rechnung ging nicht auf und auch für Aethelred von England wird sie nicht aufgehen.

Die Verhandlungen vor der Schlacht von Brunanburh

„(Die Gesandten sagten), dass es besser für König Olaf wäre, zurück nach Schottland zu gehen und dass König Athelstan ihm als Zeichen der Freundschaft einen silbernen Schilling für jeden Pflug in seinem Königreich geben und dadurch ihr Verhältnis besiegeln werde ... Sobald die Botschaft überbracht war, schob Olaf für diesmal alles andere auf und setzte sich mit den Anführern des Heeres zur Beratung zusammen. Die Meinungen gingen weit auseinander. Die einen drängten ihn, die Bedingungen anzunehmen, weil der Feldzug sehr erfolgreich gewesen war und sie jetzt mit der Masse an Tribut heimkehren würden, die Athelstan ihnen übergeben wollte; andere aber waren dagegen und meinten, falls sie dieses Angebot Athelstans ablehnten, müsse er nächstes Mal ein noch größeres machen, und darauf einigten sie sich."
Die Saga von Egill Skalla-Grímsson 52

Ironischerweise verloren die Wikinger die Schlacht und zogen daher mit leeren Händen ab.

Wenn man Angebote ausschlägt

Denken Sie sehr gründlich nach, ehe Sie ein Angebot zurückweisen. Wenn die Leute den Eindruck bekommen, dass die Wikinger immer betrügen, werden sie gar nicht mehr verhandeln. Im Idealfall sollte es immer irgendeinen Grund – egal wie fadenscheinig – geben, mit dessen Hilfe Sie die Ablehnung eines Angebots als Frage der Prinzipientreue erscheinen lassen statt als zynischen Akt des Opportunismus, wie es tatsächlich der Fall ist. Ein schönes Beispiel dafür trug sich Anfang 884 zu, als der Frankenkönig Karlmann II. einwilligte, den Wikingern 12 000 Pfund Gold und Silber als Tribut dafür zu zahlen, dass sie das Königreich verließen. Ein Waffenstillstand bis zum Oktober, der durch Geiseln abgesichert wurde, sollte dazu dienen, das Geld zu überreichen. Kurz vor der Übergabe starb Karlmann jedoch an den Folgen eines Jagdunfalls. Die Wikinger erklärten, sie hätten eine persönliche Vereinbarung mit Karlmann geschlossen, und falls sein Nachfolger Frieden wolle, müsse er ihnen noch einmal die gleiche Summe zahlen. Um ihre Position zu verdeutlichen, ermordeten sie die Geiseln und begannen wieder zu plündern.

Land

Zu den besonders attraktiven Seiten von Wikingerüberfällen hat es immer schon gezählt, sich ein Stück Land unter den Nagel zu reißen. Viele Wikinger nehmen ihre Beute mit nach Hause und kaufen sich dort Land, aber zahlreiche andere haben sich auf erobertem Land in Übersee ein neues Leben aufgebaut.

Land an Orten wie auf Island zu beanspruchen war leicht: Es gab da niemanden, ein paar irische Mönche ausgenommen, und die machten sich ziemlich flott vom Acker, sobald die ersten Wikingerschiffe auftauchten. Die meisten Stellen, die von Wikingern besiedelt sind, waren aber schon bewohnt und die Einheimischen waren nicht versessen darauf, Platz für Zugereiste zu machen.

Eine effiziente Methode, sich Land zu sichern, ist das Töten und Verjagen der Eingeborenen. So geschah es auf Orkney und Shetland. Die meisten einheimischen Pikten wurden erschlagen oder in die Sklaverei verkauft, aber die Mehrzahl der Eroberer waren Single-Wikinger, also nahmen sie die dort wohnenden Frauen als Gattinnen und Konkubinen. Problem gelöst – doch das waren besondere Umstände, denn es ging um abgelegene Inseln mit einer kleinen Bevölkerung, die sich nirgendwo verstecken konnte. An den meisten Orten geht das so nicht.

Eine nicht so blutrünstige Lösung besteht darin, den einheimischen Adel zu stürzen und schlicht in seine Fußstapfen zu treten, sein Land und seine Vorrechte zu übernehmen. Die einheimischen Bauern können ihr Land ruhig behalten; für sie ändert sich nur, dass sie jetzt für neue Herren, nämlich für Wikinger, arbeiten. Solange sie nicht schlimmer ausgepresst werden als von ihren früheren Herren, ist von ihnen kaum Ärger zu erwarten.

Besondere Anstrengungen, den einheimischen Adel auszulöschen, braucht es auch nicht. Da sie den Kern des Heeres der Verteidiger bilden, ist im Lauf der Eroberung sicher schon ein Großteil von ihnen im Kampf gefallen. Ziemlich genau das geschah, nachdem das große Dänenheer 865 in England eingefallen war. Die Könige von Ostanglien und Northumbrien wurden zusammen mit vielen ihrer führenden Männer im Kampf erschlagen und der König von Mercia floh ins Exil, worauf sein Reich führerlos und demoralisiert zurückblieb. Da die etablierte Ordnung in Trümmern lag, siedelten sich die Dänen ohne Widerstand an und stellten ihre eigenen Königreiche auf die Beine.

In christlichen Ländern kann die Kirche selbst für heidnische Eroberer zum willigen Helfer werden: Sie stellt Frieden und Ordnung über alles, um ihre Mitglieder, Bauten und Ländereien zu schützen. Im Dänenkönigreich Jorvik zeigten sich die örtlichen Erzbischöfe gegenüber ihren neuen Heidenherrschern sehr hilfsbereit und stellten ihnen ihre Verwaltungskenntnisse zur Verfügung.

Gib dem Durchschnittswikinger ein Stück ordentliches Land und er gibt sein gewalttätiges Leben gern auf und lässt sich häuslich nieder. Er passt sich sogar gern der Art an, wie die Einheimischen alles machen – so etwa Guthrum, als er König von Ostanglien wurde: Er nahm einen christlichen englischen Namen an, Athelstan, und prägte seine Münzen nach dem Muster König Alfreds.

Das Land lässt sich sicherer behaupten, wenn man in Verhandlungen mit den Nachbarmächten die förmliche Anerkennung seines Besitzanspruchs durchsetzt. Obwohl sie mittlerweile die englische Oberherrschaft anerkannt haben, sind die Nachkommen der Dänen, die einst Ostanglien eroberten, noch immer da – dank dem Grenzvertrag, den ihr Anführer Guthrum 886 mit Alfred von Wessex aushandelte. Alfred erkannte den dänischen Besitz von Landgebieten an, die sowieso nie zu Wessex gehört hatten, und bekam dafür eine sichere Grenze. Guthrum und seine Gefolgsleute bekamen die Garantie, dass sich Alfred nicht einmischen würde, während sie die Kontrolle über ihre Landgewinne festigten. Als Alfreds Sohn Edward 917 Ostanglien eroberte, waren die Dänen so fest etabliert, dass er ihnen ihr Land und ihre Gesetze ließ.

Der Vertrag von 911 zwischen Hrolf dem Ganger und dem Frankenkönig Karl dem Einfältigen (siehe Kapitel III) hatte in gleicher Weise Vorteile für beide Seiten und hat ebenfalls gehalten. Indem Hrolf Karls Vasall wurde, bekam er einen Rechtsanspruch auf die Ländereien, die er entlang der Seine erobert hatte, während Karl dem Namen nach als Herrscher von Gebieten anerkannt wurde, die er tatsächlich gar nicht kontrollierte. Sowohl Guthrum als auch Hrolf erleichterten die Verhandlungen, indem sie sich zum Christentum bekehrten – das gefällt christlichen Herrschern immer.

Wo die Wikinger solche Abmachungen nicht durchsetzen konnten, haben sie sich an den Besitz des eroberten Landes geklammert und darum gekämpft. Das trifft besonders auf Irland zu, wo die Wikinger kaum ein Stück Land kontrollieren, das weiter als einen Speerwurf von den Mauern ihrer Städte entfernt liegt, und in einem Zustand ständiger Unsicherheit leben.

X Der Schwertschlaf

Denke stets an den Tag des Todes.
Der Königsspiegel

Ein Heldentod in der Schlacht ist eine gute Sache, aber die meisten Wikinger haben es nicht so besonders eilig, nach Walhalla zu kommen. Alle echten Krieger glauben, man sei besser ein toter Löwe als ein lebender Hund, aber außerdem glauben sie, noch besser sei es, ein lebender Löwe zu sein als ein toter. Dennoch, Krieg ist eine gefährliche Sache, und ob man gewinnt oder verliert, ein Wikinger hat eine realistische Chance, verletzt oder getötet zu werden. Sollte das Ihnen passieren, entehren Sie sich und Ihre Familie nicht, indem Sie vor Schmerzen heulen oder den Feind anflehen, Ihr Leben zu schonen. Wunden und Tod müssen Sie so herausfordernd, schicksalsergeben und gleichgültig begegnen, wie Sie nur können.

Nach einem harten Kampftag mit seinen Einheriern reitet Odin seinen achtbeinigen Hengst Sleipnir zurück nach Walhalla. Eine Walküre reicht ihm einen erfrischenden Becher Met.

Wunden

Auf einem Schlachtfeld fliegt eine Menge scharfer Gegenstände herum, und Sie müssen schon Glück haben, wenn Sie völlig unversehrt davonkommen. Kleine Verletzungen wie Schnittwunden und Rippenbrüche bemerken Sie kaum, während der Kampfrausch Sie begleitet, und solche Wunden heilen später meistens von selbst.

Jede andere Art Verletzung ist eine richtig schlimme Geschichte. Ihre Behandlung ist durchweg schmerzhaft und gefährlich, häufig wirkungslos und wird Sie sehr wahrscheinlich wünschen lassen, Sie hätten im Kampf einen schnellen, sauberen, ruhmreichen Tod gefunden. Wunden sollte man tapfer ertragen, ohne Schreien und Schmerzensrufe, aber das ist leichter gesagt als getan.

Arzneien, das Einrenken von Knochen, das Richten von Brüchen und Operationen sind üblicherweise Frauensache. Eine gute Heilerin sollte außerdem die richtigen Runenzauber kennen, die die Heilung beschleunigen, und heilende Hände besitzen. Hoffentlich befindet sich mindestens eine solche Frau im Tross des Heeres. Umsonst sind ihre Dienste nicht – Sie müssen sie für die Behandlung bezahlen, falls Sie überleben. Wenn die Armee nicht über Heilerinnen verfügt, wählen Sie die Männer mit den sanftesten Händen zum Wundenverbinden und zur Pflege der Verletzten aus.

Bauchverletzungen

Wunden am Bauch sind fast immer tödlich, falls die Eingeweide durchlöchert sind. Ganz besonders viel Sorgen machen müssen Sie sich in dem Moment, wenn man Ihnen eine streng riechende Lauch- oder Zwiebelsuppe einflößt (denn das heißt, dass die anderen denken, Ihre Wunde sei *richtig* böse). Beginnt die Wunde später nach Lauch zu

Tipp: Spinnweben oder Großer Wegerich helfen, auf Wunden gelegt, beim Blutstillen und treiben die Heilung voran.

Wikinger sind nicht immer die Sieger. Dieser Haufen wurde von den Engländern gefangen genommen, gefesselt und enthauptet. Aber verlassen Sie sich drauf: Wahrscheinlich haben sie dem Henker vorher noch ins Auge gespuckt.

riechen, ist das ein Zeichen, dass Ihre Eingeweide verletzt sind. Da ist nichts zu machen, und binnen zwei oder drei Tagen werden Sie Fieber bekommen und sterben.

Beinbrüche

Gebrochene Arme und Beine muss eine Expertin richtig einrichten, damit sie gerade verheilen. Knochen zu richten ist sehr schmerzhaft, aber das Leiden lohnt sich, denn ein Arm oder Bein, die krumm zusammenwachsen, sind nicht zu viel nutze. Die Einrichterin trägt zunächst eine Salbe aus Beinwurz (Gänseblümchen) und Eiweiß auf die gebrochene Extremität auf, ehe sie sie schient. Falls kein gebrochener Knochen die Haut durchstoßen hat, kann sich der Patient gut erholen, sofern die Einrenkerin gute Arbeit geleistet hat. Sollte aber – und das ist bei Schwert- und Axtwunden oft der Fall – das Fleisch aufgeschnitten und der Knochen mit Luft und Dreck in Kontakt gekommen sein, stirbt der Patient normalerweise am Fieber, ehe der Knochen wieder verwachsen ist. Unter diesen Umständen ist es die beste Entscheidung, augenblicklich zu amputieren, was den Patienten häufig sowieso umbringt.

Blutungen

Schnitte und sonstige Fleischwunden brennt man am besten mit einem rotglühenden Eisen aus. Das stillt die Blutung und reinigt gleichzeitig die Wunde. Klaffende Wunden und die Stümpfe abgetrennter Gliedmaßen muss man vielleicht nähen. Nähnadeln macht man aus Knochen, und sie sind nicht spitz genug, die Haut zu durchbohren. Die Heilerin bereitet die Wunde vielmehr für die Naht vor, indem sie mit einem spitzen Metallgegenstand eine Reihe von Löchern ins Fleisch bohrt; erst danach kann es mit einer Nadel und einem Leinenfaden (oder auch Seide, falls Sie sich die leisten können) vernäht werden. Wenn man vor der Behandlung Salz und Lauchblätter auf die Wunde aufbringt, dämpft das den Schmerz. Eine Salbe aus Gänsefingerkraut, Wolfsmilch, Greiskraut, Donnerkraut (Hauswurz), Waldmeister und Wermut, in Butter gekocht, hilft beim Heilen jeder Wunde, die Eisen geschlagen hat.

Pfeilwunden

Pfeile verursachen einige der unangenehmsten Verletzungen. Kriegspfeile haben scharfe Widerhaken, sodass sie sich nicht aus einer Wunde ziehen lassen, ohne noch viel mehr Schaden anzurichten. Ist der Pfeil nicht zu tief eingedrungen, schneidet die Heilerin das Fleisch rund um die Wunde ein, damit sie die Spitze herausziehen kann. Anschließend säubert sie die Wunde und entfernt Splitter, ehe sie sie ausbrennt. Steckt der Pfeil tief im Körper, schadet es oft weniger, das gefiederte Ende abzuschneiden und den Pfeil durch den Körper zu drücken, sodass er auf der Gegenseite herauskommt. Falls ein Knochen im Weg liegt, muss man ihn erst brechen, um den Pfeil durchzuschieben. Nach der Reinigung werden beide Wunden ausgebrannt.

Kriegsfessel

Nach einer Schlacht stoßen Sie vielleicht auf einige Männer, die benommen und verwirrt durch den Schock und das Trauma des Kampfes übers Schlachtfeld irren. Sie leiden unter „Kriegsfessel“ (*herfjöttr*) oder „Fußgrauen“. Wenn sie Ruhe und schonende Behandlung bekommen, finden sie mit der Zeit ihren Verstand wieder.

Thormod ging in ein Haus, wo viele verwundete Männer waren und bei ihnen eine junge Frau, die ihre Wunden verband ... Das Mädchen sagte: „Lass mich deine Wunde sehen und dann verbinde ich sie." Thormod setzte sich hin und zog seine Kleider aus. Das Mädchen untersuchte die Wunde – sie war in seiner Seite – und spürte, dass eine eiserne Pfeilspitze darin steckte, konnte aber nicht feststellen, wo sie eingedrungen war. In einem Steintopf kochte sie ein Gemisch aus Lauch und anderen Kräutern und gab es den Verwundeten zu essen. Dadurch fand sie heraus, ob die Wunden den Darm verletzt hatten, denn falls die Wunde so tief ging, roch sie nach Lauch. Davon brachte sie Thormod etwas und forderte ihn auf, es zu essen. Er antwortete: „Nimm das weg, ich habe keinen Appetit auf Suppe." Dann nahm sie eine Zange und versuchte die Pfeilspitze herauszuziehen, aber die saß fest und wollte nicht herauskommen. Da die Wunde geschwollen war, ragte wenig von der Spitze hervor, an der man sie packen konnte. Da sagte Thormod: „Schneide tief genug, dass du mit der Zange an die Pfeilspitze kommst, dann gib mir die Zange und lass mich ziehen." Sie tat, wie er gesagt hatte. Dann nahm Thor-mod einen Goldring von seinen Fingern, gab ihn dem Mädchen und sagte, sie möge damit tun, was sie wolle. „Es war das Geschenk eines guten Mannes", sagte er. „König Olaf hat ihn mir heute morgen gegeben." Dann packte Thormod die Zange und zog die Pfeilspitze heraus. An den Widerhaken hingen einige Stücke Fleisch von seinem Herzen, manche weiß, manche rot. Als er das sah, sprach er: „Schau, wie gut der König seine Männer ernährt – es sitzt Fett rund um mein Herz", und während er das sagte, lehnte er sich zurück und starb.

Snorri Sturluson, *Die Saga von Olaf dem Heiligen* 234

Der Tod in der Schlacht

Ihre Kameraden feiern einen großen Sieg, Sie aber haben diesen langen englischen Axtkämpfer übersehen, bis es zu spät war, und nun sind Sie tot. Was jetzt kommt? Wer weiß das schon genau? Jedes Jahr bekehren sich mehr Leute zur neuen Religion der Christen, und Däne-

Odin mit seinen Raben Hugin und Munin, die ihm Nachrichten über den Streit in der Welt bringen.

Odins Schildmaiden, die Walküren, heißen die erschlagenen Krieger in Walhalla willkommen.

mark hat sogar einen christlichen König. Doch wenn Sie ein echter Wikingerkrieger sind, bleiben Sie sicher der alten Religion treu, die den im Kampf Gefallenen ein ruhmreiches Leben nach dem Tod verspricht, das aus Festmählern und Kämpfen mit Allvater Odin in Walhalla besteht (der „Halle der Erschlagenen").

Töten oder Getötetwerden, in Odins Auge (er hat ja nur eins) ist im Kampf beides gleichermaßen löblich. Über alles Geschehen wird Odin von seinen Raben Hugin und Munin orientiert, die über die Welt fliegen und wiederkehren, um ihm in die Ohren zu flüstern, was sie gesehen haben. Hört Odin, dass Krieger gegeneinander vorrücken, um einen ruhmreichen Kampf auszutragen, sendet er die Walküren aus, seine Schlachtjungfrauen, die entscheiden, wer fallen und wer überleben wird. Nach der Schlacht geleiten die Walküren die Seelen der gefallenen Krieger zu Odins Halle Walhalla in Asgard, der Heimat der Götter. Dort begrüßt sie der Dichtergott Bragi, dessen Pflicht es ist, Walhalla für ihre Ankunft vorzubereiten. Walhalla ist eine riesengroße Halle, so groß, dass die Halle, die dem hammerschwingenden Thor gehört, im Innern liegt. Walhalla glänzt vor Gold, hat als Dachbalken große Speere und ist mit Schilden und Kettenhemden gedeckt. Es gibt 540 Türen, jede davon so groß, dass 800 Krieger Seite an Seite hindurchziehen können.

Das Schicksal der Erschlagenen ist es, in die Reihen der Einherier einzutreten, des persönlichen Kriegergefolges von Odin. Jeden Morgen strömen die Einherier aus Walhalla heraus und verbringen den Tag damit, einander zu bekriegen. Am Abend werden die Gefallenen wieder zum Leben erweckt und die Verwundeten rechtzeitig geheilt, um die Nacht mit einem Festmahl bei Wildschweinbraten zu verbringen und den allerbesten Met mit den Göttern zu trinken, während bildschöne Walküren sie bedienen.

Der Zutritt zu diesem Kriegerparadies ist an keine spezielle Behandlung der Kriegerleiche gebunden. Das ist tröstlich für den Kämpfer, der fern seiner Heimat getötet wird, besonders wenn er auf der unterlegenen Seite kämpft und unbestattet auf dem Schlachtfeld liegen bleibt, damit sich die Wölfe und Aasvögel um ihn zanken können. Allerdings hat Odin verfügt, dass jeder Krieger, dessen Leiche verbrannt wird, alle Waffen und sonstigen Güter nach Walhalla mitnehmen darf, die bei ihm auf dem Scheiterhaufen liegen. Im nächsten Leben gibt es auch nicht mehr Gleichheit als in diesem.

Ragnarök: die letzte Schlacht

Früher oder später enden alle guten Dinge, und nicht einmal das Leben nach dem Tod dauert ewig. Odin sammelt seine Krieger nicht ohne Grund – sie sollen mit ihm und seinen Mitgöttern gegen deren alte Feinde, die Riesen und deren Verbündete, kämpfen, wenn Ragnarök kommt, die letzte Schlacht am Ende der Zeit. Leider wird es hinterher keine Prahlereien in der Methalle geben, denn Odin und seine Einherier sind dazu bestimmt, gemeinsam mit ihren Feinden vernichtet zu werden. Flammen, die der Feuerriese Surt schleudert, werden die Erde vollständig verbrennen, ehe sie unter die Meereswogen versinkt, um eines Tages gereinigt aufzutauchen, wenn ein neuer Zyklus des Universums beginnt.

Alternatives Weiterleben

Nur Berserker brennen tatsächlich darauf, im Kampf zu sterben, sodass sie schnellstmöglich bei den Einheriern mitmachen können. Für die meisten vernünftigen Wikinger ist der Einzug in Walhalla lediglich ein Trostpreis für den Tod in der Schlacht; was sie eigentlich wollen, ist weiterzuleben und die Früchte ihres Sieges auszukosten. Aber dem Tod kann keiner entgehen.

> Der törichte Mann denkt, er lebe ewig,
> wenn er sich dem Kampf fernhält;
> aber das Alter wird ihm keinen Waffenstillstand gewähren,
> selbst wenn die Speere es tun.
> *Hávámál*

Während dem Krieger, der im Kampf fällt, ein ruhmreiches anderes Leben garantiert ist, sind die Wege vielfältig, welche die Seelen derer einschlagen, die an Krankheit, Altersschwäche oder durch Ertrinken sterben, und nicht alle diese Wege sind gut.

Zum größten Teil schleppen die Seelen der Toten sich in ihren Gräbern in einem gespenstischen Nachleben hin, getröstet nur durch die Beigaben, die mit ihnen zu begraben ihre Familien sich leisten konnten. Wer möchte schon das Los eines Sklaven oder einer Sklavin beneiden, die geopfert werden, um ihrem Herrn in den Tod zu folgen? Dennoch melden sich manche freiwillig. Die Seelen der Rechtschaffenen haben vielleicht das Glück, den Weg nach Brimir zu finden, einer Halle mit goldenem Dach in jener Gegend der Anderswelt, die Gimlé heißt; dort bekommen sie gutes Bier serviert. Oder vielleicht gehen sie stattdessen zu einer anderen gastlichen Halle, Sindri in den Niðafjöll-Bergen der Anderswelt. Auf diese Weise kann ein großer Krieger trotz allem eine Bleibe bei den Göttern finden, selbst wenn er nicht im Kampf stirbt. Die Seelen unverheirateter Mädchen fordert die lüsterne Fruchtbarkeitsgöttin Freyja für sich und lässt sie in ihrem eigenen Reich Folkvangr wohnen. Odin erlaubt Freyja, auch einen Teil seiner Krieger in Folkvangr wohnen zu lassen, damit sie den Mädchen Gesellschaft leisten; wenn Sie in der Erwartung gestorben sind, nach Walhalla zu kommen, sind Sie vielleicht nicht allzu enttäuscht, falls Sie einer dieser Auserwählten sind.

Tod durch Ertrinken ist ein offensichtliches Risiko für einen Wikingerkrieger. Auf die Seelen der Ertrunkenen wartet ein nasses Leben unter dem Meer in der Halle des Meergottes Aegir, dessen Gattin Rán sie in ihrem Netz fängt. Aegir steht im Ruf, der beste Bierbrauer unter den Göttern zu sein, also ist das kein schlechtes Schicksal.

Die anderen Wege für die Seelen derer, die einer Krankheit oder ihrem Alter erliegen, sind eher düster. Manche finden ihren Weg ins eiskalte Nebelreich Niflheim, wo sie etwas von der mageren Kost abbekommen, die die verwesende Göttin Hel auftischt. Eidbrechern und Mördern geht es so elend, wie sie verdienen, nämlich in Nástrandir, einer grausigen Halle, die aus verflochtenen Schlangen besteht und von Gift trieft. Die allerschlechtesten Seelen werden in die Quelle Hvergelmir gestoßen, wo sie die Schlange Niðhöggr verzehrt, der Leichenzerreißer.

Wie man Tote behandelt

Es ist üblich, mit feindlichen Toten respektlos umzugehen. Wenn Sie sie all ihrer Wertgegenstände beraubt haben, werfen Sie ihre Leichen achtlos in ein Massengrab – oder wenn das nach zu viel Arbeit aussieht, überlassen Sie einfach den Wölfen, Raben und anderen Aasfressern die Beseitigung. Lassen Sie sich auf der falschen Seite im Kampf

Das Grab eines echten Kriegers. Mit Schwert, Axt, Speer, Pfeilen, Schilden und den beiden Pferden, die zusammen mit ihm beigesetzt wurden, hätte dieser Mann tüchtig was hergemacht, wenn er ins nächste Leben einzog.

Kein Geld für ein Begräbnis in einem echten Langschiff? Kein Problem. Ihre Familie kann einfach rund um Ihr Grab einen Schiffsgrundriss mit Steinen markieren. Die gute Absicht zählt.

töten, dann passiert das Ihnen. Wenn die Umstände es gestatten, sollten tote Wikinger mit demselben Respekt behandelt werden, den sie daheim bekämen. Krieger, die an die alten Götter glauben, sollte man zusammen mit ihren Waffen in einem Holzsarg oder einer mit Holz ausgekleideten Kammer begraben. Für einen Häuptling ist der ideale Ausstand ein Schiffsgrab mit Beigaben, die seinem Status entsprechen –Waffen, Schätze, ein Sklavenmädchen und vielleicht auch Pferde und Jagdhunde.

So richtig einig ist man sich nicht darüber, was als Nächstes kommen soll. Alles unter einem Erdhügel vergraben, alles verbrennen und anschließend unter einem Hügel vergraben, das Schiff auf hoher See treiben lassen oder das Schiff anzünden und dann erst treiben lassen? Ist alles schon gemacht worden. Für die nicht so Wohlhabenden, etwa einen kleinen Häuptling, ist ein Begräbnis in einem Ruderboot ein annehmbarer Schiffsersatz. Das Beste, was sich der Rest erhoffen kann und was einem Schiffsbegräbnis am nächsten kommt, ist die Beisetzung mit ein paar alten Schiffsplanken oder in einem Grab, das Felsbrocken in Form eines Schiffes umgeben – die Geste zählt.

Für immer weg sind die Toten nie, und wenn sie unglücklich sind, können ihre Geister umherschweifen und den Lebenden Ärger machen. Unruhestiftende Geister müssen verkrüppelt werden, indem man ihrer Leiche Kopf und Füße abschneidet oder die Knochen verstreut. Zerbrechen Sie als zusätzliche Sicherheitsmaßnahme auch alle Grabbeigaben, besonders die Waffen, damit die Toten sie nicht benutzen können.

Kapitulation

Sich zu ergeben ist nie eine gute Wahl, aber wenn Ihre Kameraden tot oder geflohen sind, Ihr Schild zerschlagen und Ihr Schwert stumpf ist, dann besteht eine geringe Chance, dass die Aufgabe Ihr Leben rettet und Ihnen Zeit verschafft, während Sie nach einer Fluchtmöglichkeit suchen. Falls Ihr Feind schlechte Laune hat, wie das den Leuten oft so geht, wenn sie gerade gesehen haben, wie eine Menge ihrer Freunde getötet wurden, dann macht er Sie wahrscheinlich sowieso auf der Stelle nieder. Wenn der Blutrausch aber schon nachzulassen beginnt und der Feind das Töten satt hat, werden Sie vielleicht verschont, während man berät, was man mit Ihnen machen will.

Falls Sie der Überlebende eines kleinen Plündererertrupps sind, sollten Sie sich nicht zu viel Hoffnung machen. Seit alten Zeiten ist es überall stets Brauch gewesen, Piraten hinzurichten, also wird man Sie wahrscheinlich schnell hängen oder köpfen. Ansonsten besteht Ihre beste Aussicht aufs Überleben darin, dass die Sieger Lösegeld für Sie

Tipp: Wenn Christen Sie gefangen genommen haben, bieten Sie eine Bekehrung an. Die Christen glauben, dass es ihrem Gott gefällt, wenn sie andere Leute überzeugen, sich ihrer Religion anzuschließen, also kann das Ihr Leben retten. Frisch Bekehrte bekommen außerdem oft Geschenke, also kehren Sie nicht ganz mit leeren Händen heim (die Schattenseite: Erst müssen Sie einen Priester Wasser über Ihren Kopf gießen lassen). Von manchen Wikingern ist bekannt, dass sie sich auf diese Weise mehr als einmal bekehrt haben.

fordern, wenn Sie adlig sind, oder Sie in die Sklaverei verkaufen, wenn nicht. Wenn Sie großes Glück haben, lädt man Sie – falls Sie gut gekämpft und unerschütterliche Tapferkeit bewiesen haben – vielleicht ein, bei der Armee Ihrer Gegner als Söldner anzuheuern. Sorgen Sie sich nicht, man könnte Sie für einen Verräter halten. Wenn Ihr Herr im Kampf getötet wurde, haben Sie jetzt freie Hand, ohne Ehrverlust zu kämpfen, für wen Sie wollen.

Das Ende

Wenn Sie hingerichtet werden sollen, ist es wichtig, keine Furcht zu zeigen, und den Verlust Ihres Lebens so zu behandeln, als wäre er nicht einmal Ihnen besonders wichtig. Das trägt Ihnen den Respekt der Sieger ein und steigert Ihr postumes Ansehen, wenn die Kunde davon Freunde und Familie erreicht. Entehren Sie sich nicht, indem Sie um Ihr Leben betteln. Falls Sie geköpft werden sollen, ist es ein besonders eindrucksvoller Akt der Keckheit, Ihrem Henker zu sagen, er möge von vorn statt von hinten Ihren Nacken treffen. Auf diese Weise können Sie ihm furchtlos ins Auge blicken, während er sein Schwert oder seine Axt schwingt. Zucken Sie im letzten Moment bloß nicht weg – das verdirbt den Effekt. Geistreiche Beleidigungen sind ebenfalls hoch angesehen, weil sie zeigen, dass Sie selbst im Angesicht des Todes Ihre Geistesgegenwart behalten haben. Das ist Ihre letzte Chance, einen guten Eindruck zu hinterlassen, also nutzen Sie sie.

> Ein Mann wurde zur Hinrichtung herausgeführt und Thorkel (fragte ihn, was er vom Sterben hielt). Er sagte: „Vom Tod halte ich viel wie wir alle. Aber ich habe nicht vor, wie ein Schaf abgeschlachtet zu werden, und möchte dem Schlag lieber ins Gesicht sehen. Hau du mir ruhig ins Gesicht und sieh genau hin, ob ich zucke.“ Sie taten, was er verlangte, und ließen ihn den Schlag kommen sehen. Thorkel trat vor ihn und hieb ihm ins Gesicht, und er zuckte kein bisschen, außer dass sich seine Augen schlossen, als der Tod ihn überkam.
> *Die Saga von den Jómswikingern* 16

Ein Runenstein zum Gedenken an den schwedischen Krieger Geirfastr, der bei Kämpfen in England getötet wurde. Er starb gut und erfüllte seine Familie mit Stolz. Sie richtete diesen Stein auf, damit selbst in tausend Jahren die Menschen noch seinen Namen nennen, wenn nicht so tapfere Männer längst vergessen sind.

ISLAND
N
FÄRÖER
SHETLAND
SUDREYS
ORKNEY
WESTSEE
Iona
SCHOTTLAND
NORDSEE
Lindisfarne
Armagh
IRLAND
Dublin
Jorvik
WALES
Maldon
ENGLAND
Portland
NORWEGEN
SCHWEDEN
Birka
JÜTLAND
GOTLAND
DÄNEMARK
OSTSEE
Hedeby
FRIES-
LAND
WENDLAND
Dorestad
FLANDERN
Rouen
Seine
Paris
Chartres
Rhein
Loire
AQUITANIEN
FRANKENREICH
Rom
Mauren
Córdoba
NARVESUND
Mauren
MITTELMEER
0
500
1000 km

Bulgaren
Aldeigjuborg
Newa
Holmgard
Wolga
Bolgar
Gardariki
Petschenegen
Chasaren
Dnjepr
Chasarisches Meer
Schwarzes Meer
Mikligard
Bosporus
Serkland
Bagdad

Glossar

Asgard Wohnsitz der Götter

Aufgebot Wehrpflichtarmee oder Kriegsschar, die in Notzeiten herangezogen wird

Berserker Wikingerkrieger, die sich in einen tranceartigen Zustand hineinsteigern, der ihnen häufig übermenschliche Kräfte verlieh

Birka Schwedischer Handelsplatz auf einer Insel bei Stockholm

Brünne Kettenhemd

burh englische Stadt (daher Brunanburh, der Ort einer Schlacht zwischen Wikingern und Engländern)

Chasarisches Meer das Kaspische Meer, benannt nach den Chasaren, einem nomadischen Turkvolk, das sich im 7. Jahrhundert in den Steppen nördlich des Meeres ansiedelte

Danegeld Tribut, der Wikingern im Tausch für Frieden gezahlt wird

drakkar großes Wikinger-Kriegsschiff; der Name bedeutet „Drache“

družina Kriegergefolge eines Rus-Königs

Ealdorman englischer Adliger, entspricht in etwa einem Jarl

Einherier Odins Kriegergefolge, besteht aus den Gefallenen der Schlachten

flyting ritueller Austausch von Beschimpfungen, normalerweise bei einem Fest

Frankenreich im Jahr 991 das spätere Königreich Frankreich, zu Beginn der Wikingerzeit das Karolingerreich in den unter Karl dem Großen erreichten Grenzen, das zusätzlich die Niederlande, Westdeutschland, die Schweiz, Österreich und große Teile Italiens umfasste

Freyja nordische Göttin der sexuellen Lust und Fruchtbarkeit

Futhark das Wikingeralphabet, benannt nach seinen ersten sechs Runen

Gardariki „Land der Festungen“ oder „Land der Städte“, das europäische Russland

Griechenreich das Byzantinische (Oströmische) Reich

hafvilla auf See die Orientierung verlieren

Herse (*hersir*) niedrigster Rang des skandinavischen Adels zur Wikingerzeit

hirð das Kriegergefolge eines mächtigen Häuptlings oder eines Königs

hnefatafl Spiel, das auf einem schachbrettartigen Feld mit zwei ungleich starken Sätzen Figuren gespielt wird. Ziel des Spieles war es, dass der Spieler mit den stärkeren den „König“ der schwächeren Figuren gefangensetzte

Holmgang Zweikampf auf einer Insel zur Beilegung einer Streitigkeit oder Kränkung

Holmgard Nowgorod in Russland

Huscarl Leibwächter oder Gefolgsmann eines Wikingerfürsten oder -königs

Jarl Gebietsfürst, der nur dem König an Macht nachsteht

Jorvik York in England

knattleitr eine beliebte Mannschaftssportart, bei der Holzschläger und ein harter Ball verwendet werden. Die Regeln sind unbekannt, aber das Spiel war sehr hart und die Spieler verletzten sich oft

Koenugard Kiew in der Ukraine

Mauren Berbervölker aus Nordafrika, die sich nach der islamischen Eroberung von 711 auch in Südspanien niederließen

Mikligard „Große Stadt“, Konstantinopel (das heutige Istanbul), Hauptstadt des Byzantinischen Reiches

Narvesund die Meerenge von Gibraltar

niðing „Nichts“ – der Name für einen entehrten oder ausgestoßenen Wikinger

Njörd Gott der Seefahrer

Nornen Göttinnen, deren Rolle es war, das Schicksal jedes Menschen, der Götter und des Universums zu bestimmen

Odin Hauptgott des nordischen Pantheons, besonders eng verbunden mit dem Königtum, dem Krieg, der Dichtkunst und der Runenkunde

Petschenegen ein nomadisches Turkvolk, das im 9.–11. Jahrhundert die Vorherrschaft auf den ukrainischen Steppen hatte

Portage Schiffstransport über Land

Ragnarök die endzeitliche Schlacht

Runen frühgermanisches Schriftsystem, dessen Herkunft man im lateinischen und im etruskischen Alphabet vermutet, das der nordischen Mythologie zufolge aber von Odin erfunden wurde

Rus Begriff, der in Russland – das nach ihnen benannt ist – lebende Skandinavier bezeichnet, wahrscheinlich aber von *Ruotsi* kommt, dem finnischen Namen für die Schweden

Saga mittelalterliche isländische Prosaerzählung

Schildwall Kriegerformation, bestehend aus einer Schlachtreihe, die ihre Schilde vor sich hält

Serkland (unklare Bedeutung) das Abbasidenkalifat

Skalde Barde oder Hofdichter

snekke kleines Wikingerkriegsschiff; sein Name bedeutet „Schlange“

strandhogg Blitzüberfall auf die Küsten eines Landes

Sudreys die Hebriden vor der Westküste Schottlands – die „Südinseln“ aus der Wikingerperspektive

thegn (Thane) Lokaladliger im England der Wikingerzeit, der in etwa einem Hersen entspricht

Thing regelmäßige Versammlung der freien Männer, auf der Rechts- und Politikfragen entschieden wurden. Es gab eine Stufenfolge aus Things auf Bezirks-, Provinz- und Landesebene

Thor nordischer Gott der Körperkraft, der Eide, von Donner und Blitz, Regen und schönem Wetter. Mit seinem mächtigen Hammer Mjöllnir beschützte er Götter und Menschen

thraell Sklave

Walhalla „Halle der Erschlagenen“, Odins Halle, wo die Seelen der im Kampf getöteten Krieger das Leben nach dem Tod mit Festmählern und Kämpfen verbringen

Walküren übernatürliche Kriegerinnen, die mit Odin in Walhalla wohnten

Waräger Begriff, den seit der Mitte des 10. Jahrhunderts die Slawen, Griechen und Araber für skandinavische Söldner und Händler verwendeten, die im Osten frisch aus ihrer Heimat eintrafen. Man vermutet, dass der Begriff sich vom altnordischen *vár* („Gelübde“) ableitet, vermutlich weil Scharen skandinavischer Krieger und Kaufleute sich zu Schwurbrüderschaften zusammenschlossen. Die Warägergarde war die Elite-Leibwache des byzantinischen Kaisers

Wendland das Land der Wenden, einer Gruppe slawischer Völker, die zur Wikingerzeit die Südküste der Ostsee zwischen dem Ansatz der Halbinsel Jütland und der Weichselmündung bewohnten

Westsee der Atlantische Ozean

Zum Weiterlesen

Die Skandinavier der Wikingerzeit verwendeten Runen für kurze Inschriften auf Holz-, Stein- und Metallgegenständen, entwickelten aber erst nach ihrer Bekehrung zum Christentum zwischen dem ausgehenden 10. und dem frühen 12. Jahrhundert eine umfangreiche Literatur. Die lebendigsten Beschreibungen der Kriegführung zur Wikingerzeit finden sich in den Isländersagas, doch darf man dabei nie vergessen, dass diese Erzählungen – so überzeugend detailreich und realistisch im Stil sie sind – erst im 13. Jahrhundert niedergeschrieben wurden, zwei- bis dreihundert Jahre nach den Ereignissen, die sie beschreiben. Lesen sollte man die Familiensagas als historische Romane, die sich an das Leben realer Personen und an historische Ereignisse anlehnen, und nicht als Familiengeschichte. Die Königssagas sind historische Biographien, die zum Großteil auf mündlich überlieferten Skaldenstrophen beruhen und sie oft ausführlich zitieren. Aufgabe der Skalden war es, die Taten ihrer Patrone zu verherrlichen, also sind ihre Gedichte keine neutralen Quellen; da sie bei den geschilderten Schlachten aber oft anwesend waren, sind sie für uns dennoch das Nächstbeste zu Augenzeugenberichten über die Kriegführung der Wikinger.

Wikingerüberfälle nehmen in zeitgenössischen Annalen und Chroniken, die im christlichen Teil Europas entstanden – wie der *Angelsächsischen Chronik* –, eine wichtige Rolle ein, doch enthalten diese Quellen üblicherweise keine detaillierten Schlachtenberichte.

Die wichtigsten Königssagas sind in Snorri Sturlusons voluminöser *Heimskringla* („Der Kreis der Welt") enthalten, einer epischen Geschichte der Könige von Norwegen von der Sagenzeit bis zum Tod Magnus' IV. im Jahr 1177. Die jüngste noch erhältliche vollständige Übersetzung ist Lee M. Hollander (Übs.), *Heimskringla. History of the Kings of Norway.* Austin (University of Texas Press) 1964. [A. d. Ü.: Deutschsprachig ist die dreibändige Übersetzung von Felix Niedner die letzte Gesamtausgabe: *Snorris Königsbuch (Heimskringla).* (3 Bde.) Jena (Diederichs) 1922 (1–2), 1929 (3) (Ndr. Düsseldorf/ Köln 1965). Angesichts der germanentümelnden bis „völkischen" Ausrichtung der Verlagsreihe „Thule" sind die dort enthaltenen Wiedergaben durchaus problematisch.]

Die kriegerischste unter den isländischen Familiensagas ist die *Egils Saga*, die auf dem Leben des Egill Skalla-Grímsson beruht, eines Kriegers, Skalden, Händlers und Bauern aus dem 10. Jahrhundert, dessen Abenteuer ihn in weite Teile der Wikingerwelt führten. Die am leichtesten greifbare englische Übersetzung stammt von Hermann Pálsson und Paul Edwards (Penguin Classics, 1976; zur deutschen Übersetzung siehe unten).

Die Saga von den Jómswikingern kreist um die Taten der Jómswikinger, einer möglicherweise fiktiven Schar Elitewikinger, die gegen Ende des 10. Jahrhunderts auf der Ostsee aktiv waren. (*The Saga of the Jómsvikings*, übs. Lee M. Hollander. Austin (Univ. of Texas Press) 1955. Für die deutsche Wiedergabe herangezogen wurde *Die Geschichten von den Orkaden, Dänemark und der Jomsburg*, übs. Walter Baetke. Jena 1924 (Ndr. Düsseldorf/ Köln 1966), mit den oben zu Snorri angemerkten Vorbehalten. *Die Völsunga saga (The Saga of the Volsungs. The Norse Epic of Sigurd the Dragon Slayer*, übs. Jesse L. Byock. London (Hisarlik Press) 1993) ist die wichtigste Saga aus mythischer Zeit und enthält viele Beschreibungen von Waffen, darunter das Schmieden des Zauberschwertes Gram, und von Schlachten.

Übersetzungen zeitgenössischer Annalen

Die Angelsächsische Chronik: Michael Swanton (Übs.), *The Anglo-Saxon Chronicles*. London (Dent) 1996.

Annales Bertiniani: Janet L. Nelson (Übs.), *The Annals of St-Bertin*. Manchester (Manchester University Press) 1991 (zur deutschen Übersetzung siehe unten).

Angus A. Somerville/R. Andrew McDonald (Hgg.), The *Viking Age. A Reader*. Toronto (University of Toronto Press) 2010. Auszüge aus zeitgenössischen Annalen und anderen Quellen in Übersetzung, die alle Aspekte des Wikingerlebens behandeln.

Das altenglische Epos *The Battle of Maldon,* welches das letzte Gefecht der Gefolgschaft des Ealdormans Byrthnoth gegen Olaf Tryggvasons Wikinger im Jahr 991 schildert, ist zwar aus angelsächsischer Perspektive verfasst, liefert aber wichtige Einblicke in die Kriegerideale dieser Zeit; siehe S. J. Bradley (Hg. u. Übs.), *Anglo-Saxon Poetry*. London (Dent) 1982 (zur deutschen Übersetzung siehe unten).

Sekundärliteratur

Die nachstehenden Bücher liefern gute Darstellungen und führen den Leser ausführlich in Wikingerwaffen und -kriegführung sowie die Feldzüge der Wikinger ein.

Griffith, Paddy, *The Viking Art of War*. Barnsley (Greenhill) 1995.

Harrison, Mark, *Viking Hersir 793–1066*. Oxford (Osprey) 1993.

Haywood, John, *The Penguin Illustrated Atlas of the Vikings*. Harmondsworth (Penguin) 1995.

Short, William R., *Viking Weapons and Combat Techniques*. Yardley, PA (Westholme) 2009.

Siddorn, J. Kim, *Viking Weapons and Warfare*. Stroud (Tempus) 2000.

Quellen der Zitate

7, 22, 68, 91, 161, 205: Der Königsspiegel: nach L. M. Larson (Übs.), The King's Mirror. New York (Twayne) 1917. (Vgl. R. Meissner (Hg. u. Übs.), Der Königsspiegel. Halle (Niemeyer) 1944; Ndr. Leipzig/Weimar (Kiepenheuer) 1978.)
9, 145, 212: Hávámál (aus der Lieder-Edda), nach Carolyne Larrington (Übs.), The Poetic Edda. Oxford (Oxford University Press) 1996. (Vgl. Arnulf Krause (Übs.), Die Götterlieder der Älteren Edda. Ditzingen (Reclam) 2006.)
10, 37, 186 f.: Orkneyinga saga, übs. Hermann Pálsson/Paul Edwards. London (Hogarth Press) 1978; für die dt. Version herangezogen: Die Geschichten von den Orkaden, Dänemark und der Jomsburg, übs. Walter Baetke. Leipzig 1924.
13, 209: Snorri Sturluson, Saga von Olaf dem Heiligen, in: Heimskringla (dt. in: Snorris Königsbuch. Zweiter Band [s.o.]). Zur Todesszene von Thormod vgl. auch die Langversion in: Die Saga von den Schwurbrüdern 46 (übs. Wolfgang Butt), in: K. Böldl/A. Vollmer/J. Zernack/B. Wahl (Hg.), Isländersagas. Frankfurt a. M. (S. Fischer) 2011, Bd. 2.
32: Sven Aggesen, Vitherlag (Lex castrensis), nach: The Law of the Retainers, in: Eric Christiansen (Übs.), The Works of Sven Aggesen. London (The Viking Society for Northern Research) 1992.
33: Snorri Sturluson, Háttatal (Aufzählung der Versarten), in: Die Snorra-Edda, nach: Antony Faulkes (Übs.), Edda. London (J. M. Dent) 1987. (Vgl. G. Neckel/F. Niedner (Übs.), Die jüngere Edda mit dem sogenannten ersten grammatischen Traktat. Jena (Diederichs) 1925 (Ndr. Düsseldorf/Köln 1966)
38: The Battle of Maldon, in: S. A. J. Bradley (Übs.), Anglo-Saxon Poetry. London (J. M. Dent) 1982. (Vgl. Herbert Koziol (Übs.), Byrhtnoths Tod. Wien/Stuttgart (Braumüller) 1960.
42: Snorri Sturluson, Ynglinga Saga, in: Heimskringla (dt. in: Snorris Königsbuch. Erster Band [s.o.])
45: Laxdaela Saga (Die Saga von den Leuten aus dem Laxárdal), übs. K.-L. Wetzig, in: K. Böldl /A. Vollmer/J. Zernack/B. Wahl (Hg.), Isländersagas. Frankfurt a. M. (S. Fischer) 2011, Bd. 2.
51: Die Saga von Pfeil-Odd, nach: H. Pálsson/P. Edwards (Übs.), Arrow-Odd's Saga, in: Seven Viking Romances. Harmondsworth (Penguin) 1975. (Vgl. Bernd Menge (Übs.), Orvar-Odds saga. Die Saga vom Pfeile-Odd. Leverkusen (Norden Reinhardt) 1990.)
54, 188: Snorri Sturluson, Die Saga von König Olaf Tryggvason, in: Heimskringla (dt. in: Snorris Königsbuch. Erster Band [s.o.]).
11, 60, 110, 191: Dudo von St. Quentin, Historia Normannorum, nach den Übs. von Felice Lifshitz (ORB Online Library, http://www.the-orb.net/orb_done/dudo/dudindex.html); für Gedicht X nach E. van Houts, The Normans in Europe. Manchester (Manchester University Press) 2000; vgl. E. Christiansen (Hg. u. Übs.), Dudo of St Quentin. History of the Normans. Woodbridge (The Boydell Press) 1998.
69: Die Saga von Grettir Ásmundarson (übs. K. Magnusson), in: K. Böldl/A. Vollmer/J. Zernac/B. Wahl (Hg.), Isländersagas. Frankfurt a. M. (S. Fischer) 2011, Bd. 3.
72, 172: Die Völsunga Saga, nach: Jesse L. Byock (Übs.), The Saga of the Volsungs. Oxford (Oxford University Press) 1996.
77, 108: Das Sigrdrifa-Lied, in: Lieder-Edda, nach: Carolyne Larrington (Übs.), The Poetic Edda. Oxford (Oxford University Press) 1996. (Vgl. Arnulf Krause (Übs.), Die Götterlieder der Älteren Edda. Ditzingen (Reclam) 2006.)
79: Snorri Sturluson, Die Saga von Magnus dem Blinden und Harald Gille, in: Heimskringla (dt. in: Snorris Königsbuch. Dritter Band [s.o.]).

81: Die Saga von den Leuten des Vápnafjord, nach: Gwyn Jones (übs.), Eirik the Red and other Icelandic Sagas. Oxford (Oxford University Press) 1966.
81, 113: Saxo Grammaticus, Geschichte der Dänen (Gesta Danorum): H. Ellis Davidson (Hg.)/P. Fischer (Übs.), History of the Danes. Woodbridge (D. S. Brewer) 1996. (Vgl. Hans Jürgen Hube (Hg.), Nordische Mythen und Geschichte: Gesta Danorum. Wiesbaden (Marixverlag) 2013.)
99: The Seafarer, in: Anglo-Saxon Poetry (s.o.).
106, 167f., 180: Die Saga von Egill Skalla-Grímsson (übs. K. Schier), in: K. Böldl/A. Vollmer/J. Zernack/B. Wahl (Hg.), Isländersagas. Frankfurt a. M. (S. Fischer) 2011, Bd. 1.
116: William von Malmesbury, Taten der englischen Könige (Gesta Regum Anglorum), nach: Chronicles of the Kings of England (übs. J. A. Giles). London 1847.
120: Gerald von Wales (Geraldus Cambrensis), Geschichte und Topographie von Irland, nach: The History and Topography of Ireland (übs. J. J. O'Meara). Harmondsworth (Penguin) 1982.
124: Snorri Sturluson, Die Saga von König Magnus Barfuß, in: Heimskringla (dt. in: Snorris Königsbuch. Dritter Band [s.o.]).
126: Gerald von Wales, Beschreibung von Wales (Descriptio Kambriae), nach: The Description of Wales (übs. L. Thorpe). Harmondsworth (Penguin) 1978.
127: Anna Komnena, Alexias: nach: Anna Komnena, Alexias (übs. u. komm. Diether Roderich Reinsch). Köln (DuMont) 1996.
131: Rimbert, Das Leben des heiligen Ansgar (Vita Anskarii, Übs. W. Trillmich), in: W. Trillmich/R. Buchner (Hg.), Quellen des 9. und 11. Jahrhunderts zur Geschichte der hamburgischen Kirche und des Reiches. (FSGA 11). Darmstadt (WBG) 1961 ([7]2000).
133: Snorri Sturluson, Die Saga von König Harald (dem Harten), in: Heimskringla (dt. in: Snorris Königsbuch. Dritter Band [s.o.]).
137: nach Übs. in Sigfús Blöndal, The Varangians of Byzantium. Cambridge (Cambridge University Press) 1978.
141: Liutprand von Cremona, Antapodosis (Die Vergeltung, nach der Übs. von W. Wattenbach/A. Bauer/R. Rau), in: A. Bauer/R. Rau (Hg.), Quellen zur Geschichte der sächsischen Kaiserzeit. (FSGA 8). Darmstadt (WBG) 1977 ([4]1992).
142: Annales Bertiniani (Die Annalen von St.-Bertin, nach der Übs. von J. von Jasmund/R. Rau), in: R. Rau (Hg.), Quellen zur karolingischen Reichsgeschichte. Zweiter Teil (FSGA 6). Darmstadt (WBG) 1958 ([2]1992).
132: Fuldaer Annalen (Annales Fuldenses, Übs. C. Rehdantz / R. Rau), in: R. Rau (Hg.), Quellen zur karolingischen Reichsgeschichte. Dritter Teil (FSGA 7). Darmstadt (WBG) 1960.
157: Reginsmál, in: Die Lieder-Edda, nach: Carolyne Larrington (Übs.), The Poetic Edda. Oxford (Oxford University Press) 1996. (Vgl. Arnulf Krause (Übs.), Die Götterlieder der Älteren Edda. Ditzingen (Reclam) 2006.)
179: Fränkische Reichsannalen (Annales Regni Francorum, nach der Übs. von O. Abel/R. Rau), in: R. Rau (Hg.), Quellen zur karolingischen Reichsgeschichte. Erster Teil (FSGA 5). Darmstadt 1955.
185: Annalen von Irland (Annalen der vier Meister) zum Jahr 918: nach John O'Donovan (Übs.), Annals of Ireland. Dublin 1860.
198: Die Auffindung und die Wunder des heiligen Wulfram (Inventio et miracula sancti Vulfranni): nach Übs. in E. van Houts, The Normans in Europe. Manchester (Manchester University Press) 2000.
216: Die Saga von den Jómswikingern (Jómsvikinga saga), nach: The Saga of the Jómsvikings, übs. Lee M. Hollander. Austin (Univ. of Texas Press) 1955. Für die deutsche Wiedergabe vgl.: Die Geschichten von den Orkaden, Dänemark und der Jomsburg, übs. Walter Baetke. Leipzig 1924 (Ndr. Düsseldorf/Köln 1966).

Index

Kursive Seitenzahlen verweisen auf Abbildungen

Abodriten 132
Aelfthryth 116
Aethelred der Unfertige (König) 7, 21, 53, 116-118, *117*, 195, 200, *200*
Äxte 16, *18*, 29, 37, *44*, 49f., 53, 68f., *69*, 78-81, *79f.*, *84*, 90, 125, 129, 172f., *176*, 177, 188, 207, 209, *213*, 216
Aldeigjuborg 134
Alfred (König) 21f., 58, 61, 67, 118, 150, 152, 175, 203, 204
Anker 98, *99*, 100, 148, 188, 190
Angeln 116-118, 155
Anglesey 126
Aquitanien 18, 179, *218*
Armagh 19, *65*
Armreif 7, 31, 159, *160*, 192, 192
Asgard 210, 220
Astrid 52
Athelstan (König) 21, 118, 167f., 201, *203*
Aufgebot (Miliz), Dienst im 14, 16, 17, 22, 23, 26f., 28, 30, 33, 53, 61, 68, 93, *95*, 119, 125, 130, 220
Bagdad 135, 136, *219*
Basileios (Kaiser) 43f., 135
Belagerungen 20, 65, 82, 120, 124, 131, 181, 183-86
Berserker *1*, 4, 40, 41-43, *42*, 49, 74, 161, 169, 170, 171, 212, 220
Birka 110, 148, *219*, 220
Björn Eisenseite 19, 56, 57, 178
Bögen 82f., 122, 127, 143, *143*, 168
Bogenschießen 29, 29, 63, 82, *114*, 115, 127, 159
Bolgar 134, 136, *219*
Bolli Bollason 45
Bosporus 137, 139, *219*
Boulogne 154
Bragi 210
Bretagne, Bretonen 21, 54, 58
Brian Boru (König) 121
Brunanburh (Schlacht von) 21, 201, 220
Brynhild 56
Buckler 122, *122*
Bücher *196*, 198
Bugfiguren (am Langschiff) 92, 93, 109, *109*
burh 119, 220
byrding 93, *94*
Byrthnoth 7, 53, 117, 119, 170, 223
Chasaren *219*, 220
Chasarisches Meer 21, 136, *219*, 220
Christentum 7, 11, 48, 54, 58, 67, 108, 118, 135, *135*, 137, 139, 142f., 146, 180, 193, *196f.*, 197f., 203f., *203*, 209f., 215, 223
Córdoba 143, *218*
Dänemark, Dänen 11, 13, 19-21, *24*, 25, 53, *54*, 62, 63, *64*, *65*, 74, 100, 104, *110*, 111-113, 117f., 124, 128, 131, 133, 148, *148*, 150, 152, 154f., 174f., 184, 186, 203f., 209f., 218
Damastklingen 73, *73*, 75, 78, *78*
Danegeld 58, 220
Danelag 20f., 69
Dnjepr 104f., 135f., *219*
-Stromschnellen 104f., 136
Dorestad 19, 182, *218*
drakkar 93, *94*, 95f., 220
Dromonen (griechische Kriegsschiffe) 140-42
družina 133, 136, 220
Dublin 19, 62, 64f., 121, 126, 186, *218*
Dyle, Schlacht an der 20, 166
Ealdormänner 7, 53, 117, 119, 220, 223
Edmund der Märtyrer 63
Edward der Ältere 21, 204
Edward der Märtyrer 116
Egill Skallagrimsson 29, 41, 62, 106, 180, 222
Einherier *205*, 211f., 220
Ella (König von Northumbrien) 56, 178
England, Engländer 7, *12*, 13, 16, 18-21, *24*, 25, 37, 52, 53f., 56, 58, 60, 63f., 67, 69, *69*, 76, *81*, 100f., *110*, 111, 114, 116-19, *116*, 121, 125, 126, 127, 129, 142, 149, 150, 154f., 157, 163, 170, 186f., 193, *193*, 199f., *200*, 203f., *203*, 207, 209, *217*, *218*, 220, 221
Erik Blutaxt (König) 21, 41, 62f., 62, 118

Erik der Rote 112
Ernährung (auf Feldzügen) 98, 100, 146, 152-54, 156
Estland 52, *219*
Ethandun, Schlacht von 20, 175
Färöer-Inseln 19, 101, 102, 112, *218*
Feld- und Heerzüge 23, 25-28, 44, 47f., 145-59
- Planung 146-49
Festmähler 7, 31-38, *34f.*, 210f.
Finnland, Finnen 83, 109, *110*, 111, 113-15, *114*, 134f., *219*, 221
Finnmark *110*, 113f., *219*
Flandern 53, 58, 100, 150, 179, *218*
Forts und Befestigungen 122f., 125, 127, 129-31, *130*, 134, 139, 148-50, *148*, 183-85
Frankenreich, Franken, Franzien 18-21, 54f., 57f., 60f., *65*, 67, 69, 71, 77f., 78, 84, *110*, 111, 114, 118, 121, 127-131, *128*, *130*, 133, 142, 146, 149, 150, 152, 154, 160, 163, 166, 175, 179, 182, 186, 193, 193, 198, 199, *200*, 201, 204, 218, 220
Frauen 17, *17*, 156f., *157*
- Heilerinnen 206-209
- Sklavinnen 8, 156, 158, 195
- im Tross des Heeres 17, 156f.
Freie 16f., 26f., 68, 119, 127
Freyja 212f.
Friesland 19, 53, 100, 128, *218*
Futhark (vgl. Runen) 160, 220
Gardar der Schwede 20
Gardariki (Russland) 20, 43, 45, 52f., 104, *110*, 111, 133-136, 137, 142, *219*, 220
Garonne 128, 142
Godfred (König der Dänen) 19, 54, 128
Götter
- Gebet zu 169
- Rat der 146, 148
Gotland 53, *160*, *218*
Gräber in Schiffsform 214, *214*
Gram (Schwert) 74, *74*, 222
Griechenreich, Griechen 19, 21, 43-50, *44*, *46*, *49*, *110*, 114, 132, 133, 135f., 136-142, *141*, 186, 195, 199, *218f.*, 220, 221
„Griechisches Feuer“ 140f., *141*
Grönland 102, 112, *218*
Guthrum (König) 152, 175, *203*, 204
Händler 16, 18, 45, 64, 75, 77, *94*, *104*, 105, 117, 132, 134, 136, 137, 146, 154, 182f., 193f., 221
Häuptlinge *8f.*, 14, 16, 22f., 25-27, 28, 29, 30-33, 35f., 57f., 72, 93, 96, 119, 214, 220
Hafrsfjord, Schlacht im 20, 187
hafvilla 100, 220
Haithabu (Hedeby) 111, *218*
Håkon von Hlaðir (Lade) 13
Håkon (König) 62
Halfdan 63f., 118, 153, 160
Halle 7, *8*, 10, 31, 33, 38, 180, 210f., 212f.
- Niederbrennen einer 37, 179f.
Harald Blauzahn (König) 53, *148*
Harald Schönhaar (König) 20, 62, 65
Hastein 19, 57-61, 110, 118, 143, 149, 150
Hel 213
Helme 45, 50, *54*, 68f., *69*, *84*, 87f., 122, 129, 132, 141, *144*, 171, 172
- Gesichtsschutz 87f., *87*
Herse (*hersir*) 14f., *14*, 26, 28, 119, 220, 221
Hexen und Zauberer 109, 115
Hinrichtungen *44*, 47, 57, 178, 216
hirð 7, 12, 15, 23, 25, 26, 30-33, *31*, 43, 161, 220
- Gesetze der 32f.
hnefatafl-Brett 159, *159*, 220
Holmgang 38-40, *39*, 220
Holmgard 20, 53, 134, *134*, 220
Hrolf Kraki (König) 74
Hrolf (Rollo) der Ganger 21, 61, 65-67, 129, 201
Huscarl 12, 22f., 30f., 35, 53, 220
Iona 18, *209*
- Kloster des hl. Columban 125
Irland, Iren 10, 18f., 54, 62, 64f., 101, *110*, 111, 120-124, *122f.*, 125, 150, 193, 204, *219*
Island 15, 20, 23, 29, 40, 45, 54, 65, 74, 101, 112, 202, 221, 222
- Siedlungen auf 15, 20
Ivar der Knochenlose 56, 63, 155, 178
Ivar (Bruder Olafs des Weißen) 65
Jarle 7f., 13, *14*, 15, 25, 26, 28, 33, 37, 65, 95, 95, 119, 125, 133, 158, 164, 188, 220
Jorvik 21, 62f., *62*, *193*, 203, *218*, 220
Jütland, Jüten 100, 116, 118, *148*, *218*, 221

Kapitulation 63f., 183, 185, 215f.
Karl der Einfältige (König der Franken) 61, 67, 129, 204
Karl der Große (Kaiser) *54*, 128, *128*, 220
Karl der Kahle (König) *55*, *200*
Karlmann (II., König der Franken) 201f.
karve 96, *96*
Kavallerie
- Franken 129-131
- Griechen 139f.
- Mauren 139f.
- Verhalten bei Angriffen 175-77, *176*
- Wenden 132f.
kennings 36f.
Kent 61, 100, 119, 149, 154
Kettenhemden (Brünnen) 16, 50, 68f., *69*, 83, 85f., *86*, 88, *89*, 115, 129, 132f., 140, *143*, 144, 169, *176f.*, 211, 220
- Pflege 86
- Preis 68, 87
- bei Seeschlachten 190
knorr 93, *94*
knattleit 158, 220
Könige 11-13, *12*, *14*, 19f., 23, 25-27, 28, 30, 32, 35f., 41, 43, 52f., *54*, 57, 62-65, *62*, 74, 93, *93*, *95*, 107, 113, 117, 128, 133-36, *134f.*, 141f., *148*, 158, 160, 162, 166, 169, 172, 187, 203, *203*, 210, 220, 221, 222
- in Irland 64, 120-122, 124
- See-K. 13
- in Wales 126f.
Koenugard 20, 104, 134, *134*, 136, *219*, 220
Konstantin (Kaiser) 137
Krankheiten 139, 158, 212f.
Landnahme 202-204, *203*
Langschiffe 14, 16, 23, 28, 56, 61, 92, 93, *94f.*, 95-98, 103, 107, 110, 119, 140, 144, 149, 154, 186, *187*, 188, 214
- bei den Rus 140
Luthgertha *55*f.
Limerick 121
Limfjord 100
Lindisfarne (Kloster) 18, 195, *218*
Lösegeld *39*, 40, 126, 178, 186, 95-98, *196*, 215
Loire 19, 58, 60, 128, *218*
London 61, 119, *218*
Ludwig (Abt von St. Denis) 195
Luna, Plünderung von 56f.
Maldon, Schlacht von 7, 21, 38, 51, 53, 117,119, 170, *218*, 223
Man (Insel) 126
Maredudd (König von Deheubarth) 126f.
Mauren 58, 77, 142-44, *143*, 195, *218*, 220
Mercia 63, 175, 203
Mikligard (Konstantinopel) 19, *19*, 21, 43, 44-50, *44*, *110*, 133-136, *134f.*, 137-142, *138*, *140f.*, 193, *219*, 220
Milton Creek 149
Milton Regis 60
Mittelmeer 18, *54*, *57*, *110*, 137, 142-44, *218f.*
Mönche und Klöster 18f., *18*, *57*, *58*, 60, 117, 120f., *123*, 123f., 125, 126, 139, 160, 182, *195*, 197f., *197*, 202
- Ausplündern von 180f.
Münzen *46*, *92*, 134f., 160, *182*, 192-94, *193*, *199*, *203*
Nantes 146
Narvesund 58, 144, *218*, 220
Nástrandir 213
Navigation 91, 97, 100
- Hilfsmittel 101
Nidhögg 213
niðing 26, 33, 40, 221
Niflheim 213
Njörd 108, 221
Normandie, Normannen *65*, 128f.
Nornen 9, 171, 221
Nordafrika 142, 221
Nordsee 53, 100f., 116f., 124, 128, *218*
Northey (Insel) 150
Northumbrien 18, 56, 63, *155*, 178, 202
Norwegen, Norweger 18, 19, 20, 44, 52, 54, 62, 64f., 96, *96*, 100f., 105, *110*, 111, 114, 121, 125, 133, 146, 185, 187, *197*, *218*, 222
Odin *147*, 153, *153*, 169f., 178, *205*, *210*, 210-12, 220
Olaf Guthfrithson 167f., 201
Olaf Haraldsson (der Heilige) 13, 93, 209
Olaf Sihtricsson 62
Olaf der Weiße 64f.
Olaf Tryggvason 7, 21, 51-54, *52*, 74, 117, 150, 170, 188, 195, 223
Opfer, Menschen- 17, 31, 67, 178, 212

Orkney 10, 13, 37, 62, 101, 125, 165, 202, *218*
Ostanglien 63, 149f., 155, 203f., *203*
Ostsee 52f., 54, 100f., 111, 114, 131-134, *134*, *218f.*, 221, 222
Otto (II., Kaiser) 53
Paris 55, 104, 181, 195, *218*
- Belagerung von 20, 65, 152, 157, 184, 186
Petschenegen 105, 136, 142, 219, 221
Pferde (*siehe auch* Kavallerie) 2, 4, *31*, 63, 65, *66*, 105, 152, 154-56, *155*, 159, 165, 214
Pikten, Piktland 124f., 202
Piraten, Piraterie 10, 11, 16, 30, 48f., 57, 99, 107, 111, 133, 144, 179, 215
Plündern 9f., 15, 16, *17*, 18-21, 53, 55, 57f., 60-65, 67, 92, 110-144, 145f., 148-50, 152, 155, 161, 163, 170, 175, *177*, 179, 180-183, 186f., 191, 194, 197f., 202, 215
Pomoranen 132
Portage 104f., 221
Portland 18, *218*
Prahlen und Angeben 7, 38, 211
Ragnar Lodbrok 54-57, *55*, 63, 115, 178
Ragnarök *71*, 211, 221
Rán 213
Reading 153
Regin 72, 74, *74*
Rhein 78, 128, 182, *218*
Ringwälle 122
Ringe (*siehe auch* Armreif) 8, 209
Römer 117, 119, *128*, 137
Røgnvald von Møre 21, 64
Roskilde 74
Rouen 21, *218*
Rüstungen 80, 85f., 88, 99, 122, 127, 130, 132, 152, 168, 177
- griechische 139f.
Rugier 132
Runen *81*, 137, 160, 206, *217*, 220, 221, 222
- Schutz- 77, 108
Rurik 20, *134*, 135
Rus 19-21, *19f.*, 43, 53, 96, *104*, 105, 133-36, *134f.*, *140f.*, 141f., 220, 221
Sachsen (Landschaft und Volk) 53, 64, 100, 116-18, 175, 185
Sagas 10, 17, 156, 221, 222
St. Denis (Kloster) 195
Saint-Germain-des-Près (Kloster) 55, 56
St. Vaast (Flandern) 58, 60
Sandwich 119
Sarazenen 44, *46*, 134-36, 142, 195, 199
Sax (Waffe) 69, 80, *80*, 129
Schätze 11, 64, 113, 124, 137, 139, 142, 145, 160, *160*, 180, 182, 192-94, *192f.*, 214
Schiffbruch 9, 41, 106-109
- Vorbeugung 108f., *108*
Schiffe (*siehe auch* Langschiffe) 10, 13, 16, 52f., 91-109, 114
- Handels- 53, 136f., 181, 186f., *187*
Schilde *1*, 4, 16, 28, 37, 40f., *42*, 45, 50, 68, *69*, 71, 79f., 83-85, *84*, 90, 122, 129, 132, 133, 154, 164, 167f., 170, 173, 190, 210, *213*, 215
Schildwall 22, 26, 28, 36, 38, 82, 83, 88-90, *89*, 119, 135, 140, 149, 166, *167*, 168, 171-77, *176*, *188f.*, 190, 221
Schlachten und Gefechte 161-90
- Anführer 163-65
- auf See 186-90
- Gefangene 177f.
- Flucht 174f.
- Hindernisse, Rolle in 165f.
- Kampfgeschehen 171-75
- Nachspiel 177f.
- Schlachtordnung 88-90, 165, 167
- Tod in 173, 209-211
- Vorbereitung 163-65, 168
- Wunden 171, 173, 206-09
Schmähungen 40f.
Schmiede 50, *55*, 73-78, *74*, 80, 85, *86*, 122, 144, 186
Schottland, Schotten, Skoten 18, 21, 64f., 101, *110*, 111, 124f., 164, 201, *218*
Schuhe 151, *151*, 168
Schwarzes Meer 104, 135-37, *219*
Schweden 11, 19f., *19*, 40, 44, 52, 54, 56, *110*, 111, *112*, 114, 133f., 137, 148, *162*, *217*, *218*
Schweinekeil, -kopf 90
Schwerter *18*, 26, *26*, 37, 40, 45, 49, 69, 72-78, 80f., 82, *84*, *87*, 88, 90, 115, 127, 129f., 144, *153*, 172f., 176, *177*, 207, *213*, 215, 216
- Auswahl 72-76
- Heft 75f., *75*

- Imitationen 77f.
- Import 77f., 78
- Klinge 72f.
- persönliche Note 75f.
- Preis 68f., 77
- Tempern 75

Schwertkampf 158
Seefahrt (*siehe auch* Schlachten und Gefechte) 91-109
- Ausrüstung 98f., *98f.*
- Leben an Bord 98-100
- Saison 105

Seine 19, 58, 65, 67, 104, 128, 204, *218*
Serkland 44, 64, 73, 135, 139, *160*, *219*, 221
Sheppey (Insel) 61
Shetland 101, 125, 202, *218*
Sigmund 74
Signale 119, 146, 167, 190
Sigurd Hring (König) 54
Sigurd Schlangenauge 56, 178
Sigurd der Stämmige (Jarl von Orkney) 13, 125, 164
Sigurd der Völsung (der Drachentöter) 56, 72, 74, *74*, 172
Sindri 212
Skalden, Skaldenstrophen 8, 35-37, 40, 54, 56, 62, 82, 84, 103, 158, 173, 178, 221, 222
Skeggi 74
Ski-Finnen 83, 113-115, *114*
Skipper 97, 100, 103, 106
Sklaven (*thraells*) 8, 17, 19, 26, 53, 64f., 75, 96, 107, 120, 131f., 133, 135, 143f., 155, 156, 158, 178, 181, 194f., *194*, 197, 199, 202, 212, 214, 216, 221
Slawen 131, 134-36, 199, 221
snekke 93, *94*, 95f., 221
Southampton 21, 182
Spanien 78, *110*, 142-44, *218*, 220
Speere 9, 16, 22, 28, 49, 54, 68-71, *69*, *84*, 85, *87*, 88, *89*, 90, 115, 122, *122*, 129f., 132f., 140, 143, 153, *153*, 164, 165, 170-73, 176, 185, *188f.*, 211f., *213*
Sport und Wettkämpfe 29, 158
Städte, Plündern von 181-86
Stainmore 21, 63
Steinbeißer (Schwert) 74
strandhögg 93, 96, 149, 178f., 221
Strathclyde 125
Stürme 105-109
Sudreys 10, 54, 64, 101, 125, *218*, 221
Svein Asleifarson von Gairsay 10, 186f.
Sven Gabelbart (König) 117
Swjatoslaw (König) 142
Thane (*thegns*) 119, 221
Themse 61, 117, 119, 149
Thing 14, 16, 26f., *96*, 221
Thor 108, *147*, 169, 210, 221
- Hammeramulette 108, *108*

Thorfinn von Orkney (Jarl) 37
Thorkell der Lange 117
Tod 209-216
Tribut 12, 19, 57, 114, 117, 129, 136, 161, 163, 183, 198-200, *200*, 201, 220
Trinken 7f., 33-38, *34*, 41, 50, 156, 158f., 168f., 211f.
Ubba 63f.
Überfälle 18-21, 51, 91, 110-144, 178f.
Ulfberhts (Markenschwerter) 77f., 78
Waagen 192f., 198, *199*
Wales, Waliser 54, 64, *110*, 125, 126f., *218*
Walhalla 43, 56, 63, 158, 161, *162*, 205, *205*, 210f., 212, 213, 221
Warägergarde 21, 43-50, *44*, 134, 136, 137, 218
- Ausrüstung 49f.
- Eintrittsgebühren 45
- Funktionen *44*, 47f., *48*
- Oberbefehl und Disziplin 47
- Ratschläge 48
- Sold 46

Waterford 121
Wessex, Westsachsen 20, 58, 63f., 118, 152f., 174f., 204
Westsee *218*, 221
Wexford 121
Winterquartiere 152-54
Wladimir (König von Gardariki) 53, 135, *135*
Wolga 134, 136, *219*
Wurfspeere 68, 71, 90, 122, 129, 143, 172, 176
Zweikämpfe 39f., *39*, 130, 169, 220

Dank

Der Autor dankt Kim Siddorn, Steve Etheridge und Richard Walsh von der Reenactment-Gruppe *Regia Anglorum* für die Weitergabe ihres praktischen Wissens über das Leben und die Zeit der Wikinger. Im Verlag Thames & Hudson ist Alice Reid eine geduldige, hilfreiche Lektorin gewesen, Maria Ranauro hat Ausgezeichnetes bei der Bildbeschaffung geleistet.

Bildnachweis

o = oben; m = mittig; u = unten; l = links; r = rechts

1: British Museum, London; 2: Viking Ship Museum, Bygdøy. Museum of Cultural History, University of Oslo; 5: Bayeux Tapestry Museum, Normandie; 7: Bayeux Tapestry Museum, Normandie; 8: John Haywood; 9: Bayeux Tapestry Museum, Normandie; 12: British Museum, London; 14: British Museum, London; 17: Staatliches historisches Museum, Stockholm; 18: Lindisfarne Holy Island, Northumberland; 19: Spanische Nationalbibliothek. Skylitzes Matritensis. Fotoalbum/Oronoz/AKG; 20: Von Olaus Magnus, Historia de Gentibus Septentrionalibus, Rom 1555; 22: Bayeux Tapestry Museum, Normandie; 24: Pierpont Morgan Library, New York; 26: Eremitage, St Petersburg; 29: Von Olaus Magnus, Historia de Gentibus Septentrionalibus, Rom 1555; 31: Staatliches historisches Museum, Stockholm; 34: Staatliches historisches Museum, Stockholm; 35: British Museum, London; 37: Zeichnung von Nick Jakins © Thames & Hudson Ltd, London; 39: Staatliches historisches Museum, Stockholm; 42: British Museum, London; 44: Spanische Nationalbibliothek. Skylitzes Matritensis; 46: Antikvarisk-Topografiska Arkivet, Stockholm; 49: Spanische Nationalbibliothek. Skylitzes Matritensis; 51: Bayeux Tapestry Museum, Normandie; 52: Staatliches historisches Museum, Stockholm; 55: Upplandsmuseet, Uppsala; 59: Werner Forman Archive/Viking Ship Museum, Bygdøy; 62: Hunterian Museum, Glasgow; 66: Staatliches historisches Museum, Stock-holm; 68: Bayeux Tapestry Museum, Normandie; 69: York Archaeological Trust; 70: Mit freundlicher Genehmigung von hurstwic.org; 71: C. M. Dixon; 72: Däni-sches Nationalmuseum, Kopenhagen; 73: Mit freundlicher Genehmigung von hurstwic.org; 74: Museum of Cultural History, University of Oslo; 76: Staatliches historisches Museum, Stockholm; 78: Mit freundlicher Genehmigung von hurstwic.org; 79: Bayeux Tapestry Museum, Normandie; 80o: Dänisches Nationalmuseum, Kopenhagen; 80u: Museum of London; 81: British Museum, London; 82: Bayeux Tapestry Museum, Normandie; 84: Museum of Cultural History, University of Oslo; 86: Museum of Cultural History, University of Oslo; 87: Mu-seum of Cultural History, University of Oslo; 89: Bayeux Tapestry Museum, Normandie; 91: Bayeux Tapestry Museum, Normandie; 92: Bayeux Tapestry Museum, Normandie; 94: Illustration Morten Gøthche © The Viking Ship Museum, Dänemark; 95o: Museum of Cultural History, University of Oslo; 95u: Museum of Cultural History, University of Oslo; 96: Nach Svendsen;

97: Foto © PhotoAlto/SuperStock; 98: Museum of Cultural History, University of Oslo; 99: Werner Forman Archive; 104: Von Olaus Magnus, Historia de Gentibus Septentrionalibus, Rom 1555; 109: Museum of Cultural History, University of Oslo; 110o: Bayeux Tapestry Museum, Normandie; 112: Nach Svendsen; 114: Von Olaus Magnus, Historia de Gentibus Septentrionalibus, Rom 1555; 115: Zeichnung von Nick Jakins © Thames & Hudson Ltd, London; 116: British Museum, London; 122: Trinity College Library, Dublin; 123: Foto © The Irish Image Collection/SuperStock; 128: Stiftsbibliothek St. Paul im Lavanttal, Kärnten, Österreich; 130: Bayeux Tapestry Museum, Normandie; 134: Von M. Brisbane, Archaeology of Novgorod, Lincoln 1992; 135: Russische Akademie der Wissenschaften, St Petersburg; 138: Bodleian Library, Oxford; 141: Spanische Nationalbibliothek. Skylitzes Matritensis; 143: Museo de Burgos. Fotoalbum/Oronoz/AKG; 145o: Bayeux Tapestry Museum, Normandie; 145u: Bergenmuseum; 147: Staatliches historisches Museum, Stockholm; 148: Zeichnung von Lesley Collett © Thames & Hudson Ltd, London; 151: Wikinger Museum, Haithabu; 153: Antikvarisk-Topografiska Arkivet, Stockholm; 155: Bayeux Tapestry Museum, Normandie; 157: Staatliches historisches Museum, Stockholm; 158: York Archaeological Trust; 159: National Museum of Ireland, Dublin; 160: Dan Carlsson. Gotlands Museum, Visby, Schweden; 161: Bayeux Tapestry Museum, Normandie; 162: Zeichnung © Thames & Hudson Ltd, London; 164: Bayeux Tapestry Museum, Normandie; 167: Richard Hall; 169: British Library, London; 176: Bayeux Tapestry Museum, Normandie; 177: Bayeux Tapestry Museum, Normandie; 180: British Museum, London; 182: Bayeux Tapestry Museum, Normandie; 187: Von Olaus Magnus, Historia de Gentibus Septentrionalibus, Rom 1555; 189: Bodleian Library, Oxford; 191: Bayeux Tapestry Museum, Normandie; 192: Dan Carlsson. Gotlands Museum, Visby, Schweden; 193: Manx National Heritage, Douglas, Isle of Man; 194: Zeichnung von Nick Jakins © Thames & Hudson Ltd, London; 196: National Library, Stockholm; 197: Dänisches Nationalmuseum, Kopenhagen; 199: York Archaeological Trust; 200: Sankt Paul vor den Mauern/Istituto Poligrafico e Zecca dello Stato, Rom; 203: British Museum, London; 205o: Bayeux Tapestry Museum, Normandie; 205u: Staatliches historisches Museum, Stockholm; 207: Foto © Oxford Archaeology; 210l: Richard Hall; 210r: John Byford; 213: Antikvarisk-Topografiska Arkivet, Stockholm; 214: Foto © Ted Spiegel/Corbis; 217: Berga, Schweden